社会科学研究方法系列丛书

# 社会科学研究方法

**风笑天经典教材《社会研究方法》精编升级版**

研究方法的极简入门
考研必备的专业宝典

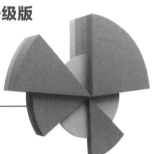

风笑天 ◎ 著

中国人民大学出版社
·北京·

# 目　录

# 第 **1** 章

# 导　论

本书所介绍的社会科学研究方法（research methods in social science），是社会学、政治学、经济学、教育学、传播学、管理学、人口学等各门研究社会现象的社会科学普遍使用的方法。虽然在不同的学科中，社会科学研究方法有着各不相同的名称，比如社会学研究方法、政治学研究方法、教育学研究方法、传播学研究方法、管理学研究方法等；但实际上，无论是在研究的基本逻辑、基本原则、一般程序和具体要求上，还是在研究的基本方式、方法和技术上，它们基本上是一样的。主要的差别往往只是由于不同学科在研究对象、研究主题等方面存在不同，因此在所侧重的具体研究方式、方法和技术上有所不同而已。本章将对社会科学研究的概念、困难、方法体系、变量语言、分析单位，以及研究过程进行介绍。

## 第一节　社会科学研究的概念与困难

### 一、社会科学研究及其意义

所谓研究，简单来说就是一个认真地提出问题，并以系统的方法寻找问题答案的过程。社会科学研究则是寻求有关社会世界中各种问题的答案的人们所从事的一种研究类型。如果要给社会科学研究下一个明确的定义，那么我们可以说，社会科学研究（social science research）是一种以经验的方式，对社会世界中人们的行为、态度、关系，以及由此形成的各种社会现象、社会产物所进行的科学的探究活动。从这一定义可知，社会科学研究是科学的一个部分，它的目标是探索和理解我们生活于其中的社会世界。同时，这一定义还指明了它是有关社会世界的经验研究，而非纯理论的研究。这种经验研究，将"有关这个世界的可观察到的信息"，或者"有关这个世界的直接经验"作为回答问题、发展和检验思想的方式。或者说，它是"以对这个世界直接的经历或观察为基础"① 的。而这种"可观察到的信息"或者"直接经验"，就是社会科学研究中所说的"资料"。

研究方法既是各门社会科学的重要组成部分，也是社会科学区别于哲学等具有思辨色彩的人文学科的重要标志之一。在某种意义上，我们可以说，正是以经验性、实证性为特征的社会科学研究方法使社会科学与哲学相区分，与人文学科相区分。一方面，虽然社会科学的理论和概念为我们提供了观察和认识社会世界的特定视角，但是，当我们要实实在在地去探索一个现实问题时，离开了研究方法或许就会寸步难行。另一方面，即使是那些主要以理论分析和理论研究见长的社会科学研究者，在他们深刻的思想来源中，同样沉淀着无数经验性的研究成果。因此，学习和掌握社会科学研究方法，既有助于我们理解各门社会科学的基本内容，也有助于我们理解社会科学研究者在探索社会世界时所做的一切。

**二、社会科学研究中的困难**

社会科学研究者所研究的是社会现实中的人、人的社会行为，以及与人的社会行为有关的社会现象。这一事实一方面使社会科学研究具有许多

---

① Punch K F. Introduction to Social Research：Quantitative and Qualitative Approaches. 3rd ed. London：SAGE Publications Ltd.，2014：2.

不同于自然科学研究的特点，另一方面也给社会科学研究提出了许多不同于自然科学研究的难题。

1. 人的特殊性

社会科学研究的对象是人、人的行为，以及由人和人的行为所构成的社会现象和社会产物。值得注意的是，人不同于无生命的物体，也不同于不会深思熟虑的动物。人是一种有思想、有感情、有动机、对社会科学研究活动有反应的研究对象。他们有自我意识，也有主观意志。因此，他们可能会不与研究者合作，也可能会为了个人的利益或其他原因而采取出人意料的行动。这种情况在自然科学研究中是没有的。正是由于人这种社会科学研究对象具有不同于岩石、分子、细胞等自然科学研究对象的主体意识，而这种主体意识又可以控制、影响和改变人们的具体行为，因此社会科学研究的过程和结果都会受到研究对象的不同程度的影响。管理学中的"霍桑效应"就是人的这种主体意识及其影响的最好说明。也正是人的这种特殊性，使得社会科学研究中对各种社会现象、各种社会行为的解释和预测常常达不到自然科学研究所能达到的那样高的准确程度。

2. 研究的干扰性

对人的社会行为进行研究，本身也是一种社会行为。而这种行为有可能改变它所研究的行为。就像把一颗石头投入水中，必然会改变水的运动状态，或者把一块新的磁铁放到一个磁场中，必然会改变磁场中原有的磁力线分布一样。无论是采取观察的方法，还是采取调查的方法、实验的方法，社会科学研究都在不同程度上存在这种干扰和影响。举一个很简单的例子，假设我们希望研究城市居民闲暇时间在家庭中的生活内容及方式，当我们采用观察的方法进行这项研究时（即当我们的观察员进入所观察的居民家庭时），这些普通居民家庭实际的闲暇生活内容及方式肯定会为观察员的出现和参与所干扰。观察员所"看到"的状况，实际上是受到观察员的出现的影响的。如果没有观察员的出现，实际状况可能会是另一种样子。

3. 社会现象的复杂性

社会科学研究对象和研究主题的特殊性，使得社会科学研究所涉及的现象更为复杂，相关因素更多。人是一种社会性的动物，社会现象是一种与自然现象有着本质差别的现象。人作为一种生物个体，同时作为一种社会个体的事实，决定了一种社会行为发生的原因是极其复杂的，它必然涉及许多社会的、心理的、历史的、文化的和其他的因素。客观现实是，社会生活中人们的不同行为既会受到个人特定的生理因素、心理因素的影响和制约，还会受到他所生存的社会环境（包括社会制度、文化传统、家庭背景等）、他所具有的社会关系，以及他所形成的社会互动的影响和制约。概括地说，在社会领域，一种特定现象的产生或形成，往往受到多个不同因素的影响；而这种特定现象的出现，又会带来多个不同的结果。因此，社会科学研究者通常比自然科学研究者要面临更多、更复杂的变量和关系，他们往往也更难分清现象的原因和结果。

4. 研究受到特定的制约

社会科学研究除了会受到与自然科学研究相同的各种自然条件的限制以外，有时还会受到伦理的、道德的、政治的因素的限制。社会科学研究的困难不只体现在变量多、原因复杂，还体现在对这些变量进行研究时，所受到的各种社会因素的限制也比较多。在自然科学研究的各种对象面前，自然科学研究者一定程度上可以"随心所欲"，对它们"任意处置"。无论是往溶液中添加各种不同的试剂，还是给小白鼠注射不同的药物，只要研究目标需要，研究者就可以反复地进行实验。然而，在社会科学研究中，研究者却没有这么幸运。他们必须十分谨慎地在自己的研究与人们的尊严、权利、利益之间，在自己的研究与社会的伦理、道德、法律、规范之间，划出明确的界限。社会科学研究者不能为了探讨"家长的放任自流对青少年犯罪的影响"，而要求家长们不去管教自己的孩子；他也不能采取让夫妇离婚的方式，来研究单亲家庭对儿童个性的影响。

5. 保持客观性的困难

与自然科学研究者不同，社会科学研究者也是他所研究的对象的一部分。因此，社会科学研究者在研究过程中要想像自然科学研究者那样保持一种客观的、超然的态度，会困难得多。自然科学研究者与他所研究的对象之间，往往不会产生情感上的纠葛。他不会对他所研究的对象产生同情、厌恶、喜欢、钦佩等情感。而社会科学研究者则每时每刻都有可能陷入这种"情感纠葛"之中。所研究对象的状况、处境、经历，以及行为、态度、价值取向，常常会使社会科学研究者的心中产生某种"共鸣"或"印象"。而研究者主观上的这种情感体验，往往又会在不知不觉中影响他对资料的反应和对研究结果的解释。

## 第二节 社会科学研究的方法体系

社会科学研究是一种复杂的认识活动。在这种活动中，研究者将面临一系列问题，并被要求做出抉择。比如，具体的研究问题该如何确定？为了寻求特定问题的答案，应该采用什么样的研究方式和研究程序？用什么样的方法才能收集到研究所需的资料？怎样对所收集的资料进行分析和解释？如何将研究结果清晰明了地告诉他人？在研究过程中，解决这些问题需要研究者对社会科学研究方法的总体框架以及这个框架中的各个具体部分都十分了解和熟悉。

社会科学研究方法是一个有着不同层次和方面的综合的体系，这一体系中包括众多的内容，它的各个部分之间有着紧密的内在联系。我们通常将社会科学研究的方法体系划分为三个不同的层次或部分，即方法论、研究方式、具体方法和技术。

### 一、方法论

社会科学研究的方法论（methodology）所涉及的主要是社会科学研究过程的逻辑和研究的哲学基础。或者说，方法论所涉及的是规范一门科学学科的原理、原则和方法的体系。社会科学研究的方法论所探讨的主要问题包括：（1）社会现象的性质及其理解；（2）社会科学研究的哲学基础及其假定；（3）社会科学研究过程和结果的客观性问题；（4）社会科学研究者的价值与研究之间的关系；（5）社会科学研究中的不同范式及其应用；（6）不同研究方式的内在逻辑；等等。

在社会科学研究中，存在着两种基本的同时也是相互对立的方法论倾向：一种是实证主义方法论，另一种是人文主义方法论。长期以来，实证主义方法论一直占据着社会科学研究方法论的主流地位。实证主义方法论认为，社会科学研究应该向自然科学研究看齐，应该对社会世界中的现象及其相互联系进行类似于自然科学那样的探讨，要通过非常具体、非常客观的观察，通过经验概括得出结论。同时，这种研究过程还应该是可以重复的。在研究方式上，定量研究是实证主义方法论的最典型特征。

而人文主义方法论则认为，研究社会现象和人们的社会行为时，需要充分考虑到人的特殊性，考虑到社会现象与自然现象之间的差别，要发挥研究者在研究过程中的主观性。用马克斯·韦伯的话说，就是要"投入理解"，或者是赖特·米尔斯所说的"人对人的理解"。理解派的方法似乎最适合于对复杂现象做探索性研究，特别是在这些现象不太为人所知的时候。在研究方式上，定性研究是人文主义方法论的典型特征。由于这种定性研究方式来自与定量研究方式所不同的哲学传统和理论假定，因而在实践中常常为人们所忽视。

虽然方法论通常不会被明确地写在研究报告中，同时，一些社会科学研究者在进行研究时也不一定会意识到方法论方面的问题。但是，它始终会实实在在地对社会科学研究的整个过程产生影响。比如，它将形成社会科学研究者关于社会现实的性质的种种假设，形成他们收集资料的各种方法，形成他们对于研究所需要的资料的选择标准，形成他们分析资料和解释结果的方式等。

## 二、研究方式

研究方式（research mode）指的是研究所采取的具体形式或研究的具体类型。通常，我们把社会科学研究的具体方式划分为定量研究方式与定性研究方式两大类，每一类方式中又包含各种不同的具体类型。在本书中，我们主要介绍五种基本类型，即调查研究、实验研究、实地研究、个案研究以及定量文献研究。其中每一种方式都具备某些基本的元素或特定的语言，构成一项具体社会科学研究区别于其他社会科学研究的明显特征。

同时，每一种方式可以独立地走完一项具体社会科学研究的全部过程。

　　比如调查研究的基本要素包括抽样、问卷、统计分析、相关关系等；实验研究的构成要素包括操纵与控制、实验组、控制组、前测、后测、实验刺激、因果关系等；实地研究包括参与观察、深入访谈、研究者的角色、投入理解、扎根理论等。实验研究、调查研究和定量文献研究等定量研究方式，比较集中地体现了实证主义方法论的倾向，而以实地研究、个案研究为代表的定性研究方式，则集中地体现了人文主义方法论的倾向。与此类似，不同的研究方式也分别被用于不同的研究目的：调查研究最经常被用来描述一个大的总体的状况，以及探讨不同变量之间的相关关系；实验研究则主要被用来探索和证明两个变量之间的因果关系；实地研究、个案研究更多的是在深入理解特殊的社会现实，以及在提炼和建构理论方面发挥作用；而定量文献研究则常常被用于帮助研究者探讨那些既不会引起研究对象的任何反应，又是其他方式在时间和空间上无法达到的社会现象和问题。

　　表 1-1 对这五种基本研究方式的有关情况进行了概括和总结。

表 1-1　　　　　　　　　社会科学研究的基本研究方式简介

| 研究方式 | 子类型 | 资料收集方法 | 资料分析方法 | 研究的性质 |
|---|---|---|---|---|
| 调查研究 | | 自填式问卷<br>结构式访问 | 统计分析 | 定量 |
| 实验研究 | 实地实验<br>实验室实验 | 自填式问卷<br>结构式访问<br>结构式观察<br>量表测量 | 统计分析 | 定量 |
| 实地研究 | | 参与观察<br>无结构访问 | 定性分析 | 定性 |
| 个案研究 | | 文献档案<br>参与观察<br>无结构访问 | 定性分析 | 定性 |
| 定量文献研究 | 现存统计资料分析<br>二次分析<br>内容分析 | 官方统计资料<br>他人原始数据<br>文字声像文献 | 统计分析 | 定量 |

### 三、具体方法和技术

具体方法和技术指的是研究过程中研究者所使用的各种资料收集方法、资料分析方法，以及各种特定的操作程序和技术。资料收集和分析是社会科学研究过程中的两项重要任务，与这四种基本研究方式相对应。研究者可以采用多种不同的资料收集方法和分析方法，比如自填式问卷的方法、结构式访问与无结构访问的方法、局外观察与参与观察的方法、随机抽样的方法、概念操作化的方法、问卷资料的编码方法、数据的统计分析方法，以及量表制作技术、变量测量技术、实验控制技术、计算机应用技术等。它们处于社会科学研究方法体系的最具体的层面，具有专门性、技术性、操作性的特点。

概括起来，社会科学研究方法体系可用图 1－1 简要表示。

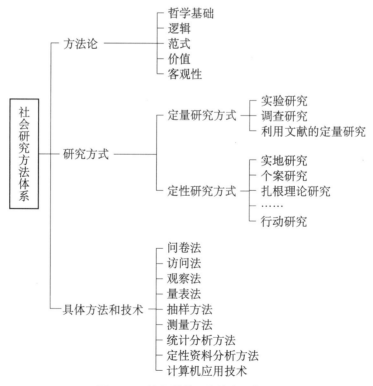

图 1－1　社会科学研究的方法体系

### 四、研究方法体系中各部分之间的关系

社会科学研究的方法体系是一个有机的整体。虽然它们之间有层次上的差别，但各种方法论、研究方式、具体方法和技术都不是各自独立、互不相关的。方法论与研究方式之间、研究方式与具体方法和技术之间，都存在着十分紧密的内在联系。

由于方法论是指导研究的一般思想方法和哲学基础，因此它与研究方式之间的关系尤为密切。不同的方法论观点不仅影响着研究者对研究问题的选择，同时更直接影响着研究者对研究方式的选择，以至于在研究方式和方法论之间，逐渐形成了一种常见的模式。比如，运用实证主义方法论的社会科学研究者，通常采用调查研究、实验研究以及定量文献研究的方式，以凸显研究的规范性、精确性、客观性。从建立研究假设、变量操作化、调查对象抽取、数据资料收集、对定量分析方法的运用，到对研究结果的解释和假设的检验，其一招一式都尽可能严格地按照自然科学研究的逻辑和方式进行。而运用人文主义方法论的研究者，则更经常地采用实地研究的方式，以凸显研究过程的特殊性、深入性、主观性。他们在研究的思路和策略上更多地依赖于研究者的主观体验和感悟，方法上更多地依靠研究者的参与和对情景的分析。反过来，不同的方法论倾向及其与之相适应、相配合的研究方式，又在一定程度上制约和影响着研究者对研究领域，特别是对研究问题的选择。

就像不同的研究方式与不同的方法论之间存在某种内在的联系一样，各种不同的具体方法和技术与不同的研究方式之间，也存在着一种内在的联系。比如，调查研究的方式往往需要运用抽样的方法、需要设计问卷的技术、需要运用计算机对收集的资料进行统计分析；实地研究的方式则往往需要运用参与观察的方法、无结构访问的方法，以及针对定性资料的分析技术；而实验研究则需要运用随机指派的方法、量表测量的方法、量表制作技术、实验刺激技术、实验控制技术等。

## 第三节 变量语言与分析单位

### 一、变量及其类型

社会科学研究作为科学研究的一种类型，也具有科学研究的重要特征，社会科学研究者也像其他科学研究者一样在研究中使用变量的语言。所谓变量（variable），就是具有一个以上不同取值（不同的子范畴、不同的属性或不同的亚概念）的概念。它反映出概念所指称的现象在类别、规模、数量、程度等方面的变异情况。比如"性别"这一概念就包括男性和女性两个子范畴，或者说"性别"这一概念是由男性和女性这两个"属性"构成的；而"职业"这一概念就包括工人、农民、干部、教师、医生等多个子范畴，或者说是由多个不同的属性构成的。用研究的语言来说，"性别"就是一个包括"男性"和"女性"两个取值的"变量"。同样，"职业"是一个包括工人、农民、干部、教师、医生等多个取值的变量；"文化程度"是一个包括文盲半文盲、小学、初中、高中、大专以上五个取值的变量；"收入"则是一个包括从零到几千元或者上万元的不断变化的各种取值的变量。

在研究中，对于变量的分类，主要有两种角度。一是根据变量取值的性质，把变量分为类别变量、顺序变量、间距变量和比率变量四种类型。这种区分的着眼点是变量的测量。而与之对应的变量测量层次分别称为定类层次、定序层次、定距层次和定比层次。我们将在第 4 章中介绍这四种变量层次的测量。

二是根据变量相互之间的关系，把变量分为自变量、因变量和中介变量。那种由于自身的变化而引起其他变量变化的变量叫作"自变量"（independent variable），用 $x$ 来表示；而那种由于其他变量的变化而导致自身发生变化的变量叫作"因变量"（dependent variable），用 $y$ 来表示。一个变量的变化"引起"或"导致"另一个变量的变化时，就形成了某种因果关系。用符号来表示即是 $x \rightarrow y$。比如"高的受教育程度倾向于低的生育率""工业化导致人际关系疏远""酒后开车造成交通事故"，这些说法都是用一种因果关系把两个变量联系起来。

　　在实际的社会科学研究中，常常还会出现这样的情况：同一个变量可能会在某种变量关系中作为自变量出现，而在另一种变量关系中则作为因变量出现。比如，在"高的受教育程度倾向于低的生育率"这一关系中，"生育率"是"受教育程度"的因变量；但在"低的生育率导致人口老龄化"这一关系中，"生育率"又成为影响"人口老龄化"程度的自变量了。究竟一个变量是作为自变量，还是作为因变量，或是作为中介变量，要根据研究的理论框架和理论分析来决定。

　　一项基本的因果关系只需要一个自变量和一个因变量。中介变量（intervening variable）则是出现在一些更为复杂的因果关系链中的第三个变量。它在自变量与因变量的联系中处于二者之间的位置，表明自变量影响因变量的一种方式或途径，如图 1-2 所示。

图 1-2　中介变量示意图

　　在同一个因果关系链中，中介变量既是相对于自变量来说的因变量，又是相对于因变量来说的自变量。原有的两个变量之间的因果关系是通过中介变量相连接的。比如，涂尔干在研究自杀现象时，提出了一种理论来说明"婚姻状况"与"自杀率"之间的关系。他发现，结了婚的人与单身的人相比自杀率低。他认为，这主要是因为结了婚的人具有更高的社会整合程度，即具有某种群体或家庭的归属感，而某一类自杀现象的主要成因是缺乏这种归属感。因此，他的理论就与三个变量有关：婚姻状况、社会整合程度、自杀率。其中，婚姻状况是自变量，自杀率是因变量，而社会整合程度则是中介变量。它处于自变量与因变量之间，既是自变量的结果，同时又是因变量的原因。概括地说就是，婚姻状况是通过社会整合程度影响自杀率的。这种对因果链的说明使得理论中的变量联系更为清楚，同时也能帮助研究者去检验复杂的解释（见图 1 - 3）。

图 1 - 3　中介变量实例示意图

对于中介变量的理解，还有一种更进一步的看法。这种看法把中介变量定义成与"可观察变量"相对应的一种"不能经由人类的感官（无论借助仪器与否）而觉知其质和量的变量"，比如动机、智力、敌意、态度、思想、情绪、习惯、兴趣、需要及价值观念等。"中介变量所指称的都是无法直接观察的内在心理历程，其'位置'系在行为与行为的原因（环境与生理因素）两者之间，而有承前启后的作用。"① 环境及生理因素影响中介变量，而中介变量又影响行为。中介变量既是环境和生理因素的结果，又是行为的原因。这种理解与上面的理解有一个共同之处：中介变量处于自变量与因变量之间。所不同的是，它认为中介变量往往是一些"无法直接观察"而只能从行为来推断或测量的特殊变量。比如可以从学习成绩来推断学习态度或学习动机，从攻击行为来测量敌意的强弱等。研究者正是通过某种行为来推断或测量中介变量，然后又用中介变量来解释另一种行为的。因此，我们可以将这种意义上的中介变量看作中介变量的一种特定类型，或者说，许多中介变量具有这种"无法直接观察"的特征。

**二、分析单位的概念及其类型**

1. 分析单位的概念

分析单位（unit of analysis）指的是一项社会科学研究中的研究对象。或者说，是一项社会科学研究中被研究的人或事物。比如，个人就常常是各种社会科学研究的分析单位。当然，社会科学研究中的分析单位不仅仅限于个人，它还有一些其他的类型，比如家庭、学校、公司、企业、城镇等。作为分析单位，个体被赋予了某种群体成员的特征。比如，"一个来自农村社区的大学生"或者"一个有着高收入父亲的大学生"，就为单个

① 杨国枢，文崇一，吴聪贤，等 . 社会及行为科学研究法：上册 . 台北：东华书局，1985：16.

的大学生赋予了"农村社区"或"有着高收入父亲"等群体特征。同样，作为分析单位的群体或组织也可以通过其成员来获得某种特征，比如一个有着高文化程度家长的家庭或者只有一个孩子的家庭等。分析单位的选择和确定，也是研究设计中的一项重要内容。

分析单位有五种主要的类型，分别是个人、群体、组织、社区、社会产品。无论是哪一种类型的分析单位，都具有下列特点：

（1）收集的研究资料，应直接描述分析单位中的每一个个体。比如，如果分析单位是个人，则研究资料直接描述每一个人的年龄、性别、职业、文化程度，以及行为和对事物的看法等；如果分析单位是家庭，则研究资料直接描述每一个家庭的规模、结构、人均收入等。

（2）将这些对个体的描述聚合起来，可以描述由这些个体组成的群体（研究的样本），以及由这一群体所代表的更大的群体（总体），或者用这种描述的聚合去解释某种社会现象。

例如，在一项有关"顾客对不同品牌电脑的购买倾向"的研究中，顾客就是我们的分析单位。研究资料首先是直接描述这一个个顾客。比如描述他们每一个人的年龄、性别、职业、收入，他们每人对不同品牌的电脑的价格、质量、外观、功能等方面的看法等；然后，这些对每个顾客的描述被以平均数、百分比等形式聚合起来，用以描述所研究的顾客样本及这一样本所代表的顾客整体的相关特征和对不同品牌电脑的购买倾向。

理解分析单位的过程中，需要将其与调查对象和研究内容或主题进行区分。分析单位是一项社会科学研究的研究对象；调查对象是研究者收集资料时直接询问的对象；研究内容或主题则是分析单位的属性或特征。例如，做一项关于家庭代际关系问题的社会科学研究时，我们的分析单位是"家庭"，研究内容或主题是"代际关系"，而调查对象则是每一个家庭中的"户主"。

需要说明的是，分析单位与调查对象有时可能会是同一对象。这种情况比较多地发生在以个人为分析单位的研究中。比如前面所列举的"顾客对不同品牌电脑的购买倾向"研究中，分析单位和调查对象都是顾客。当然，分析单位与调查对象不一致的情形也许更多，我们应该仔细区分。

2. 分析单位的类型

（1）个人。

对于社会科学研究来说，个人也许是最常见的一种分析单位。可以说，社会科学研究自身的性质和特征，就在很大程度上决定了它最常用的分析单位是社会中的个人。当然，这种个人在具体的研究中各不一样：既可能是大学生、中学生，也可能是工人、农民、军人、个体经营者，或者是城市居民、老人、女职工、少年犯。正是通过对个人进行描述，并将这些描述进行聚合和处理，我们才能够描述和解释由个人组成的各种群体，以及由个人的行为和态度构成的丰富多彩的社会生活现象。

比如，在一项有关某城市就业问题的社会科学研究中，该城市中的每一个合格的劳动力（年龄为 18～60 岁的居民）就是我们的分析单位。我们可以用在业、待业、失业等来描述他们中每一个人的状况，用年龄、性别、文化程度等来描述他们每个人的特征。然后，将这些对单个劳动力就业状况的描述聚合成"就业率"或"待业率""失业率"，以此描述该市劳动力的总体就业状况，用待业者的平均年龄、男女比例、文化程度分布等分析和解释这种就业状况产生的原因和导致的结果。

以个人作为分析单位的描述性研究一般旨在描述那些由个人组成的总体。而那些以个人为分析单位的解释性研究则往往是为了发现存在于该总体中的社会关系和社会动力。作为分析单位的个人可以用他所隶属的社会群体来指示其特征。因此，一个人可以被描述为"出身于知识分子家庭"或者"出身于工人家庭"；也可以被描述为"受过高等教育"或者"受过中等教育"。我们也许会在一项社会科学研究中，考察出身于知识分子家庭的人是否比出身于工人家庭的人更倾向于接受高等教育；或者受过高等教育的人是否比只受过中等教育的人更倾向于选择文化教育类的职业。在这两种情形中，分析单位始终都是个人，而不是家庭背景或者受教育程度。

（2）群体。

由若干个人组成的各种社会群体本身，也可以成为社会科学研究中的分析单位。比如，由若干个有着姻亲关系或血缘关系的个人组成的家庭、由若干个居住在一起的个人组成的邻里、由若干名学生组成的班级、由若干个有着共同兴趣和爱好的人组成的朋友群体、由若干个长期共同从事盗窃的人组成的犯罪团伙等，都可以成为社会科学研究中的分析单位。

以各种社会群体为分析单位的研究与那些以个人为分析单位的研究，在描述的对象上有所不同。比如，如果我们打算研究青少年盗窃团伙的成员，以了解他们的盗窃动机和盗窃方式，那么，盗窃团伙的成员就是我们的分析单位；但是，如果我们打算研究某个城市中所有的青少年盗窃团伙，以了解它们（这些团伙）之间的各种差别，比如大团伙与小团伙之间的差别、专门偷车的团伙与专门偷钱包的团伙之间的差别、东城区的盗窃团伙与西城区的盗窃团伙之间的差别等，那么，我们的分析单位就不再是团伙的成员，而是团伙本身。

当社会群体成为分析单位时，它的特征有时与群体中个人的特征有关，比如家庭的收入就与个人的收入有关。有时群体的特征可以从其成员的特征中抽取，比如我们可以用家长的收入、职业或文化程度来描述家庭的特征（经济条件好的家庭、社会地位低的家庭、教育条件好的家庭等）。但在更多的情况下，群体的特征不同于个人的特征。例如，以家庭作为分析单位时，我们可以用家庭的规模、结构、代际关系、高档家电拥有量等特征来描述家庭，但却不能用同样的特征去描述家庭中的个人。应当记住的是，当我们以社会群体作为分析单位时，我们的研究和分析就不能下滑到群体层次之下，我们所研究的群体就是资料集合中的最小单位。

（3）组织。

各种正式的社会组织，比如工厂、公司、机关、学校、商店、医院等，同样可以成为社会科学研究中的分析单位。假设我们希望对全国高校中的社会学系进行一项研究，那么，分析单位就是社会学系。每一个社会学系都可以用"教授所占的比例""每年发表的论文数""每年招收的研究生人数""每年毕业的本科生人数"等特征来进行描述，并与其他的社会学系进行比较。我们也许会发现，规模比较大的系每年所发表的论文数比规模比较小的系多，每年所获得的科研课题也比规模比较小的系多，但本科学生的实践机会却比规模小的系少。同样，我们也能在以组织为分析单位的社会科学研究中，通过对组织的各种特征进行分析来解释和说明某些社会现象。

由于组织与群体一样，是由若干个人组成的，因而作为分析单位的组织所具有的某些特征，往往也在一定程度上与组成它的个人有关。有时，对同一现象的研究，会依据研究的侧重点的不同而使用不同的分析单位，这样就大大地增加了分析单位的复杂性。比如，如果我们研究那些教授比例较大的社会学系是否比教授比例较小的社会学系更有可能多招研究生，那么，我们的分析单位就是社会学系；如果我们研究的是各个社会学系中，那些带有较多研究生的教授是否比那些带有较少研究生的教授发表的论文更多，那么，我们的分析单位就是教授；如果我们研究的是那些教授比例比较大的社会学系中的研究生是否比教授比例比较小的社会学系中的研究生更有可能参与科研课题，那么，我们的分析单位则是研究生。

（4）社区。

社区作为一定地域中人们的生活共同体，也可以作为研究中的分析单位。无论是乡村、城市，还是街区、集镇，我们都可以用社区的人口规模、社区异质性程度、社区习俗特点、社区的空间范围等特征对它们进行描述。也可以通过分析社区不同特征之间的关系，来解释和说明某些社会现象。比如，我们可以探讨社区规模与社区流动人口之间的关系，或者探讨社区流动人口的多少对社区异质性程度的影响等。在这样的社会科学研究中，社区就是我们的分析单位。如同以个人为分析单位的社会科学研究中的个人那样，从每一个具体的社区中收集的资料，既可以用来描述和反映这一社区自身的具体特征，又可以作为若干个具体社区的集合中的一个个案，参与描述整个社区的集合的特征以及解释社区内某些特定的现象。

（5）社会产品。

我们用社会产品一词来概括那些无法被纳入前述几种分析单位范畴的其他分析单位，包括各种形式的人类行为以及由人类行为导致的各种社会产物。书籍、歌曲、图片、公告、建筑、服饰等，是此类分析单位中的一大类型；而婚礼、殡葬仪式、考试、课堂教学、实习、求职、约会等，则是另一种类型；此外还有诸如家庭制度、文化传统这样的更为抽象也更为复杂的分析单位。比如，我们可以依据规模的大小、程序的繁简、内涵的传统性或现代性等特征来对殡葬仪式进行区分。

　　在研究中，要注意避免犯与分析单位有关的两种错误。一种错误为区群谬误（ecological fallacy），也称层次谬误或体系错误，它指的是在社会科学研究中，研究者用一个集群的分析单位做研究，而在非集群的分析单位上下结论的现象。或者说，研究者用一个集群的分析单位收集资料，而用一个非集群的分析单位下结论的现象。比如，一个研究者收集了不同城市的资料，发现流动人口多的城市的犯罪率高于流动人口少的城市。然后他从这些资料中得出"流动人口比非流动人口的犯罪率高"的结论。此时，他就犯了区群谬误的错误。因为他的研究资料是以城市为单位收集来的，所得出的也只能是有关城市的结论，而不能是有关流动人口与非流动人口（分析单位是群体）的结论。如果要得出有关群体的结论，或者说要用群体的特征来解释犯罪率，那么，就应该用群体作为分析单位来进行研究，收集流动人口和非流动人口的资料，通过统计和比较二者的犯罪率得出结论。

　　另一种错误为简化论（reductionism），又称简约论，指的是研究者用个体层次的资料来解释宏观层次的现象。从形式上看，简化论的错误正好与区群谬误相反。在研究者用非集群的分析单位来进行测量，而得出的是有关集群的分析单位是如何运行的结论时，或者说在研究者所拥有的是微观的有关个人如何行为的资料，但是他所得出的却是有关宏观层次的分析单位如何运作的结论时，这种错误最容易发生。

## 第四节　研究的过程

　　作为一种系统的、科学的认识活动，社会科学研究遵循着一套比较固定的程序。从大的方面看，我们可以将社会科学研究的过程分为五个阶段：（1）确定研究问题并将其系统化；（2）设计研究方案和准备研究工具；（3）资料的收集；（4）资料的处理与分析；（5）结果的解释与报告。

## 一、选择问题阶段

选择研究问题是社会科学研究活动的起点，是整个研究工作的第一步。研究问题一旦确定，整个研究活动的目标和方向也就随之确定。研究问题选择得如何，在一定程度上决定着整个研究工作的成败，决定着研究成果的好坏优劣。因此，应当对选题阶段的工作给予高度的重视。有众多的因素决定着和制约着研究问题的选择，这些因素包括研究者的理论素养、生活阅历、观察角度、研究兴趣，也包括他所处的社会环境、他所具有的客观条件等。

选题阶段的主要任务包括两个方面：一是选取研究主题，即从现实社会中存在的大量的现象、问题和领域中，根据研究者的兴趣、需要与动机确定一个研究主题，比如家庭关系、人口流动、越轨行为、企业制度等等；二是形成研究的具体问题，即进一步明确研究的范围，集中研究的焦点，将最初比较含糊、比较笼统、比较宽泛的研究领域或研究现象具体化、精确化，将其转化为既有价值又有新意，同时还切实可行的研究问题。一般来说，我们应首先选取一个研究主题，然后在这一主题领域中，选择和形成一个研究问题。这一过程既是一种包含着从一般到特殊的"过滤"过程，也是一种从模糊到清晰的"聚焦"过程。对于社会科学研究者来说，选择一个合适的研究问题并非一件十分简单的事情。本书第3章主要探讨选择研究问题方面的内容。

## 二、研究设计阶段

如果说选择研究问题的意义在于确定研究的目标和方向，那么研究设计阶段的全部工作就可以理解为实现研究的目标而进行的道路选择和工具准备。所谓道路选择，指的是为实现研究的目标而进行的研究设计工作，它涉及研究的思路、策略、方式、方法以及具体技术工具等各个方面。就像实施一项工程之前必须进行工程设计一样，要保证一项社会科学研究工作的顺利进行，保证研究目标的完满实现，必须进行周密的研究设计。所谓工具准备，主要指的是对研究所依赖的测量工具或信息收集工具，如问卷、量表、实验手段等的准备。当然，这种准备工作还包括对社会科学研究中各种信息的来源——研究对象的选取等。本书第 4 章和第 5 章将介绍这方面的内容。

### 三、资料收集阶段

这个阶段的主要任务，就是具体贯彻研究设计中所确定的思路和策略，按照研究设计中所确定的方式、方法和技术进行资料的收集。这个阶段的主要特点是研究者往往要深入实地，要接触研究对象，或者要设计出实验环境，实施实验刺激和测量，或者要收集大量的文献资料。在这一阶段，所投入的人力最多，遇到的实际问题最多，因此，需要进行很好的组织和管理。需要注意的是，由于社会现象的复杂性，或者由于现实条件的变化，我们事先所考虑的研究设计往往会在某些方面与现实之间存在一定的距离或偏差，这就需要我们根据实际情况进行修正，发挥研究者的灵活性和主动性。本书的第 6 章至第 10 章，将分别介绍实验研究、调查研究、定量文献研究、实地研究、个案研究五种基本研究方式在实施过程中的具体方法、技巧和问题。

### 四、资料分析阶段

资料分析阶段的主要任务是对所收集到的原始资料进行系统的审核、整理、归类、统计和分析。就像从地里打下的粮食，要经过很多道加工工序，才能最终成为香甜可口的食品一样，从现实社会中得到的众多信息和资料，也要经过研究者的各种"加工"和"处理"，才能最终变成研究的结果和结论。这里既有对原始数据资料的清理、转换和录入计算机等工作，也有对原始文字资料、图片资料、音像资料等的整理、分类和加工工作；既有对数据资料进行的各种定量分析，也有对定性资料进行的综合、归纳和解读分析。本书第 11 章将介绍这方面的内容。

### 五、得出结果阶段

这一阶段的任务主要是撰写研究报告，交流研究成果。研究报告能够以文字和图表的形式将整个研究工作所得到的结果系统地、集中地、规范地反映出来，是社会科学研究成果的集中体现。而撰写研究报告也可以说是对整个社会科学研究工作进行全面的总结。从研究的目的、方式，到资料的收集、分析的方法，再到研究得出的结论、研究成果的质量，都要在研究报告中得到总结和反映。同时，还要将社会科学研究的成果以不同的形式发表出来，与他人开展交流，将成果应用到社会实践中去，真正发挥社会科学研究在认识社会现象、探索社会规律中的巨大作用。

　　图1-4所反映的就是社会科学研究从选择研究问题开始，直到得出研究结果为止的全部过程，以及这一过程的五个主要阶段和每一阶段的基本内容。

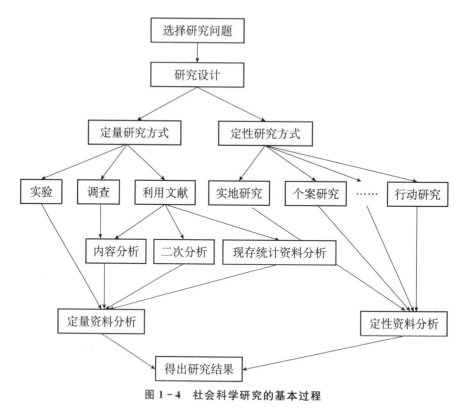

**图1-4　社会科学研究的基本过程**

　　图1-4表明，社会科学研究的过程始于研究问题，经过若干个不同的阶段，最终到达研究结果。图中的箭头则表明，从问题到结果的"道路"不止一条。它暗示着社会科学研究有多种不同的方式可以选择。另

外，需要说明的是，上述研究过程及其阶段的划分只是一种理想的模式，并非所有的社会科学研究都丝毫不差地按上述规定进行。在不同的情况下，不同社会科学研究的具体程序或步骤可能会略有不同。特别是这种过程的划分比较明显地带有定量研究方式的烙印，对于实地研究这样的定性研究方式来说，不一定完全适合。比如，实地研究中的资料收集和资料分析就常常是交织在一起的，且要经过多次的循环反复，很难明确划分为两个阶段。但无论如何，上述框架的确是多数具体社会科学研究的实际开展和设计研究计划的一种参考。

本书在结构上是将表1-1的知识结构与图1-4的过程结构结合起来安排的。这样做既可以使读者了解整个社会学研究方法的知识体系，明白每一部分的知识在整个知识体系中的位置，了解各部分相互之间的联系；同时，它又可以使读者在学习社会科学研究方法的基本知识的同时，熟悉和掌握研究的具体程序，便于联系实际动手操作，达到学以致用的目的。

# 【思考与实践】

1. 联系实际举例说明社会科学研究所面临的主要困难。

2. 社会科学研究的方法体系由哪几个部分构成？不同的方法论、研究方式与具体方法和技术之间存在着怎样的关系？

3. 找几篇发表在社会科学学术刊物上的社会科学研究报告进行阅读，看看它们分别采取的是哪种社会科学研究方式，所用的资料收集方法是什么。

4. 实证主义方法论的主要特点是什么？人文主义方法论的主要特点又是什么？你如何看待这两种不同的方法论主张？

5. 分析你所找出的几篇社会科学研究报告中所用的分析单位是什么。

# 第 **2** 章

# 研究的类型

现实中的社会科学研究会因为研究的问题、目标、对象、内容、方式、方法、技术等众多方面的不同，而形成各种不同的研究类型。在本章中，我们将介绍几种主要的社会科学研究分类方式及具体类型。

## 第一节 探索、描述与解释

虽然社会科学研究者研究社会现象的具体目的各不相同，但是，大都可以归结为以下三种之一，即探索、描述、解释。当研究的目的不同时，整个社会科学研究就会在设计的要求、研究对象和研究方法的选择，以及在具体操作程序上都有所不同。

### 一、探索性研究

探索性研究（exploration research）是一种对所研究的现象或问题进行初步了解，以获得初步的印象和感性认识，同时为今后更周密、更深入的研究提供基础和方向的研究类型。探索性研究经常出现在下列两种情况中：一是当研究者准备研究的问题或现象十分特殊、十分新鲜，且很少有人涉及时；二是研究者本人对打算研究的问题或现象不大熟悉、了解很少时。比如，对我国社会中的同性恋问题所进行的探索性研究就是第一种情况的例子。这一问题在我国的大多数地区、大部分人群中并不普遍，人们对它的了解很少，对它进行的科学研究就更少。在这种情况下，研究者往往需要采用探索性研究的方法，对它进行初步的了解。又如，关于大城市的交通拥挤问题，虽然人们都已十分熟悉，也已经有一些研究者在不同城市中进行过研究，但对于某个从未涉足这一领域的研究者来说，这就是一个全新的、令他感到生疏的课题。所以，他可能也需要对此进行探索性研究。

探索性研究的主要目的，是通过对所研究的问题或现象进行考察，达到对这一现象的初步了解。同时，它还可以为更深入、更系统、更周密的研究提供指导和线索。探索性研究的直接成果包括：（1）形成关于所研究现象或问题的初始命题或假设；（2）发展和尝试可用于更为深入的研究的方法；（3）探讨进行更为系统、更为周密的研究的可能性。正是在这种意义上，探索性研究常常成为一种先导性的研究——这种研究的成果往往可以为后继的研究开辟道路、指示方向和提供途径。

探索性研究在方法上的要求相对来说比较简单，也不太严格。它通常采用参与观察和无结构访问等方法收集资料，其所研究的对象的规模通常都比较小；从资料中所得出的各种结果，并不用来推论研究对象所取自的总体，也不用来检验某种理论假设，而主要用来"探测"某类现象或问题的基本范围、内容或特征，给人们一个大致的轮廓或印象，用来"提示"深入研究这一现象或问题的可能途径，用来尝试可用于这一现象或问题研究的合适的方法与工具。

比如，前面所举的大城市交通拥挤问题一例中，研究者可任意地从该城市中找几条公共汽车线路，随意找几十位行人、乘客、汽车司机、公共汽车售票员、交通民警等作为研究对象，围绕与城市交通相关的各种问题，对他们进行开放式的访问，并进行实地观察。从这样的研究中，研究者不仅可以初步了解到大城市交通拥挤问题的主要内容、状况及与之相关的各种因素，同时还可以发现某些值得深入研究的问题，也可以为在大规模的抽样研究中采用结构式问卷来测量这种复杂现象或问题提供可行的方法和手段。

需要注意的是，一项探索性研究所得到的各种结果和结论，都只是有关某种现象或问题的"初步印象"，它难以为所研究的现象或问题提供比较系统、比较肯定和比较满意的答案。或者说，探索性研究的结果，往往只是新的、更为系统的，也更加专门的研究的一种背景或起点。

**二、描述性研究**

社会科学研究最经常地被用于对某些总体或某种现象进行描述。描述性研究（descriptive research）通常是要发现总体在某些特征上的分布状况，或者说，描述性研究的主要目的是收集有关总体分布特征的资料，提供有关总体结构、现象特点等方面的信息。比如，当研究者需要了解那些在规模、结构和社会地位上不同的家庭如何使用他们的收入，那些在年龄上大小不同的人对计划生育政策的改变有何反应，那些在受教育程度上高低不同的人在社会流动方面的经历有何不同等问题时，他往往要进行这种以描述为主要目的的研究。

描述性研究在方法上与探索性研究有较大的差别。这种差别突出地表现在描述性研究所具有的系统性、结构性和全面性上。描述性研究通常需要采取严格的随机抽样方法来选择研究对象，并且研究样本的规模要比探索性研究大得多（在三种不同目的的研究中，描述性研究的样本规模往往最大，解释性研究次之，探索性研究的样本规模则最小）。描述性研究中资料的收集主要采用以封闭式问题为主，以自填、邮寄或结构式访问等方式进行的问卷调查；所得到的资料必须经过统计处理（通常是在电子计算机的辅助下进行）；得出以数量形式为主的各种结果，并要将这些结果和结论推论到总体中去，或者说，要用来自样本的资料去描绘总体的面貌。

对社会现象的描述应当注意两个方面：一是描述的准确性；二是描述

的概括性。准确性的要求指的是对社会现象的分布状况、基本特征等，都要做出定量的和精确的描述和说明。概括性的要求则是指研究结果所描述的不应当是个别的或片面的现象，而应当是能反映出总体及各个组成部分一般状况的普遍现象。或者说，根据样本研究的结果，应能够反映出总体的水平和趋势。

总之，描述性研究在对社会现象进行认识上，比探索性研究前进了一大步。如果说探索性研究只是对现象的一种初步的"探测"的话，那么，描述性研究则可以说是一种对现象的全面的"清查"和系统的反映；如果说探索性研究所得到的只是某种"提示"、某种"印象"的话，那么，描述性研究所得到的则应该是有关这一现象的"整体照片"，或者说是一个缩小了的"总体模型"。

### 三、解释性研究

人们对事物和现象的认识不会只停留在全面了解其状况的层次上。涂尔干在研究自杀现象时，所感兴趣的不单单是社会中的哪一类人比另一类人的自杀率高，而是想得出适用于所有人的一种对自杀的共同的理解。社会科学研究者在认识到现象"是什么"（what）及其状况"怎么样"（how）的基础上，还需要进一步弄明白事物和现象"为什么"（why）是这样。

比如，在研究大学生的择业倾向时，研究者除了想知道目前的大学生在选择职业时是怎样考虑的，以及他们的择业倾向表现出什么样的特点，还常常希望知道大学生们为什么会表现出这样的择业倾向，为什么他们中的一些人愿意选择某些职业而另一些人却不愿意选择这些职业，在这种差别的背后，有没有一种更具一般性的"规律"在起作用等。因此，社会科学研究同样常常被用于回答社会生活中许多的为什么，常常用来说明现象发生的原因，常常用来解释社会现象之间的关系。对于这样一类社会科学研究，我们称之为解释性研究。简单地说，解释性研究（explanatory research）指的是那种探寻现象背后的原因，揭示现象发生或变化的内在规律，回答各种"为什么"的社会科学研究。现实生活中，像探讨青少年犯罪原因的社会科学研究、探讨现代化程度与人们生育意愿之间关系的社会科学研究，以及探讨为什么青年人比老年人更喜欢流行歌曲的社会科学研究等，都是解释性研究。

由于解释性研究的目标是回答"为什么"，是解释原因，是说明关系，因此它的理论色彩往往更浓。它通常是从理论假设出发深入实地收集经验材料，并通过对资料的分析来检验假设，最后达到对社会现象进行理论解释的目的。也正因为如此，解释性研究在研究方案的设计上，除了与描述性研究一样具有系统性和周密性以外，还比描述性研究更为严谨，针对性也更强。

解释性研究在内容上不要求具有广泛性，不要求面面俱到，但是它特别注重研究内容的适用性和针对性。它往往要求研究内容必须紧紧围绕所要验证的理论假设。例如，对青少年初次犯罪原因的解释性研究，在内容上就不用像描述性研究那样，对青少年初次犯罪的概况，比如年龄、特点、类型等，做全面而详细的了解，只需要将研究的焦点集中在对各种可能的原因和解释进行检验、分析、探讨和说明上。又如探讨现代化程度与人们生育意愿之间关系的研究，在设计上就不是为了收集一般性的、以反映总体状况为目标的资料，而是要完全依据研究的主题，依据研究的两个关键变量——"现代化程度"和"生育意愿"来进行设计。这种研究无论是对研究对象和研究方式的选择，还是对资料的收集和分析，都必须以有利于发现和揭示二者之间关系的规律为标准，都必须紧紧围绕检验二者间关系的理论的目标。这样，在研究过程中，对于研究对象的职业分布状况、收入水平、对老年保障的看法、生活质量状况等众多内容，研究者可以"不屑一顾"；但是，对于与现代化程度和生育意愿的操作化指标有关的各种测量，必须尽可能详尽，一点也不能少。

在分析方法上，解释性研究往往要求进行双变量和多变量的统计分析。比如，对于大学生的不同择业倾向，就可以通过性别、所学专业、家庭背景、价值取向等变量或因素来进行分析和解释。一旦研究者详细考察了这些变量或因素与大学生所希望选择的职业之间的关系，他就能够尝试解释为什么某些大学生希望选择这些职业，而另一些大学生却希望选择另一些职业。

　　解释性研究与描述性研究在有无假设上也有较大差别。描述性研究一般不需要假设，或者说，建立有关变量之间关系的尝试性陈述对于描述性研究来说，既是无关的也是不可能的。"我们毕竟得记住，社会科学对于人类的行为和社会环境的了解仍处于初期阶段。一定要社会学家等到有了假设再去收集材料，这只能助长滥用任意的假设的做法，这与毫无选择地收集材料同样糟糕。"① 通常，研究者会将描述性研究作为先导，以"帮助他开掘所研究的领域，收集与所研究的题目直接或间接有关的资料，使问题得以突出，使值得探索的环节得以被揭示出来。然后，在这样的信息资料的引导下，他可以在进一步的经验性研究中制定和检验一系列的假设"②。总之，研究中是否应有假设应根据研究的目的来决定。对于以描述为目的的研究，一般不需要假设；而对于以解释为目的的研究，则需要有明确的假设。

　　需要说明的是，一方面，对研究目的所做的这种划分并不是绝对的，而是相对的；另一方面，现实生活中的每一项具体社会科学研究往往表现为更侧重于某一目的，但它同时还可能包含有其他方面的目的。比如，现实中的大多数研究实际上是描述和解释两种作用兼而有之，只是对二者的侧重程度有所不同。在对社会现象的探索中，描述性研究和解释性研究发挥着不同的作用，前者的作用更为基础，后者的作用更为深入。

　　表 2-1 是对三种不同目的研究类型的特征的总结。

表 2-1　　　　　　　　三种不同目的研究类型的特征

|  | 探索性研究 | 描述性研究 | 解释性研究 |
| --- | --- | --- | --- |
| 对象规模 | 小样本 | 大样本 | 中样本 |
| 抽样方法 | 非随机选取 | 简单随机、按比例分层 | 不按比例分层 |
| 研究方式 | 观察、无结构访问 | 问卷调查、结构式访问 | 调查、实验等 |

---

　　① Moser C A，Kalton G. Survey Methods in Social Investigation. 2nd ed. London：Heinemann Educational Books Ltd.，1983：4.

　　② 同①.

续表

| | 探索性研究 | 描述性研究 | 解释性研究 |
|---|---|---|---|
| 分析方法 | 主观的、定性的 | 定量的描述统计 | 相关与因果分析 |
| 主要目的 | 形成概念和初步印象 | 描述总体状况和分布特征 | 变量关系和理论检验 |
| 基本特征 | 设计简单、形式自由 | 内容广泛、规模很大 | 设计复杂、理论性强 |

## 第二节　理论导向与现实导向

　　如同自然科学中存在着基础性研究与应用性研究两种类型一样，社会科学研究也可以从性质上划分为理论导向的研究与现实导向的研究两大类。二者又分别称为理论性研究与应用性研究。这两类研究之间的差别实际上就是如何运用社会科学研究的差别。简单地说，一类关注运用研究来发展理论知识，而另一类则关注运用研究来解决现实问题。

### 一、理论导向的研究

　　理论导向的研究（theory-oriented research）指的是那些侧重于发展有关社会世界的基本知识，特别是侧重于建立或检验各种理论假设的经验研究。这类研究力图理解和解释社会世界（或其中某一部分）是如何运转和相互联系的，社会事物或社会现象又是如何发生、发展和变化的。这一类研究往往表现出十分明显的理论倾向，其关注点主要集中在探索现象之间的因果关系及其内在机制，以增加对社会现象所具有的内在规律的认识。

　　许多人对理论导向的研究存在着一定的偏见，认为理论导向的研究往往是浪费大量的人力、物力和时间去论证一些琐碎的、显而易见的和毫无用处的命题。事实上，这种在一段时期内不能被直接应用于现实和帮助人们解决实际问题的社会科学研究，却是产生出许多为应用性社会科学研究的研究者所广泛利用的思想、理论和方法的丰富的源泉。与应用研究者那种在几个月或一年内迅速地将研究结果应用于实际的情形不同，理论导向的研究往往需要相对更长的时间和更复杂的研究设计。

　　需要注意的是，这里所说的理论导向的研究仍然是一种经验研究。它与那种以纯粹的思辨和逻辑推理为基础、以对抽象概念和命题的理性分析为主要特征的纯理论研究是不一样的。它们是两类性质不同的研究类型。后者并不是本书所探讨的对象。此外，理论导向的研究通常是在一个统一的理论背景或概念框架内进行，这种理论背景或概念框架是同一领域内不同的社会科学研究者进行对话和交流的基础，也是有关社会世界的知识相互评价、不断完善和积累的基础。

### 二、现实导向的研究

　　现实导向的研究（reality-oriented research）是指那些侧重于认识现实社会问题并有针对性地提供特定的社会政策和解决方案的经验研究。其主要类型包括社会状况研究、社会问题研究、社会政策研究、社会影响评估研究等。这类研究通常是描述性的，它的关注点比较集中地体现在迅速地了解现实的社会问题，尽可能广泛地从总体上描述当前社会现象的状况和特征，并且有针对性地提供政策建议和解决方案等方面。现实导向的研究也常常来源于各级政府机构以及涉及社会各个具体领域的工作部门，比如人口管理、劳动就业、城市建设、公共交通、环境保护、区域发展、社会治安、文化教育、社会保障、公共卫生等，而这类课题的研究成果也主要应用于这些部门和领域。

　　对于同一种社会现象，或者说同一种研究题材，两类研究的关注点是不同的。概括地说，理论导向的研究更关注如何发展出某种一般性的社会认知，而现实导向的研究则更关注如何有效地解决现实社会问题。比如，同样是研究大学毕业生就业，理论导向的研究所关注的可能是诸如"大学毕业生的社会资本、人力资本对其成功就业的影响"，或者"大学毕业生的家庭背景与其职业地位获得之间的关系"等问题；而现实导向的研究则可能更加关注"当前大学毕业生的择业倾向具有哪些特征""当前大学毕业生择业面临哪些困难""如何拓宽大学毕业生就业的途径"，以及"如何有效解决大学毕业生的就业问题"等方面。

## 第三节 定量研究与定性研究

任何事物都具有量和质两个方面。在社会科学研究中，也相应地存在着定量研究与定性研究两种不同的探讨方式。定量研究侧重于且较多地依赖于对事物的测量和计算，而定性研究则侧重于和依赖于对事物的含义、特征、隐喻、象征的描述和理解。也有学者认为，定性研究是用语言文字来描述现象，而不是用数字和量度；而定量研究则与此相反，是用数字和量度来描述现象，而不是用语言文字。

定量研究与定性研究的方式在发展上是不平衡的。相比之下，定量研究方式发展十分迅速，进展也很大；而定性研究方式由于来自与定量研究方式有所不同的哲学传统，且具有不同的假定，因而往往为人们所忽视。同时，由于定性研究方式在实践上又常常被批评为"非科学的"和缺乏信度的，因此其发展遭遇了很大的阻力。这种不平衡的发展状况反过来又进一步强化了定量研究，削弱了定性研究。

从认识论角度看，定性研究与定量研究存在着根本的区别——它们基于不同的范式。定性研究从最纯粹的意义上说，从属于人文主义的自然范式，即研究应在自然的环境和条件中进行，而研究所获得的结果和意义也只适应于这种特定的环境和条件。这种方法的核心是"整体地"理解和解释自然情景。与此不同的是，定量研究来源于实证主义，它在范式上更接近于科学的范式。

从研究的逻辑过程看，定性研究基于描述性分析，它在本质上是一个归纳的过程，即从特殊情景中归纳出一般的结论；而定量研究与演绎的过程更为接近，即它更强调从一般的原理推广到特殊的情景中去。

定量研究者往往强调客观事实、强调现象之间的相关、强调变量之间的因果联系，可以说，定量研究的主要目标是"确定"变量之间的关系、相互影响和因果联系。而定性研究者更加注重现象与背景之间的关系、更加注重现象的变化过程、注重现象和行为对于行为主体所具有的意义。可以说，定性研究的主要目标是深入地"理解"社会现象。定性研究重视现象和行为的背景，相信特定的自然和社会环境与人类的行为有很大的关系。定性研究者认为事实和价值是无法分离的；而定量研究者正好相反，他们强调在研究中一定要努力做到"价值无涉"和"价值中立"。

在理论与研究的关系上，定性研究通常与理论建构的目标相伴随，它并不强调在研究开始时对所研究的问题建立一种明确的理论基础。相反，理论是在研究的过程中逐渐出现和形成的。并且，随着研究的进行，理论会不断被选择、被改变、被放弃、被修正。定量研究除了具有描述功能外，常常是用来进行理论检验的。由于定量研究所具有的演绎特征，因此它从一开始就倾向于以理论为基础。反过来，当一项研究以理论的检验为目标时，它通常也是采取定量研究方式进行的。

在研究方式上，定量研究者更加强调研究程序的标准化、系统化和操作化，定性研究者往往更加强调研究程序、研究方式和研究手段上的灵活性、特殊性。实验、调查、内容分析等是定量研究中最常见的研究方式，量表测量、问卷调查、结构式访问、结构式观察等则是定量研究中常见的资料收集技术；而实地研究、个案研究是定性研究最常见的研究方式，参与观察、无结构访问、个人生活史等是定性研究中主要的资料收集技术。由于研究方式、资料收集技术等方面的差别，定量研究与定性研究在所得资料的性质及其结果的说明方式上，均存在明显的差异：前者所获得的主要是数量化的资料，而后者所获得的则是具体的、个别的实例；前者的结果主要靠统计分析数据来表达，而后者的结果则是靠文字描述来说明，前者的结果在概括性、精确性上特征明显，后者则以其资料的丰富性、细致性和理解的深入性而与定量方法相对照、相补充。

总的来说，定量研究与定性研究是我们在社会科学研究过程中可以采取的两条途径。它们所能给我们提供的是两种不同性质的图画。如同对实证主义与人文主义方法论的评价一样，定性研究与定量研究二者之间也不存在孰优孰劣的问题。在社会科学研究者认识社会现象的过程中，它们采取的视角不同，所能回答的问题不同，回答问题的方式也不同。可以说，它们发挥着各不相同的作用。对于有些研究情景和研究问题而言，最合适的方式或许是定量研究；但与此同时，另一些研究情景和研究问题只适合采用定性研究的方式进行探讨。正如有的研究者所说：至于在实际的社会科学研究中该运用哪种方式，不仅取决于研究者的个人兴趣，而且取决于他所要解决的问题。

我们可以用表2-2来简明扼要地说明定量研究方式与定性研究方式的各种差别。

表 2-2　　　　　　　　定量研究方式与定性研究方式的比较

|  | 定量研究 | 定性研究 |
| --- | --- | --- |
| 哲学基础 | 实证主义 | 人文主义 |
| 研究范式 | 科学范式 | 自然范式 |
| 逻辑过程 | 演绎推理 | 归纳推理 |
| 理论模式 | 理论检验 | 理论建构 |
| 主要目标 | 确定相关关系和因果联系 | 深入理解社会现象 |
| 分析方法 | 统计分析 | 实地研究、个案研究 |
| 主要方式 | 实验、调查 | 参与观察、深度访问等 |
| 资料收集技术 | 量表、问卷、结构观察等 | 主观 |
| 研究特征 | 客观 | 主观 |

## 第四节　横向研究与纵向研究

从时间维度来看，各种社会科学研究可以划分为两大类型，即一个时间点的横向研究与多个时间点的纵向研究。

### 一、横向研究

横向研究（cross-sectional studies）也称横剖研究，指的是在一个时间点上收集研究资料，用以描述研究对象在这一时间点上的状况，或者探讨这一时间点上不同变量之间的关系。各种内容的民意测验和全国人口普查，可以说是横向研究最典型的例子。需要说明的是，这里所说的"一个时间点"，并不是指一天，更不是指一分一秒，而是相对比较短的一段（连续的）时间，比如说一个星期、一个月、三个月等。

横向研究是社会科学研究中最常见的一种形式，特别是各种探索性研究和描述性研究，基本上都是采用横向研究的形式进行的。横向研究的主要目标是对某种社会现象或某一社会总体的横截面进行了解，它也可以用来分析和比较某一社会现象或社会总体中不同部分的特点及其相互关系。

当然，许多解释性研究也同样属于横向研究。只不过在有些解释性的横向研究中，常常存在着某种内在的问题。这是因为，解释性研究的目标通常是理解社会现象中的因果关系或因果过程，而作为原因的现象与作为结果的现象在时间上往往会有先后之别，社会现象之间的因果过程也常常是发生在一段比较长的时期中。在有些情况下，如果研究者仅仅依靠来自一个时间点上的观察所得到的资料，那么，其结论往往难以成立。

### 二、纵向研究

纵向研究（longitudinal studies）指的是在若干个不同的时间点上收集资料，用以描述现象的发展变化，以及解释不同现象前后之间的联系。纵向研究主要有三种不同的类型。

#### 1. 趋势研究

趋势研究（trend studies）指的是对一般总体随着时间推移而发生的变化的研究。比如，通过对我国 1953 年、1964 年、1982 年、1990 年、2000 年、2010 年与 2020 年七次人口普查结果的比较，来分析我国人口发展变化的趋势和规律，就是趋势研究的一个典型的例子。类似地，在美国总统大选过程中，通过对连续几次盖洛普民意测验的结果进行分析，研究不同候选人的势头，也是一种趋势研究。

趋势研究的目的是通过对一般总体在不同时期的态度、行为或状况进行比较，揭示和发现社会现象的变化趋势和规律。实际上，我们可以说，对某一总体的趋势研究，就相当于利用对这一总体所进行的若干次横向研究的结果，来分析和探寻其发展变化规律的研究。

关于趋势研究，有一点需要注意，那就是对同一总体在不同时点上所进行的若干次横向研究必须具有同样的研究内容，采用同样的测量方法。更具体地说，每次研究所问的问题都应该是一样的。如果问题不同，就无法进行比较。

2. 同期群研究

同期群研究（cohort studies）又称人口特征组或共同特征组研究，指的是对某一特殊人群随着时间推移而发生的变化的研究。在这种研究中，每次研究的样本并不相同，即每次研究的具体对象可以不一样，但他们必须都同属于这一特殊人群。这种特殊人群通常都与时间或年代相关。

比如，以 1980—1989 年出生的"80 后"为一特殊人群，通过分别研究他们在 2000 年、2010 年和 2020 年的情况来反映这一特殊人群在不同历史时期的发展状况及其变化，就是一个同期群研究。又如，美国社会学家曾做过一项关于出生于 20 世纪 30 年代初大萧条时期的人的经济态度的研究。这一研究的基本方式是每隔 10 年进行一次全国性研究。1950 年，他们从 20~25 岁的人中抽取研究样本；1960 年，从 30~35 岁的人中抽取样本；到了 1970 年，他们再从 40~45 岁的人中抽取样本。虽然这三次研究的样本是由不同的人组成的，但代表的都是出生于 1930—1935 年的那一代人。

3. 同组研究

同组研究（panel studies）又称定组研究或追踪研究，指的是对同一组人随着时间推移而发生的变化的研究。同组研究与同期群研究比较相似，二者的区别在于同组研究每次研究时，所用的都是同一个样本，即第一次研究了这些人，以后每次研究时，依旧还是找这些人做样本，无论这些人分散在哪里，都要一一找到进行研究。

同组研究主要用来探讨人们的行为、态度或意向的改变模式和变化过程，分析影响这种改变的各种因素。由于同组研究每次进行研究时都使用同一个样本，但研究对象随着时间推移所发生的各种变化有时是难以预料的，因此，进行同组研究最大的困难往往是开展第二次、第三次等后续研究时，无法找到或获得首次研究样本中的全部研究对象。越是后面的研究，找全样本就越难，使得不同时期的研究比较难以开展。

纵向研究的优点是可以描述事物变化的过程，便于探寻不同现象之间的因果关系。在这一点上，它比横向研究更为优越。但是，纵向研究的这种优越性是以付出比横向研究多得多的时间和金钱为代价的。这也是导致纵向研究较少被研究者采用的一个重要原因。

横向研究以及三种形式的纵向研究的基本逻辑，还可以通过图 2-1来表示。

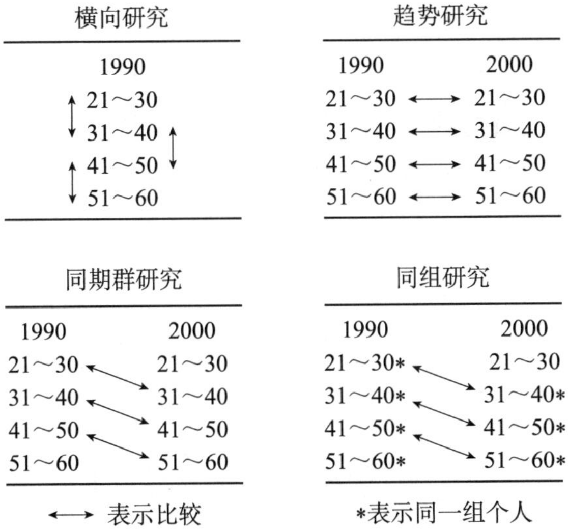

**横向研究**

1990

↑ 21～30
↓ 31～40 ↑
↑ 41～50 ↕
↓ 51～60

**趋势研究**

1990　　　　2000

21～30 ⟷ 21～30
31～40 ⟷ 31～40
41～50 ⟷ 41～50
51～60 ⟷ 51～60

**同期群研究**

1990　　　　2000

21～30 ↖ 21～30
31～40 ↙↘ 31～40
41～50 ↙↖ 41～50
51～60 ↙ 51～60

⟷　表示比较

**同组研究**

1990　　　　2000

21～30* ↘ 21～30
31～40* ↙↘ 31～40*
41～50* ↙↗ 41～50*
51～60* ↗ 51～60*

*表示同一组个人

**图 2-1　横向研究及三种形式的纵向研究的基本逻辑示意图**

资料来源：Babbie E. The Practice of Social Research. 4th ed. Belmont：Wadsworth Publishing Company，1986：84.

简言之，横向研究是一个时间点总体内部不同对象之间的比较；趋势研究是同一总体不同时间点的比较；同期群研究是同一年代特征的人不同时间点的比较；同组研究是同一组人不同时间点的比较。

## 第五节　理论建构与理论检验

从研究与理论之间的关系的角度，我们可以将社会科学研究分为理论建构的研究和理论检验的研究两大类。

在社会科学研究中，研究者的任务不仅仅是收集各种资料，通过经验的观察得到的资料还需要理论来解释。同样，各种理论解释也需要用经验的事实来检验。社会科学研究的过程正是观察、解释、进一步的观察、对解释的进一步修正……不断循环往复的过程。一种理论解释的发展包含着两个相互联系的过程或阶段：以归纳推理为标志的理论建构过程和以演绎推理为特征的理论检验过程。这两个过程并不是达到好的理论解释的替换方式，而是代表两种有着不同起点的研究阶段。

理论建构过程以观察为起点，然后通过归纳推理，得出解释这些观察的理论；理论检验过程则是以理论为起点，通过演绎推理做出预言，并通过对实际事物的观察来检验预言的准确性。如果观察与现实不符，那么，不是我们的理论解释不对，就是我们没有合乎逻辑地从理论中导出预言。我们可以通过图 2-2、图 2-3 来直观地说明二者的区别。[①]

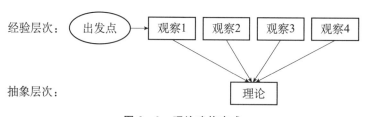

图 2-2 理论建构方式

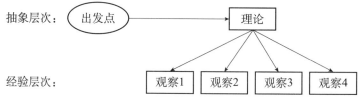

图 2-3 理论检验方式

## 一、理论建构的过程

1. 从观察到概括

理论建构起始于对经验现象的观察。这种观察既可以是定量的，也可

① de Vaus D A. Surveys in Social Research. London：Allen & Unwin，1986：12.

以是定性的。比如采用调查研究的方式收集大规模的资料，通过描述统计概括出样本的特征和规律，并以此推断总体结构和特征，这就是定量观察的一个例子。而其对观察结果的概括通常是以"调查结果表明，不同文化程度的人，其生育意愿不同；文化程度高的人，希望生育孩子的数量少"这样的形式来表述。同样，研究者也可以采用定性研究的方式，具体地、深入地、逐个地进行观察，并运用分类、综合等手段，抽取出现象的内涵，形成对各个具体现象的具体描述。比如，他可以采用实地研究的方式，深入某个村或镇与当地居民交谈，详细记录他所得到的回答和访问对象的各种特征。通过对访问资料的综合、比较、归纳和分析，他也可以概括出不同背景的人所具有的生育意愿及其相关因素。无论哪种方式，研究者都要完成从具体的观察结果到对现象的经验概括这一提升过程。

所谓经验概括（empirical generalizations），指的是对现象中反复出现的规律或特征的总结，或者是对变量之间反复出现的某种相互关系的一种说明。它是对一种由经验数据证实了的变量特征或者变量间关系的一般性阐述。它适用于所研究的整个一类变量，而不是其中的某一种具体情况。另外，经验概括所阐述的是整个一类变量的或然性，而非必然性。比如，"文化程度低的人，倾向于多生育子女"就是经验概括的一个例子，它是我们通过观察一个个具体的对象所得到的一种综合印象。它表明，在"文化程度"和"生育子女数目"这两个变量之间，似乎存在着某种关系。但是，它并不能根据某一个具体的个人所具有的文化程度确切预测和说明其所具有的子女数目的实际状况。

2. 从概括到理论

从实际研究来看，理论建构的第一阶段目标（从观察到概括）相对比较容易达到。然而，要真正建构起某种社会理论，还必须完成从经验概括到理论解释的第二次飞跃。应该说，这是较之于第一阶段归纳工作更为困难但意义更大的一步。

在我们将大量的、个别的、具体的现象上升为一般性的经验概括时，我们已舍弃了存在于每个特定个案身上的特殊性，而集中了它们身上所存在的共性特征。正是这种共性特征向我们展示了现象的某种规律。比如，当我们从几十个、上百个研究对象身上得出"文化程度越高，越倾向于少生育孩子"这样的经验概括时，或者当我们通过一项大规模抽样调查，得出"女性比男性具有更强的宗教信仰"这样的经验概括时，我们对现象的认识已有了很大的提高。然而，这种提高的层次只是初步的和相对的，它仍然没有向我们揭示出为什么人们的生育意愿会随着人们的文化程度的不同而不同，为什么女性信仰宗教的程度会比男性高。

要进一步提高人们对现象的认识，需要为我们所观察的现象寻找一种似乎有理的解释。而当我们试图对某种事物或现象提出一种解释时，我们就是在发展理论。换句话说，理论正是在我们获得理解的努力中被创造出来的。我们思考"文化程度"与"生育意愿"相互关系的内涵，寻求和探索将"性别"变量与"宗教信仰"变量逻辑相连的概念框架——我们进一步从经验概括中抽象出某种具有内在逻辑结构的概念间关系，形成我们对这一现象及其背景的更为一般性的命题。这样，我们又一次深入发掘了我们在第一阶段大量具体观察中所得到的资料的意义，初步建立了解释和说明这一现象的理论。

## 二、理论检验的过程

### 1. 竞争解释和理论检验的需要

在理论建构阶段我们所得到的理论或者理论解释是一种"扎根理论"（grounded theory），一种"事后的解释"。这种理论并不是我们解释过程的终点。因为我们在现实世界中所观察到的每一种现象，都可能会得到不止一种理论解释，它们都在某种程度上或者在某些方面与我们所观察到的事实相符。我们需要以某种方式来判定这些相互竞争的解释中，哪一种最好。

一位西方社会学者举出下面的例子来说明对同一事实所存在的各种不同的竞争解释，以及对这些竞争解释进行检验的必要性。① 在许多国家所进行的若干研究都一致地发现：在所有的测量结果中，女性信仰宗教的程

---

① de Vaus D A. Surveys in Social Research. London：Allen & Unwin，1986：23.

度比男性要高。对于这一来自观察的经验概括，不同的研究者发展出了各种不同的理论解释，这些理论解释都与观察的结果相符合。

（1）负罪理论。这种理论解释认为，由于在现实社会生活中，女性的负罪感要比男性严重，而宗教具有减轻负罪感的功能，因此，女性信仰宗教的程度要比男性高。

（2）弗洛伊德理论。这种理论解释认为，人们具有与自己性别不同的父母相认同甚至发生崇拜的倾向，这就是弗洛伊德所说的"恋父（恋母）情结"。而上帝的化身是男性——特别是作为父亲的象征。因此，女性正是被这个男性的、父亲般的上帝吸引到宗教中来的。这一理论解释同样也适用于人们在天主教中所发现的与此不同的事实：在天主教中，女性与男性信仰宗教的程度是一样的。这是因为，天主教中，教徒信奉的既有圣父，又有圣母玛利亚——男性是被圣母玛利亚吸引到宗教中来的。

（3）剥夺理论。这种理论解释认为，社会生活中女性所受到的剥夺比男性更多，被剥夺的程度也更深，而宗教具有某种安抚人们的心灵的作用。因此，这些在现实社会中遭受更多剥夺的女性将自己投向宗教，以从宗教中得到某种精神上、心灵上的安慰。

（4）社会学习理论。这种理论解释认为，女孩在社会化的过程中往往被教导成为那种具有温柔、顺从、富于情感、被动和谦恭特点的人。而宗教正好也鼓励这些特征和品质，因此女性比男性更容易感受到宗教所具有的吸引力。

（5）角色理论。这种理论解释认为，女性的基本职责就是抚育子女，而（在西方国家中）儿童的很多活动都与教堂相伴随。由于教堂十分看重家庭，同时教堂在道德教育中扮演着十分重要的角色，因此，母亲的角色加上教堂的作用，就使得女性被自己的孩子拉到教堂里来了。

当然，除了上述五种理论解释以外，我们还可能会有其他的解释。问题是，哪一种理论解释更科学、更可信呢？这是这些通过对观察到的事实进行归纳而得到的理论无法回答的问题，也是这种理论建构的研究所无法回答的问题。这一现实提示我们：有必要对这些看起来似乎都有根据且都与事实相符合的理论解释进行进一步的检验，以判别它们的真伪。

## 2. 理论检验的步骤

（1）详细说明待检验的理论。例如，"由于流动和熟练劳动力的需要，工业化是扩大式家庭减少和核心家庭增加的主要原因"。

（2）由理论导出（演绎出）一组概念化的命题。例如，根据上述理论，可以逻辑地导出下列一组命题：

第一，一个国家工业化程度越高，其家庭结构就越倾向于核心家庭；

第二，在任何国家中，农村地区扩大式家庭结构的特征都强于工业化的城市地区；

第三，因工作而迁移的人，比那些没有迁移的人，与扩大式家庭的联系更弱。

（3）用可检验的命题形式即假设的形式重述概念化命题。这一步即是将命题"操作化"为假设。如前所述，假设是有关变量间关系的尝试性陈述，这些变量是经验可测的。理论检验的这一步包括操作化的全部任务，即决定如何把抽象的概念"翻译成"具体的、可直接观察的事物。只有这样，我们才能用可检验的词句重述这些命题，我们也才能清楚地知道需要观察什么。例如，将"工业化"操作化为"汽车产量""每百户电话拥有量"等。

（4）收集有关的资料。即根据操作化以后的命题，采用调查、实验、观察或访问的方法收集所需的资料。例如，对于上述假设，我们可以采用抽样调查的方法收集资料。

（5）分析资料。即看有多少证据支持可检验的命题，有多少证据支持概念化的命题，又有多少证据支持原来的理论。

（6）评价理论。研究结果完全支持原始理论的情况很少，研究结果通常是含糊的和冲突的。理论在某些方面得到支持，在另一些方面却没有得到。正是这些含糊和冲突促使我们去思考、修正和发展原来的理论，从而不断取得进步。当我们企图理解这些与原始理论不一致的事物时，我们实际上又一次开始了理论建构的工作，即我们从已取得的观察中重新概括出与原始理论不同的新的理论（即修正的理论）。而要确认修正后的理论，同样需要开展严格的检验。

　　从社会科学研究的整个过程来看，理论建构是发展一种好的理论解释的第一阶段，而理论检验则是紧随其后并对前一阶段所得出的尝试性理论解释进行严格检验的阶段。实际的社会科学研究中，通常包含着建构理论与检验理论二者之间的不断相互作用。

## 【思考与实践】

　　1. 描述性研究关注的焦点是什么？列举两个常见的描述性研究的例子。

　　2. 试述探索性研究、描述性研究、解释性研究三者各自的特点及相互之间的关系。

　　3. 理论导向的研究与现实导向的研究之间的主要差别是什么？

　　4. 同组研究是如何进行的？这种研究的主要作用是什么？

　　5. 找几篇描述性研究报告，看看报告中是如何对观察进行经验概括的。试以其中的两个经验概括为基础，尝试建立解释它们的理论。

第 **3** 章

# 选题与文献回顾

　　一项具体的社会科学研究开始于对研究问题的选择。"选好了问题也就解决了一半。"这一说法正确地解释了提出问题与解决问题之间的辩证关系，很好地体现出提出问题对于解决问题的重要意义。著名科学家爱因斯坦也曾经说过："提出一个问题往往比解决一个问题更重要，因为解决一个问题也许仅是一个数学上或实验上的技能而已。而提出新的问题、新的可能性，从新的角度去看旧的问题，都需要有创造性的想象力，而且标志着科学的真正进步。"[①] 爱因斯坦的看法虽然主要针对自然科学研究，但实际上对于社会科学研究同样适用。

## 第一节　研究问题及其来源

### 一、研究问题的概念与影响

　　研究问题（research question/research problem），指的是一项社会科

---

① 爱因斯坦. 物理学的进化. 周肇威，译. 上海：上海科学技术出版社，1962：66.

学研究所要回答的具体问题。它与人们日常生活中所说的"问题"或"现象"既有些相似，又有所不同。社会科学研究中的许多"问题"，的确常常是现实生活中的某种社会现象或某种社会问题，这是它们有些相似的原因；但社会科学研究的问题通常比社会世界中的某种社会现象或社会问题更为具体，更为集中，也更为明确，这是它们之间有所不同的地方。

　　与研究问题有关的另一个概念是研究主题（research subject/research topic）。研究主题指的是社会科学研究所涉及的某一类现象或问题领域。与研究问题相比，研究主题显得相对宽泛，也更具一般性。比如，婚姻、家庭、社会分层、社会流动等，就是研究主题的几个例子；而"青年结婚消费的结构及其相关因素有哪些""三代人家庭中的成员关系与互动方式是怎样的""城市居民的住宅状况对邻里交往有什么影响"等，则是研究问题的几个例子。一般来说，一个研究主题中，可以包含许多个不同的研究问题，而选择研究问题的过程常常是从宽泛的研究主题开始，逐步缩小到更为集中的研究问题上。

　　社会生活包括众多的层次和方面，构成众多不同的领域。在每个方面或领域中，都有许多值得探讨的研究问题。对于一项具体的研究来说，只能在众多的可能性面前进行选择。因为社会科学研究作为人们了解社会现象、探索社会规律的一种认识活动，既不是笼统的和无所不包的，也不是盲目的和漫无边际的，而是十分具体、明确、有针对性的。现实生活中的每一项社会科学研究，可以说都是针对某一社会生活领域中的某种特定社会现象或社会问题的。不同的研究问题，所涉及的领域不同，所针对的现象或问题也不同。

　　作为一种具体的社会认识活动，社会科学研究会有层次深浅、质量高低等差别。有的社会科学研究能够在比较深入的层次上，揭示社会现象的内在联系，而有的只能在比较浅显的层次上，一般性地描述社会现象的表面特征；有的社会科学研究能够在比较高的层次上，概括社会现象的整体状况、发展变化规律，而有的只能在比较低的层次上，简单列举社会现象的个别状况和具体表现；有的社会科学研究能够及时回答人们在社会中新遇到的、普遍关心的焦点问题，而有的只能重复人们早已明了的事实、状况和结论。所有这些差别的形成，虽然有着多方面的原因，但是，研究问题选择上的差别往往是最重要的原因。

研究问题的选择之所以能体现研究的水平，主要是因为，在选择和确定研究问题的过程中，既需要用到研究者所掌握的专业理论知识、研究方法知识，又需要研究者具有比较开阔的视野、比较敏锐的洞察力、比较强的判断能力，同时，还需要研究者具有一定的社会生活经验。一个具体的研究问题从选择到最终确立，正是上述几方面因素共同作用的结果。而研究者在上述任何一个方面的欠缺或不足，都会在所选择和确立的问题上留下"痕迹"，都会直接影响到所选问题的水平和质量。

### 二、研究问题的来源

尽管在社会科学和现实社会生活中，都存在着大量的尚未解决的一般问题，但是，要从中选择出一个有着明显研究需要和较大研究价值的特定问题并不是一件容易的事情。正如美国政治学者贝蒂·H. 齐斯克所说："依靠丰富的想象创立并发展一个可行的研究问题是研究工作中最为困难的一部分。"[①] 特别是对于初次独立进行一项社会科学研究的人来说，他们常常会有这样一种感觉：要找到一个合适的研究问题似乎比实际去研究这个问题还要困难。

这主要是因为，对于社会现象的研究者来说，要选择一个有价值的、有新意的、可行的并且适合个人情况的研究问题，并没有普遍适用的方法。有的问题可能主要来源于研究者的某种好奇；有的问题可能源于研究者偶然碰到的一件事情；有的问题可能来自研究者与朋友的一次聚会或交谈；有的问题则来源于研究者无意之中读到的一篇文章、一本杂志或一部著作。当然，应当指出的是，我们不能总是寄希望于这种碰运气似的机会，或者总是期待着某种突发的"灵感"。与此相反，我们应该主要依靠自己所掌握的理论知识，所熟悉的生活经验，所面对的社会现实，所具有

---

① 齐斯克. 政治学研究方法举隅. 沈明明，贺和风，杨明，译. 北京：中国社会科学出版社，1985：34.

的观察、分析能力，以及对选择研究问题过程中的某些具有规律性的方法和常见的选题途径的熟悉和了解。

所有的研究都是从某种具体思想开始的，这些思想有时是规范的假设，有时是研究者个人的直觉，有时则仅仅只是偶然的思想火花。了解这些思想是怎样转化为具体的、系统的研究问题的，对于社会科学研究者有着重要的意义。社会科学的研究问题有哪些主要的来源呢？或者说，我们可以从哪些方面或者通过哪些途径去寻找一个合适的研究问题呢？答案是，现实社会生活、个人经历、相关文献是社会科学研究问题的最主要来源。

1. 现实社会生活

社会科学研究的对象和目标启示我们：千姿百态、形形色色的社会生活是各种研究问题最主要、最丰富和最经常的来源。各种可以作为研究问题的社会现象、社会行为、社会问题、社会事件总是客观地存在于我们的周围。之所以有时难以被我们发现，主要是由于我们每时每刻都生活在它们中间，对它们早已"司空见惯"，因此常常对它们"熟视无睹"。比如，对于生活在城市社区中的人们来说，居住在单元楼房、安个防盗门、出门锁门、回家关门、邻里之间很少串门等，都是人们十分熟悉、普遍存在的现象。然而，当我们从认识和理解城市居民生活方式以及城市社区邻里关系这一目的出发，向自己提出一些"为什么"的时候，就会从这种很熟悉、很普遍、很一般的现象中，抽出诸如"城市居民居住方式与邻里关系研究""城乡社区邻里关系比较研究"这样一些值得探讨的社会科学研究问题来。

从现实社会生活中发现研究问题的关键，是善于观察、勤于思考。在日常生活中，我们要养成对各种社会现象、社会行为、社会心理、社会问题经常问个"为什么"的习惯。这样做往往可以使我们从纷繁复杂的生活大潮中、从变化无穷的社会现象中，抽出值得研究和探讨的研究问题。对于这一点，我们可以借用一句格言来概括：处处留心皆"问题"。同时，一项好的研究问题的发现，也和作家写小说一样，既需要"深入生活"，也需要"灵感和火花"。这里所说的"深入生活"，主要指的是广泛地接触社会，了解社会；而"灵感和火花"，则指的是那些可以发展成为研究问题的最初的想法和思路。应该指出的是，没有与现实社会生活广泛的密切的接触，这种"灵感和火花"也就成了无本之木、无源之水。

2. 个人经历

个人经历和经验是人们参与社会生活的特定记录，也是人们对社会生活的认识、感受的积累和沉淀。这种经历形成了人们观察各种事物、理解各种现象的基本视角和出发点。因此，以观察和理解社会现象为目的的社会科学研究同样离不开个人经历和经验的帮助。

我们每一个人总是生活在社会的某个特定的角落，所走过的往往是一条特定的人生道路。不同的人们对现实社会的认识不同，对社会生活的具体感受也不同。一种现象在有些人看来也许理所当然、司空见惯，但在另一些人看来或许会是迷惑不解、十分新奇的。这是因为，每个人特定的人生经历为他观察现实世界、观察社会生活提供了一种特定的视角。从这些各不相同的视角所看到的世界并不完全一样。我们在社会生活中的各种经历和体验、各种观察和感受，常常是合适的研究问题的最初来源。许多有价值、有创新，并且切实可行的研究问题，正是从研究者个人的经历和经验中，特别是从个人特定的生活环境、特定的生活感受中发现和发展起来的；另一方面，发生在社会科学研究者身边的一件事情、他与朋友进行的一次交谈、他所参加的一次活动，都有可能成为导致一个研究问题产生的最初的火花。

比如，一对中年夫妇离婚了，一个完整的家庭破碎了。对于与之关系不密切的一般人来说，他们可能会无动于衷，或者只是将其作为一个闲聊的话题。因为现实社会生活中，这种事情、这种现象并不稀奇，毕竟"城外的人想冲进去，城里的人想冲出来"。但是，如果这件事发生在一个社会科学研究者周围的环境中，比如说他的邻居、他的好朋友或他的姐姐离婚了，他也许会从另一个角度来看待这种现象。他也许会从身边发生的具体现象入手，去问一些"如何""怎么样"或"为什么"的问题。比如，"当前社会中的哪些人最容易产生离婚的行为？""为什么城市中年知识分子离婚的比较多？""导致人们选择离婚的主要因素有哪些？""中年人离婚的主要后果是什么？"等，从而导致他将"城市中年知识分子离婚的特点、原因和后果研究"作为研究问题。从某种意义上说，这种从个人自身经历中寻找问题的方式，是十分简单实用的。它常常表现为"坐在椅子上空想"，即静静地思考个人的经历、经验、观察和体会。千万不要小看这种方式，在许多情况下，它常常可以帮助我们找到既十分有趣又值得探讨的研究问题。

3. 相关文献

研究问题的最初的想法、灵感和火花，常常可以从学术著作和教科书的内容中，从报刊的文章和标题中，以及从学习笔记和谈话记录中产生。尤其是各种社会科学类的报刊，常常成为这种灵感、火花和想法的重要来源。我们的许多研究问题正是在此基础上形成的。

有大量的社会科学期刊可供我们去发现和探索特定的研究问题。目前国内最主要的社会科学期刊，比如《中国社会科学》《社会学研究》《经济研究》《政治学研究》《法学研究》《人口研究》《中国人口科学》《教育研究》《青年研究》等，每年都会收录大量的社会科学研究的论文和研究报告。这些论文和研究报告代表着以前的和现在的研究者对社会各个方面的探索。正如后面将谈到的，这些专门的社会科学期刊常常是研究者寻找和发现研究问题的重要来源之一。而从一些非专业的、综合性的，甚至是大众性、通俗性的文献中，我们有时也能发现这样的火花，找到合适的研究问题。

显然，从文献中寻找研究问题所需要的是另一种留心和思考。根据笔者的体会，可以采用这样两种方法：一是在阅读各种文献时，始终带着审视的、提问的、评论的眼光，不要过于"恭敬地""崇拜地"和盲目地接受书上、文章中所说的一切。眼光不同，我们对同样的文献、同样的内容、同样的材料的看法就会有所不同，就会产生一些新的疑问、产生一些新的思索、迸发出一些新的火花。而从这些新的疑问、思索和火花中，往往能够找到值得研究也能够研究的问题。

二是要进行广泛的联想。我们可以从纵向与横向、形式与内容、对象与方法、时间与空间等方面，从不同角度、不同侧面、不同层次，对所阅读的文献展开广泛的联想，由此及彼，换个角度观察，往往也能碰撞出一些新的火花，开启一些新的思路，并在此基础上进一步提炼出切实可行的新的研究问题来。比如，当我们在文献中读到了有关智能手机和微信对目前大学生的人际交往产生了重要影响的研究报告时，我们就可以进一步展开联想：智能手机和微信是否也对目前大学生的学习态度、价值观念、消费行为、择业倾向等方面产生了同样的影响呢？从另一个角度还可以问：既然智能手机和微信对大学生的人际交往产生了重要影响，那么，它对中学生、对职业人群、对退休的老年人等是否也产生了影响，或者产生了什么样的影响呢？显然，这些都是同样值得去探索的研究问题。

当然，在实际生活中，一项研究问题的选定，常常是各种不同来源共同作用的结果，而不单单是哪一个来源的产物。比如，也许最先是因为现实生活中的某种现象引起了我们的注意，所以我们对这一现象产生了某种好奇；同时，这一现象又使我们联想起自己生活经历中的某些感受、体会或认识，使我们对这一现象的产生、后果，这一现象与其他现象的关系等有了一定的推测、判断或估计；而这种推测、判断或估计，又使我们联想起自己曾经读过、看过、学习过的某些知识、理论或观点，并将自己的判断与阅读过的结论进行比较，一旦发现了分歧，新的研究问题便诞生了，用以检验"孰是孰非"；有时我们会在比较时发现，现有的知识尚未涉及我们所思考的问题，或没有专门地探讨我们所思考的问题，即现有的答案不足以回答我们的疑问，这也会导致一个新的研究问题的诞生，用以探索新的结论。

这里，我们举一个实际的例子来说明研究问题产生的过程。折晓叶在谈到自己对一个超级村庄的研究时写道：

> 近十余年来，我国农村改革中出现了一系列令人关注的大事。其中有两件，一件是乡镇企业，另一件是农民流动，一直引发着我浓厚的兴趣。不过，将这样两件大事一起放到一个小范围的村庄中去观察和研究，却是缘于几年前的一次实地调查的经历和体会。
>
> 1992年秋天，我与几位同仁结伴南下，在珠江三角洲一带的农村做调查，最后落脚在深圳沿海东岸的一个村庄里。当时，这个村子和村里人在近十几年来发生的巨大变化，令我十分吃惊，给我留下了

极深刻的印象。我并不熟悉中国南部村庄过去的贫穷和落后,只是以往的知识告诉我,中国村庄在产业和职业构成上、在政治文化和传统心态上有着相当的同质性。于是,我调动起脑海中自己作为"知青"时的有关村庄的全部记忆,也调动起近年在内地一些地区对村庄的一般了解和印象,但是都难以与眼前这个村庄的现实联系起来,因为它已经完全不同了。后来,我曾特意去看了留在村子最东头的老"村防"——福镇围,以及仍然守着旧宅尚未离开的老人,想寻找对过去的"感觉",那种因比较而产生的反差无疑是强烈的、令人震惊的。在这个仍被称作村庄的社区里,农民已经变得越来越不像在土地上谋生的传统农民,大多数已经有了新的头衔,董事长、经理、厂长、文员、车间主任、拉长……在当时已经成了村民的主要称谓,人们习惯上把这些变化称作"非农化"。村子也变得越来越不像有田园、鸡叫、蛙鸣和"茅舍"的传统村社,到处是规划整齐的标准厂房和新型居住区,老街已经延展成一条狭长的商业街,人来车往,还设有酒店、宾馆、剧院、银行、超市和公园等,这些设施在城市里司空见惯,而在村子里尚格外显眼。人们习惯把这种变化称作"乡镇企业"聚集地的"拟城化"。引起我兴趣的是,上述两种变化成功地发生在一个村庄里,人们曾称这种现象是"离土不离乡,进厂不进城"。

以后,在村里走得多了,住得久了,这种体验会愈加明显,因为,在喧闹的工业表层下面,时时可以感觉到保持完好的乡土生活的基本秩序和宁静;在具有现代特征的工业体制中,随处可以触摸到伸展着的村落组织脉络;在取代了农业的工业文明中,顽强地表现出农村社区文化和家族文化的韵味……显然,传统的力量与新的动力在这个单姓家族的村庄中具有同等的重要性。于是,外来力量与村庄内在的经济和社会结构是怎样相互作用从而共同推进了村庄的社会变迁,就成为我要深入探讨的主题。[①]

---

① 折晓叶.村庄的再造:一个"超级村庄"的社会变迁.北京:中国社会科学出版社,1997:1-3.

从作者的介绍中可以看出，首先是农村改革中出现的两件大事——乡镇企业和农民流动——引发了研究者的"兴趣"，但是，光有兴趣还不够，兴趣只是研究者为研究某一主题所积蓄的能量。这种能量要转化成真正的研究行动，还需要某种"思想火花"，对于作者来说，那次特定的实地调查的"经历"，就犹如这种引爆其长期所积累的兴趣的导火索，它引发了作者对这一问题的实际研究。同时，这次调查的经历之所以会成为产生研究动机的导火索，与研究者当时所"看到的"现实和她以前所"具有的"经验之间的差异有很大的关系。这一点启示我们：现实与以往"经验"的差异、与本人"文化"的差异，常常也是产生思想火花、引发研究动机、形成研究问题的关键因素。

## 第二节　选题的标准

选择研究问题对于做好一项具体的社会科学研究具有十分重要的意义，我们应该高度重视选题的工作。为了选好题、选准题，必须明确进行选题时所依据的主要标准。在实践中，人们通常采用下列几条标准作为选择研究问题的依据，即重要性、创造性、可行性和合适性。

### 一、重要性

重要性（significance）是指研究问题所具有的意义或价值。我们所从事的任何一项研究，首先必须具有某种意义或价值，或者说，首先必须是"值得去做"的。当然，对不同的研究问题来说，这种意义或价值有大有小。同时，它既可以是理论方面的，也可以是实践方面的，或者是理论与实践两方面兼而有之的。

理论方面的意义或价值，主要体现在研究问题对一门学科的发展、对某种理论的形成或检验、对社会规律的认识、对社会现象的解释等所能做出的贡献上；而实践方面的意义或价值，则主要体现在研究问题对现实社会生活所提出的各种具体问题能否进行科学的回答和能否提供合理的解决办法上。例如，研究问题"社会转型与职业流动的关系研究"，其关注点主要在于探讨社会生活中的职业流动现象与整个社会的转型之间的关系，因而主要具有理论方面的价值；而研究问题"当前我国的吸毒现象及其防治对策研究"，则主要针对现实社会生活中存在的具体社会问题，因而具有明显的实践意义。

在众多可供选择的研究问题面前，评价一项社会科学研究问题是否具有重要性，就等于先问问自己：做这项研究有没有用处？有什么用处？有多大的用处？无论是在提高人们对社会现象、社会过程、社会规律的认识和理解方面，还是在促进解决社会问题、改善社会管理、提出社会政策方面，越有用处的问题越是好问题，即用处越多的问题越是好问题，用处越大的问题越是好问题，因而，也是越值得去探索的问题。

## 二、创造性

创造性（creativity/innovation）也可以称作创新性或独特性，它指的是研究问题应该具有某种新的东西，具有某种与众不同的地方，具有自己的特点。作为一种科学的认识活动，我们的每一项具体研究必须能够在某些方面增加人们对现实世界的认识，能够为人们了解和理解现实社会生活中的各种现象、各种问题、各种规律提供新的东西，而不能总是在同一领域、同一范围、同一层次上重复别人的研究，重复已有的结论。

最具创造性的问题当然是那种全新的、前人从没有探讨过的问题，这也就是人们常说的"填补空白"的问题。然而，要找到一个这样的问题也最为困难。因为无论在哪个领域中，完全无人涉足的现象或问题已几乎不存在，世上已基本没有了那种"尚未开垦的处女地"。所以，对于大多数研究者来说，一项问题具有创造性，更经常地指该问题在研究的思路、研究的角度、依据的理论、研究的对象、采用的方法、研究的内容等某一方面或某几方面，与前人的研究有所不同，有自己独到的、新颖的地方。

例如，一个对青年人的婚姻家庭问题感兴趣的研究者，在看到前人做过"大城市青年结婚消费问题研究"后，选择做"中小城市青年结婚消费问题研究"，或者选择做"农村青年结婚消费问题研究"，这就在研究的对象上有了创新性；如果他选择做"大城市青年结婚仪式研究"，或者"大城市青年择偶标准研究"，这就在研究的内容上有了创新性；如果前人所研究的是某一特定时期的现象或问题，比如"90年代大学生的择业倾向研究"，那么，我们可以选择不同时期的这一现象或问题进行研究，比如可以选择"新世纪大学生的择业倾向研究"或者"当前大学生的择业倾向研究"。当然，选择研究问题时的这种"与众不同"要有明确的目的，要根据理论上或实践上的价值和需要，而不能单纯为不同而不同。

### 三、可行性

可行性（feasibility）指的是研究者具备进行或完成某一研究问题所需要的主、客观条件。换句话说，就是指研究者在现有的主、客观条件下去从事这项研究行得通、做得到。在许多情况下，越是具有重要价值和创新性的研究问题，它所受到的主、客观限制往往越多，也就是说，它的可行性往往越差。要进行或完成这样的研究常常十分困难，有时甚至是完全不可能进行的。

主观限制是指研究者自身条件方面的限制。它包括研究者在生活经历、知识结构、研究经验、组织能力、操作技术等方面的限制，甚至还包括研究者在性别、年龄、语言、体力等纯粹生理因素方面的限制。例如，一个年轻的男性大学生研究者如果选择"离婚妇女的心理冲突与调适方式研究"这样的研究问题，那么，从可行性方面来考察，我们就会发现，这一问题对于这个大学生研究者来说是不太可行的。因为无论是从他的年龄、性别、社会生活经历等个体因素来看，还是从他对这一领域的相关背景知识的熟悉程度来看，他的自身条件都与这一研究问题的特点和要求相差较大，往往很难圆满地完成这项研究。同样，一个不懂少数民族语言和风俗习惯的研究者，如果选择一个以少数民族成员为研究对象的研究问题，显然也是不可行的。

客观限制是指进行一项研究时受到的外在环境或条件的限制。研究时间不够、研究经费不足、有关文献资料不能取得，所涉及的对象、单位和部门不能给予必要的支持和合作，研究问题违反国家有关政策法令，或者违反社会伦理道德，或者与研究对象的生活习俗、宗教信仰相违背等，都是导致一项研究无法进行的客观障碍。比如，如果研究青少年犯罪问题的研究者无法取得公安局、监狱、看守所等部门的准许、支持和配合，无法接近研究对象，研究就难以进行；又如，要做"私营企业劳资关系研究"的课题，如果得不到有关的私营企业主的支持与配合，恐怕研究者连私营企业的大门都进不了，收集资料就更不用谈了。

因此，选择研究问题时，仅考虑前面两条标准是远远不够的，我们还必须把可行性这条标准置于非常重要的地位。一项不具备可行性的研究问题，无论其多么有价值、多么有新意，最多也只能是一项"伟大的空想"。

## 四、合适性

合适性（suitability）则指的是所选择的研究问题契合研究者的个人特点。这种个人特点主要包括研究者对该研究问题的兴趣、研究者对与研究问题相关的社会生活领域的熟悉程度、研究者与研究对象之间的相似程度，以及研究者所具有的各种资源、条件与该问题的要求相符合的程度等。

合适性与可行性不同，可行性所解决的是研究的"可能性"问题，而合适性所涉及的是研究的"最佳性"问题。也就是说，可行性是关于这项研究"能不能做"的问题，而合适性则是关于这项研究对于研究者来说"是不是最好"的问题。满足可行性标准的问题也许会有很多，但对于某个具体的研究者来说，最适合他的问题可能只是其中的一部分。

个人兴趣虽然不是影响问题选择的决定因素，但我们却可以说它是帮助和促使研究者选择好问题的一个重要因素。在其他条件相同的情况下，研究者应该首先选择自己最感兴趣的问题。另外，研究者对与问题相关的社会生活领域的熟悉程度，也是影响研究课题能否顺利进行的一个重要因素。在可能的条件下，研究者应该尽量选择与自己所熟悉的社会生活领域相关的研究问题，而不要选择自己比较陌生的领域中的问题。对于研究者与研究对象的相似性（或同质性）问题，人们虽然有不同的看法，但是，在大多数情况下，二者之间的相似程度越高，越有利于研究的进行，也有利于研究者对研究资料的分析和理解。

以上我们介绍了选择研究问题时人们通常采用的四条标准，需要进一步指出的是，这四条标准之间存在着某种层次上的联系：重要性是最基本的标准；独特性则是在它的基础上提出的新的标准；可行性在某种意义上可以说是问题选择中的决定性标准；而合适性是在前三条标准的基础上提出的更进一步的标准。这四条标准层层深入，从几个不同的侧面，将一个理想的研究问题从最初众多不成熟的想法、思路和问题雏形中逐渐分离出来。

## 第三节　研究问题的明确化

在实际选择一项研究问题时，初学者或缺乏经验的研究者最容易出现的情况，就是选择了一个比较大的、宽泛的，或者比较笼统、比较模糊的问题领域，甚至是某一类社会现象或社会问题，而不是一个明确的、具体的研究问题。应该认识到，从前面第一节所介绍的几种来源中产生出的各种兴趣、想法、思路和问题，通常还不是我们所说的研究问题。要使这种最初的、粗略的一般性问题，转变成为焦点集中的、切实可行的研究问题，就必须进行研究问题明确化的工作。

### 一、研究问题明确化的含义

所谓研究问题的明确化（focus the problem），指的是通过对研究问题进行某种界定，给予明确的陈述，达到将头脑中比较含糊的想法变成清楚明确的研究问题，将最初比较笼统、比较宽泛的研究范围或领域变成特定领域中的特定现象或特定问题的目的。这是选择研究问题过程中十分重要的一个环节。通过研究问题的明确化，我们的兴趣和关注点可以被集中于

研究领域中的某一具体方面，并将其潜在的、含糊的维度减少到我们所能
处理的水平上。

举例来说，像"我国社会中的青少年犯罪问题研究""农村青年的价
值观研究""当前我国社会中的家庭问题研究"等题目，实际上并非研究
问题，而是问题领域或研究主题。用前面的选题标准来衡量，不难发现，
这几个问题虽然都具有很重要的意义，但比较欠缺可行性。而造成这种欠
缺的一个重要原因，就是这些问题在内涵上过于宽泛、过于一般。同样，
如果只说"我打算研究进城务工人员现象"，或者说"我准备做一个有关
进城务工人员的研究"，都是很不够的。因为这种说法的内涵不够确切，
焦点不够集中。你还应该进一步将你的问题具体化、明确化、清晰化。你
应该仔细问问自己：我究竟是想了解农民工的生活状况、职业分布、流动
原因还是其他内容？只有经过研究问题的明确化，研究者才能十分清楚地
认识到自己真正想研究的是什么。

## 二、研究问题明确化的方法

要使我们所希望研究的问题明确化，可以从两个不同的方面做出
努力。

### 1. 缩小问题的内容范围

对于初学者来说，要使所研究的问题明确化，可以采取先将宽泛的问
题转化为狭窄的问题、将一般性问题转化为特定的问题的做法，通过不断
缩小问题的内容范围来达到这一目标。比如，"青少年犯罪问题"是一个
十分宽泛的问题领域，其内涵并不是某一个具体的社会科学研究所能包含
的。一项具体的社会科学研究，通常只能选择其中的一个方面进行研究。
我们可以通过限制和缩小问题的内容范围，将其转化为诸如"青少年犯罪
的原因研究"或"青少年犯罪的特点研究"等类似的问题。当然，更好的
研究问题是进一步缩小问题的范围，突出基本的研究变量后得到的诸如
"家庭关系对青少年犯罪的影响研究""青少年初次犯罪的原因研究"这样
的问题。又如，"农村青年的价值观研究"也十分宽泛，可以通过限制和
缩小内容范围，将其转化为诸如"某省青年农民的生育观研究"或"家庭

结构与农村青年的生育意愿"这样一些比较具体、比较确切的研究问题。同样，我们也可以对"当前我国社会中的家庭问题研究"进行限定，缩小其内容范围，转化为诸如"当前城市家庭中的代际关系研究""家庭结构对家庭关系的影响研究""当前城乡家庭生活方式比较研究"等问题。

在将宽泛的问题转化为狭窄的问题的过程中，文献回顾往往具有十分重要的作用。比如，我们打算研究"青少年犯罪的原因"，通过文献回顾，发现已有的研究专门探讨了家庭因素、学校因素、社区因素、大众传播因素等对青少年犯罪的影响，但很少有研究去探讨同辈群体的因素对青少年犯罪的影响。这时，我们就可以专注于这一特定因素，选择一个类似于"同辈群体与青少年犯罪"或"不良伙伴对青少年初次犯罪的影响研究"这样的研究问题。

2. 清楚明确地陈述研究问题

陈述研究问题也是使研究问题能够明确化的十分重要的一步。无经验的研究者常常意识不到问题的陈述所具有的重要性。这种重要性主要体现在它划定了与研究相关的资料范围。它使得研究者知道哪些资料必须考察，同时哪些资料可以放在一边。与此同时，这种陈述还可以在一定程度上帮助研究者选择和确定研究方法。好的问题陈述具有下列两种特征：（1）所陈述的问题必须在研究者的能力范围之内；（2）所陈述的问题既不能宽泛，又不能微不足道。对问题进行陈述时可以考虑以下几点：

第一，问题陈述必须清楚明白，同时，在对研究问题进行界定、陈述和明确化的过程中，最好能运用变量的语言，且采用提问的形式。比如，"跨文化交流短训班是否明显地改善参与者的跨文化交流能力？""刷短视频的频率不同的人在刷短视频的动机上存在着什么样的差别？"一个常用且有效的提问形式是："现象（或变量）A与现象（或变量）B之间存在什么关系？"比如，"刷短视频的频率与刷短视频的动机之间存在什么关系？"在学术刊物发表的论文中，问题的陈述有时在研究目的陈述中出现，有时则在文献评论的结尾处作为一种小结出现。

第二，除了单纯的描述性研究外，问题的陈述通常包括两个核心变量。比如，前面两个问题陈述中，第一个包含了"参加培训班与否"与

"跨文化交流能力"两个变量；而第二个则包含了"刷短视频的频率"与"刷短视频的动机"两个变量。只包含一个变量的问题陈述通常为描述性研究的问题，比如"这一代独生子女的社会化发展状况究竟如何?""当前的大学毕业生具有什么样的择业意愿?"它们分别只包含了"社会化发展状况"这一个变量和"择业意愿"这一个变量。

第三，问题陈述必须能够产生不止一种答案。只有一种答案的问题陈述是不合格的。前面所列举的例子中，"参加培训班"可能改善了也可能没有改善参与者的"跨文化交流能力"；"刷短视频的频率"与"刷短视频的动机"之间可能有关系，也可能没有关系；独生子女的"社会化发展状况"或许是正常的，或许是基本正常的，或许是不正常的；对大学生择业意愿研究的结果则既可能是"金钱导向的"，也可能是"权力导向的"，还可能是"声望导向的"。

总之，我们应该明白，在清楚、明确地定义研究问题之前就匆匆忙忙地去收集资料，这种做法尽管是可行的，却不是有效的。因为这样做常常会导致你所收集的资料许多是无用的，许多是错误的，许多又是残缺的。因此，每一个社会科学研究者在具体从事一项社会科学研究课题时，应该养成首先将问题内涵明确化的好习惯。当我们运用上述知识，选择到一个有价值、有新意、切实可行、自己也很感兴趣的研究问题，同时，这一研究问题又经过了明确的界定和清楚的表述，那么，这项社会科学研究的质量和水平，以及整个社会科学研究过程的顺利进行，从一开始就有了基本的保证。

## 第四节　文献回顾

### 一、文献回顾及其意义

所谓文献回顾（literature review），也称文献考察或文献评论，指的是对到目前为止的、与某一研究问题相关的各种文献进行系统查阅和分析，以了解该领域研究状况的过程。或者说，就是一个系统地识别、寻找、考察和总结那些与我们的研究有关的文献的过程。在社会科学研究报告中，往往也会有这样一个部分（详见第 12 章）。但研究报告中的文献回顾实际上是对选题阶段所做的大量查阅和分析工作的总结，此处我们所介绍的则是这种过程本身。

文献回顾是社会科学研究前期的重要工作任务之一。尽管它对于研究的各个部分都将提供有益的信息，但它与研究课题的选择之间的关系格外密切。一般来说，文献回顾与选题二者之间往往有着如图 3-1 所示的交互作用和过程。

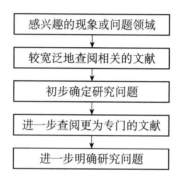

图 3-1　文献回顾与选题的交互作用和过程

这一过程表明，熟悉同一研究领域的现状和主要研究成果，与研究问题的选择、研究问题的明确化密切相关，同时它也是进行一项社会科学研究的基本前提之一。文献回顾对于一项具体的社会科学研究所具有的作用主要体现在以下几个方面：

（1）帮助研究者熟悉和了解本领域中已有的研究成果。通过系统的文献回顾，我们将会比较全面地了解本领域中的研究状况，特别是已取得的研究成果。这种了解对于帮助我们选择和确定自己的研究课题具有十分重要的作用。它将我们自己的研究放到现有研究的背景中去，便于我们确立自己的研究在该领域中的位置，认识到自己的工作对增加人们的认识、对学科理论的发展，或对实际问题的解决所具有的意义和贡献。

（2）为研究者提供一些可供参考的研究思路和研究方法。通过文献回顾，我们可以了解到以前的研究者在探索该问题领域时所采取的各种不同的研究角度、不同的研究策略，以及各种具体的研究方法。这些角度、策略和方法代表了以前的研究者所尝试过的探索道路。无论其成功与否，都为我们在自己的研究中进行研究设计、资料收集和分析提供了一种可借鉴和参考的具体框架。文献回顾的结果，既可以使我们在一种与先前研究稍微不同的框架中来重新安排自己的研究，也可以帮助我们去探讨这一问题的一些新的方面。此外，文献回顾还可以帮助研究者发现和利用现有研究中对某些关键变量的操作化方法和测量指标。

（3）为解释研究结果提供背景资料。文献回顾的另一个重要作用是它在客观上给我们提供了一种与该研究领域有关的背景资料。这种背景资料既是研究者在选择研究问题时的参考框架，也是研究者在对自己的研究结果和研究发现进行解释和讨论时所依据的参考框架。任何一项社会科学研究都可能会产生一些研究者未曾预料的结果，或者是与研究者所期望的结果不同甚至相反的结果。而要正确地理解这些结果，合理地解释这些结果，都离不开文献回顾所给予我们的这种背景资料。

## 二、文献回顾的方法

与一个研究问题相关的文献数目常常十分巨大，而研究者用于文献回顾的时间相对有限，因此，对文献回顾工作应有明确的计划。文献回顾的过程通常包括三项主要的工作任务：一是查找相关的文献；二是对文献进行选择；三是实际阅读和分析文献。

1. 如何查找相关的文献

社会科学研究最主要的文献来源通常包括三个部分：一是相关的著作；二是相关的论文；三是相关的统计资料和档案材料。

与研究领域相关的著作常常能给我们提供相对全面的研究背景和理论。图书馆则是这方面文献的主要来源。通常，在大学的图书馆中，一般都会有专门的计算机检索工具，读者可以通过"书名""作者""主题词""索书号"等进行检索和查询。

与研究有关的论文是最主要的文献。英文的论文可以先从 Social Science Index（社会科学索引，SSI）上开始查找。这一索引收录了全世界最重要的英文社会科学期刊上所发表的论文题目。此外，各社会科学专业学科还有专门的索引或具有类似索引功能的专门的论文摘要期刊。比如人口学中的 Population Index（人口索引），社会学中的 Sociological Abstracts（社会学摘要），政治学中的 Political Science Abstracts（政治学摘要），教育学中的 Education Abstracts（教育学摘要），以及更广泛的 Social Science Abstracts（社会科学摘要）等。在 Sociological Abstracts 和其他类似的摘要中，研究者不仅可以查找到论文的出处（比如期刊名，哪一年第几期，作者是谁等），而且还可以查阅到该论文的摘要。此外，Social Science Citation Index（社会科学引文索引，SSCI）也是十分重要的论文索引工具。常见的学术期刊论文可通过专门的论文数据库如 Jstor 等来进行查找。随着计算机网络的飞速发展，文献查阅变得更加方便，完成起来也更加迅速。研究者在自己的办公室中，借助计算机，就可以在几分钟内搜索到所需要的各种论文的目录、摘要，甚至全文，并可以马上将它们打印出来。

中文的论文则可以通过中国学术期刊网（CNKI）查找。目前 CNKI 中已经收录了国内绝大部分学术期刊上所发表的论文。其中，大部分期刊论文收录的起始时间为 1994 年，少数期刊的论文收录可回溯到 1979 年甚至更早的时间。检索分为按作者、篇名、主题、关键词等多种方式，十分便捷。比如，如果我们想查找研究"二孩或者三孩生育意愿"问题的论文，就可以在 CNKI 的搜索栏中键入"二孩生育意愿"或者"三孩生育意愿"关键词，并按"篇名"进行搜索，计算机就会立即显示出几十篇甚至几百篇题目中包含"二孩生育意愿"或者"三孩生育意愿"的论文及其发表的刊物和发表时间，我们只要点击其中希望阅读的论文题目，这篇论文的详细资料就会展现出来。我们既可以在计算机上直接打开进行阅读，也可以将它们打印出来进行阅读，还可以根据需要将它们下载下来，保存在自己的计算机中。

需要特别说明的是，文献回顾中所涉及的相关文献，主要是学术论文，不包括各种大众传播媒介如报纸、通俗杂志中的文章或网络新闻，哪怕这些文章也涉及同样的社会科学研究内容。尽管我们有时也可以从报纸或通俗杂志中得到某些统计材料或者某些观点，但是，我们却不能企望把自己的研究建立在新闻记者的作品上，因为记者的工作属于另一个不同的领域。无论是他们收集资料的方式，还是他们分析资料、表达结果的方式，都与社会科学研究的方式大不相同。他们的工作最多只能作为启发我们思路的某种参考。

2. 如何选择阅读的文献

当我们查找到与我们感兴趣的研究问题相关的文献后，还必须解决对这些文献进行选择的问题。这种文献选择的工作并非都十分简单和容易。因为有时某一个领域中已有的文献数量很多，通过检索和查找，我们可能会收集到上百篇甚至好几百篇相关的论文。要全部阅读这些文献不仅不太可能，实际上也不必要。通常我们必须决定：在所查找到的这些文献中，哪些是必须详细阅读的，哪些是可以大致浏览的，哪些是不用阅读的。那么，如何决定那些必须重点阅读的文献呢？或者说，如何判断哪些文献是对自己的研究最为重要的文献呢？可以考虑下列几个方面的因素：

（1）根据学术期刊的地位来选择。一般来说，核心期刊的论文整体水平和质量高于普通刊物的论文；而权威核心期刊的论文水平和质量又高于一般核心期刊。

（2）根据文献的相似性来选择。文献中所研究的变量、所涉及的主要内容、所使用的样本类型、所依据的理论框架与自己的研究越相似越好，相似的方面越多越好。

（3）根据发表的时间来选择。这种选择近期研究的原则来源于科学的累积性质。一般来说，在其他方面的情况差不多时，时间越近的研究越有用。因为从理论上说，这些研究应该已经考虑了比其更早一些的研究成果。

（4）根据研究者在该领域中的学术影响来选择。这是因为，在每一领域中，总有一些研究者具有一定的知名度，并且已树立了一定的学术声望。这种知名度和声望常常使得他们的研究显得比那些较不知名的研究者所进行的研究更为重要。但是，这种考虑实际上也存在着一定的偏见，因为知名学者也都是从不知名走过来的。因此，最重要的实际上不是名声大小，而是其研究质量的高低。

3. 如何进行文献阅读

对相关文献的阅读是一项既需要时间、耐心和细致，同时也需要敏锐和效率的工作。笔者的方法是，先在电脑上初步阅读，再将重点论文打印出来阅读。阅读文献时，应特别注意如下几个方面的内容：（1）研究的理论框架和研究背景。即了解各个不同的研究分别是从哪一点出发的，它们各自的目标是什么。（2）研究的方法。包括研究对象、研究方式、抽样设计、样本特征、资料分析方法等。（3）研究的主要结果。包括它在讨论部分所提出的观点、所做的推论等。（4）自己对该研究的评价。这一点十分重要，因为这种评价既包括你所认为的该研究所具有的特点和独到之处，也包括你所认为的该研究所存在的主要不足，特别是方法上、研究效度或信度上的不足。

在对全部文献进行了系统的阅读后，需要对自己头脑中的认识进行一定的梳理，对所回顾的全部文献进行一定的总结。比如，应该考虑一下，在这一特定的问题领域，先前的研究已做了哪些方面的工作？对于这一特定的现象，现有研究涉及哪些理论？它们已得出了哪些基本的研究结论？这些研究总体上还存在哪些相对薄弱的环节？

在查阅文献的时候，要为某些重要内容画上记号，并随手做一些简要的评论，这样做将十分有助于文献回顾后期的整理和总结工作。如果有时间，还可适当做些摘录。摘录的原文要注明出处、页码；摘录时可以用专门的卡片，或专门的笔记本。当然将这些摘录的文献及其出处输入电脑，建立相应的电子文档，并按照文献的主题分门别类地放入不同的文件夹中，也是一种十分有用的方式。

# 【思考与实践】

1. 从社会科学期刊中选取若干研究报告，用本章所介绍的选题标准对它们进行评价。

2. 分析上述社会科学研究问题的来源，并评价它们的问题明确化工作。

3. 选择一个恰当的研究问题，思考对于整个社会科学研究工作来说，它具有什么样的意义？

4. 研究问题的可行性是什么意思？这种可行性与重要性、创新性之间有什么样的关系？

5. 什么是研究问题的明确化？为什么要对研究问题进行明确化？

6. 到图书馆熟悉查找社会科学方面文献资料的方式和方法，并查找下列专题的文献："亲子关系""离婚原因"。

# 第 **4** 章

# 测量与操作化

作为一种经验地探讨社会现象及其规律的活动，社会科学研究必然会涉及对社会现象进行测量的问题。特别是对于采用各种定量研究方式的社会科学研究来说，测量更是整个研究中最重要的基础之一。社会科学研究的资料以及社会科学研究成果的质量，也都直接与测量的质量紧密相连。在本章中，我们将对测量的概念与特征、测量的层次、概念的操作化过程、量表、测量的信度与效度等内容进行介绍。

## 第一节　测量的概念与层次

### 一、什么是测量

在日常生活中，我们对于测量并不陌生。比如，人们总是在用人体自身的各种器官对外部世界进行测量：眼睛在测量物体的大小、颜色、形状、空间距离；耳朵在测量各种声音的高低、方向、含义；鼻子在测量各种气体的味道；皮肤在测量周围的温度。由于人体器官的测量能力十分有限，测量的结果也不够精确，因而人们在科学研究中发明了许多专门的测量仪器，规定了各种测量的特定程序，创造了许多规范的测量方法，极大地提高了测量的水平和效果。人们不仅有了米尺、磅秤这样一些基本的测量物体长短、高低、大小、轻重的工具，还发明了温度计来精确测量大气的温度、水的温度和人体的温度，发明了望远镜来测量宇宙中不同行星之间的距离，发明了显微镜来测量人眼所无法看到的血液中的红白细胞的数目等。

在社会科学研究中，人们也进行着另外一些形式的测量。比如，用人口登记的方法来测量一个国家的人口数量和人口结构，用电话访问的方法来测量人们对不同政党候选人的支持率，用自填问卷的方法来测量大学生所具有的择业倾向等。虽然各种各样的测量在测量的内容、方式等方面千差万别，但它们在一些最本质的方面却完全一致。这些最本质的方面，就是测量所具有的科学的内涵。那么，究竟什么是测量呢？所谓测量（measurement），就是根据一定的法则，将某种物体或现象所具有的属性或特征用数字或符号表示出来的过程。测量的主要作用，在于确定一个特定分析单位的特定属性的类别或水平。它不仅可以对事物的属性做定量的说明（即确定特定属性的水平），同时，它也能对事物的属性做定性的说明（即确定特定属性的类别）。而在社会科学研究中，研究者所进行的测量往往是这种定性的测量。

## 二、测量的四个要素

为了更好地理解测量的概念，有必要对构成上述测量定义的四个必不可少的要素进行专门的说明。这四个要素是测量客体、测量内容、测量法则、数字和符号。

（1）测量客体，即测量的对象。它是客观世界中所存在的事物或现象，是我们要用数字和符号来进行表达、解释和说明的对象。比如，我们测量一张桌子的高度时，这张桌子就是我们测量的客体或对象。在社会科学研究中，最常见的测量客体是各种各样的个人，以及由若干个个人组成的各种社会群体、社会组织、社区等。在测量的四个要素中，测量客体所对应的是"测量谁"的问题。

（2）测量内容，即测量客体的某种属性或特征。实际上，在任何一种测量中，我们所测量的对象虽然是某一客体，但所测量的内容却并不是客体本身，而是这一客体的属性或特征。比如，桌子是我们的测量客体，而我们却无法测量桌子本身，只有桌子的各种特征，比如它的高度、宽度、重量、颜色等，才能构成我们测量的内容。同样的道理，社会中的个人、群体、组织和社区等是我们的测量客体，是社会科学研究中的测量对象，但我们所测量的却并不是这些个人、群体、组织和社区本身，而是它们的各种特征，比如测量个人的行为、态度和社会背景，测量群体和组织的规模、结构和管理模式，测量社区的范围、人口密度和人际关系等。只有这些特征才是我们的测量内容。在测量的四个基本要素中，测量内容所对应的是"测量什么"的问题。

（3）测量法则，即用数字和符号表达事物各种属性或特征的操作规则。也可以说，它是某种具体的操作程序和区分不同特征或属性的标准。比如，"将桌子放置在水平的地面上，然后用直尺从地面垂直地靠近桌面的边缘，桌面所对应的直尺上的刻度即是桌子的高度"，这句话所陈述的就是测量桌子高度的规则。又如，在社会科学研究中，我们经常要测量人们的收入状况。那么，"将被调查者工资单上的应发金额数与每月奖金发放统计表上他所得的奖金数额相加，即是被调查者的收入"这句话就是一种测量法则。在测量的四个基本要素中，测量法则所对应的是"怎么测"的问题。

（4）数字和符号，即用来表示测量结果的工具。比如，120 厘米、110 厘米等就是测量桌子高度所得到的结果，3 500 元、4 600 元等就是测量人们收入的结果。在社会科学研究中，研究者的测量结果许多是用数字来表示的。比如，被研究者的年龄、收入、上下班路途所需时间，被研究家庭的人口数、用于购置大件家电商品的费用，被研究组织的规模等。但是，也有许多测量结果是用文字来表示的。比如，被研究者的性别（用男、女）、婚姻状况（用未婚、已婚、离婚、丧偶）、对住房购买政策的态度（用赞成、反对）等。在测量的四个基本要素中，数字和符号所对应的是"如何表示"的问题。

### 三、社会现象的测量

我们知道，测量在自然科学研究中的应用十分广泛、十分普遍，也十分成熟。相比之下，社会科学研究中的测量就显得相对落后一些。产生这种状况的原因是多方面的，社会现象的特殊性、社会测量的特殊性无疑是其中最为重要的原因。

各种社会现象都是建立在人及其活动的基础上的。对人及其社会行为、对各种社会产物进行测量，与对自然现象的测量有着十分不同的特点。这种特点主要表现在以下几方面：

（1）人一方面是测量的客体或对象，另一方面又是测量过程的主体，这给对社会现象的测量带来了无法回避的主客观矛盾。无论是作为测量主体的人，还是作为测量客体的人，都具有主观意识、思想感情、思维能力和价值观念，都会对测量的过程和方式做出种种反应，人与人之间还存在着各种各样、错综复杂的社会关系，这些都使得对社会现象的测量在很大程度上受到人们的认识水平和价值取向的影响，带有明显的主观色彩。

（2）社会测量的内容常常是社会中人们的行为、态度，以及由人们的行为构成的各种社会现象。然而，与此同时，人们对各种社会现象进行测量这一活动本身，也是一种社会行为，一种社会现象。二者既相互联系，也相互影响。特别是任何一种社会测量都会干扰和影响现实生活中它所希望测量或正在测量的现象，就像自然科学中的"测不准原理"那样，会给实际的测量工作带来许多困难。

（3）在自然科学中，由于测量的对象相对单一和稳定，因此测量的可重复性强、量化程度比较高，特别是这种测量常常可以建立起某种公认的、通用的单位标准。比如，长度用米或尺为单位来量度，时间用秒、分、小时为单位来量度，重量用克或磅为单位来量度等。但是，在社会科学中，由于测量的现象十分复杂，测量的量化程度比较低，可重复性也比较差。对于许多的社会现象，比如社会群体的凝聚力、社会职业的声望、人们的社会地位、教育成就、社会参与程度等，广大的社会科学家们还没能（或者根本就不可能）建立起某种公认的、适合于多种不同情况的测量单位和测量标准，以及与之相对应的测量工具和测量方法。

### 四、测量层次

社会科学研究中所涉及的现象具有各种不同的性质和特征，对它们的测量也具有不同的层次和标准。史蒂文斯 1951 年创立了被广泛采用的测量层次分类法，他将测量层次分为四种，即定类测量、定序测量、定距测量和定比测量。

1. 定类测量

定类测量（nominal measurement）也称类别测量，它是测量层次中最低的一种。定类测量在本质上是一种分类体系，即将研究对象的不同属性或特征加以区分，标以不同的名称或符号，确定其类别。定类测量的数学特征只有属于与不属于。人们的性别、职业、婚姻状况、宗教信仰等变量，就是常见的类别变量，对它们的测量就是定类层次的测量。测量的结果就是将研究对象分成"男性、女性""工人、农民、教师、商人""未婚者、已婚者、离婚者""佛教徒、天主教徒、不信教者"等各种不同的类别。

由于定类测量实质上是一种分类体系，因此必须注意所分的类别既要具有穷尽性，又要具有互斥性，即所分的类别既要包含各种可能的情况，又要相互排斥，互不交叉重叠。这样，我们所测量的每一个对象都会在我们的分类体系中属于一个类别，且仅仅只会属于一个类别。

对任何一门科学来说，分类都是基础，其他几种层次的测量，也都把分类作为其最低限度的操作。或者说，其他的几种测量层次中，都无一例外地包含着定类测量的分类功能。特别是在对社会现象的测量中，大量的变量都是定类变量，分类更是最基本的目标和最经常性的操作。因此，运用好定类测量，发挥其应有的作用，是社会科学研究者的一项重要任务。

2. 定序测量

定序测量（ordinal measurement）也称等级测量或顺序测量。它不仅能够像定类测量一样，将不同的事物区分为不同的类别，而且还可以按照某种逻辑顺序将研究对象排列出高低或大小，确定其等级及次序。或者说，可以按某种特征或标准将研究对象区分为强度、程度或等级不同的序列。比如，测量人们的文化程度时，可以将其分为文盲与半文盲、小学、初中、高中、大专、大学及以上等，这是一种由低到高的等级排列；测量城市的规模时，可以将它们分为特大城市、大城市、中等城市、小城市等，这则是一种由大到小的等级排列。在社会科学研究中，研究者可以用定序测量来对人们的社会地位、生活水平、住房条件、工作能力等特征进行类似的等级排列。

关于定序测量，有一点需要略做说明。实际研究中，一些研究者常常将这种定序层次的测量结果近似地看作定距层次运用。比如，在调查中常见的人们对某一事物的态度这样的变量，其取值是"非常赞成""比较赞成""中立""不太赞成""很不赞成"，或者"很满意""比较满意""一般""不太满意""很不满意"等，就是这种将定序层次的变量看作定距层次来使用的例子。研究者认为，由于这样的变量取值基本上是平均划分的，即"非常赞成"与"比较赞成"之间的差距，基本上等同于"比较赞成"与"中立"之间的差距；"一般"与"不太满意"之间的差距，也基本上等同于"不太满意"与"很不满意"之间的差距。因此，可以将这种类型的定序变量作为定距变量对待，以便运用更多复杂的统计方法。但应该注意是，这种处理方法只有在有充分的理由确认测量尺度取值的划分是基本等距的时候才能使用。

3. 定距测量

定距测量（interval measurement）也称等距测量或区间测量。它不仅能够将社会现象或事物区分为不同的类别、不同的等级，而且可以确定它们相互之间不同等级的间隔距离和数量差别。比如，测量人的智商，人们出生的年代、以及测量自然界中的温度，就是定距测量的典型例子。在定距测量中，我们不仅可以说明哪一类别的等级较高，还能说明这一等级比那一等级高出多少单位。也就是说，定距测量的结果相互之间可以进行加减运算。如果测得张三的智商为 125，李四的智商为 110，那么，125—

110＝15，由此可以说张三的智商比李四高 15。同样，我们测量北京与武汉的温度，结果发现北京为 20 摄氏度，武汉为 30 摄氏度。那么，我们不仅可以说武汉的气温比北京高（定序测量的测量结果），还可以说武汉的气温比北京高出 10 摄氏度（定距测量的测量结果）。被调查者甲 1966 年出生，乙 1944 年出生。那么，二者的年龄差距就等于数字差距，即 1966－1944＝22。

需要注意的是，定距测量的值虽然可以为 0，但这个 0 却不具备数学中我们所熟悉的"0"的含义。比如，在冬天，我们可以测得北京的气温为 0 摄氏度，但它并不表示北京"没有温度"，而只是代表北京的气温达到了水的"冰点温度"。从测量的角度看，此时的 0 只不过是一个特定的数字而已，它是人们主观认定和选取的。因为在另一种华氏温度计中，0 摄氏度则是 32 华氏度。

4. 定比测量

定比测量（ratio measurement）也称等比测量或比率测量。定比测量除了具有上述三种测量的全部性质之外，还具有一个绝对的零点（有实际意义的零点）。比如，对人们的收入、年龄、出生率、性别比、离婚率、城市的人口密度等进行的测量都是定比测量。它们的测量结果既能进行加减运算，又能进行乘除运算。比如，测得张三的收入为 4 800 元，李四为 2 400 元，那么，4 800/2 400＝2，由此可以说，张三的收入是李四的收入的两倍（或李四的收入是张三的 1/2）。是否有实际意义的零点（绝对零点）的存在，是定比测量与定距测量的唯一区别。

5. 测量层次小结

上述四种测量的层次由低到高，逐渐上升。高层次测量具有低层次测量的所有功能，即它既可以测量低层次测量可以测量的内容，也可以测量低层次测量无法测量的内容；同时，高层次的测量还可以作为低层次的测量处理。比如，定序测量具有定类测量的分类功能，且可以作为定类测量使用。同样，定距测量具有定序测量的排序功能与定类测量的分类功能，且可以作为这两种测量使用，反过来则不行。为了进一步清楚地说明这四种测量的差别，我们将它们各自的数学特性总结在表 4-1 中。

表 4 - 1　　　　　　　　　　四种测量层次的数学特性总结

| | 定类测量 | 定序测量 | 定距测量 | 定比测量 |
|---|---|---|---|---|
| 类别区分（＝、≠） | 有 | 有 | 有 | 有 |
| 次序区分（＞、＜） | | 有 | 有 | 有 |
| 距离区分（＋、－） | | | 有 | 有 |
| 比例区分（×、÷） | | | | 有 |

　　明确不同的测量层次所具有的不同的数学性质，这一点十分重要。因为在社会科学研究资料的整理和统计分析中，需要根据不同测量层次所具有的数学特性采用不同的统计方法。另外，在对社会现象进行测量时，有一个重要的规则：尽可能对它们进行高层次的测量。即凡是能够用定比测量或定距测量的，就一定不要只用定序测量甚至只用定类测量。因为高层次测量所包含的信息更多，且高层次测量的结果很容易转化为低层次测量的结果；反之则不行。

## 第二节　概念的操作化

　　社会科学研究中所要测量的变量许多都是十分抽象的概念，比如地位、权力、声望、资源等。这些概念通常都是我们看不见、摸不着的。要使这些概念能够为我们所测量，必须对它们进行操作化处理。操作化既是社会科学研究中常用的概念，同时也是社会科学研究特别是定量研究过程中最为困难、最为关键的步骤之一。为了更好地理解操作化的概念与方法，有必要先对概念、变量、指标这三个概念做一简单回顾，并对三者之间的关系做一简要说明。

### 一、概念、变量与指标

　　（1）概念。概念是对现象的抽象，它是一类事物的属性在人们主观上的反映。概念的抽象程度也有高有低。抽象层次高的概念往往包含多个抽象层次低的概念，并且它往往是难以直接观察和描述的。这是因为概念的抽象层次越高，其涵盖的面就越大，特征也就越含糊；相反，一个概念的抽象层次越低，其涵盖面也就越小，特征也越明确。概念的抽象性对于理论有着重要的作用。由于概念是命题的建筑材料，而命题则是理论的建筑材料，所以，有的社会学家把概念称为建筑理论大厦的砖石。

（2）变量。变量是指具有一个以上取值的概念，或者说，就是包括一个以上范畴的概念。而那些只有一个固定不变的值的概念，叫作常量。

（3）指标。我们把表示一个概念或变量的含义的一组可观察到的事物，称作这一概念或变量的一组指标。概念是抽象的，指标是具体的；概念是人们的主观印象，指标则是客观存在的事物。因此，概念只能想象，指标则可以观察和辨认。比如，"社会阶级"是一个抽象概念，通过操作化，我们可以用一组指标来测量它，这组指标包括职业、收入、文化程度等。又如，家庭生活中的"夫妻权力"是家庭社会学中的一个重要概念，通过操作化，我们可以用购买房产的决定权、选择子女报考学校的决定权、家庭收入的管理权等指标来对它进行测量。

## 二、操作化的含义与作用

所谓操作化（operationalization），就是将抽象的概念转化为可观察的具体指标的过程。或者说，它是对具体测量抽象层次较高的概念时所采用的程序、步骤、方法、手段的详细说明。比如，将抽象概念"同情心"转化为"主动帮助盲人过街""主动给乞讨者钱物""主动向灾区捐款"，就是操作化的一个例子。而"将学生的语文、数学、外语三门课程的成绩相加并计算出平均值"，则是对抽象概念"智力水平"进行操作化的一个例子。

操作化在社会科学研究中有着极为重要的作用。存在于研究者头脑中的各种概念、意识，研究者用以构建其理论大厦的各种基本变量，都只有经过了合适的操作化之后，才会在普通人可以看得见、摸得着的现实社会中显现出来。从另一方面看，操作化也是具有定量取向的社会科学研究的关键一环。尤其是在解释性研究中，对有关社会现实的理论假设进行检验时，操作化往往是不可回避的前提。也就是说，只有通过操作化，将思辨色彩很浓的理论概念"转变成""翻译成"经验世界中那些人人可见的具体事实，理论检验才能成为可能。

因此，可以说操作化是社会科学研究中由理论到实际、由抽象到具体这一过程的"瓶颈"。从理论思维的天空到经验研究的大地，有着相当的距离。而这种操作化过程，就是沟通抽象的理论概念与具体的经验事实的一座桥梁，它为我们在社会科学研究中实际地测量抽象概念提供了关键的手段。例如，前面提到的"同情心"的概念，我们常常谈到它，也能体会到它，它在现实中却并不存在，我们既不知道它的形状、大小、颜色，也没有摸到过它。但是，当我们将它操作化为"主动帮助盲人过街""主动给乞讨者钱物""主动为灾区捐款"时，我们就会在现实生活中看到它并测量它了。操作化的作用正是让那些通常只存在于我们头脑中的抽象概念，最终在我们所熟悉、所生活的现实世界中"现出原形"，让那些本来只能靠我们的思维去理解、去体验的东西，"变成"我们看得见、摸得着的东西。简言之，操作化的目的，就是把我们无法得到的有关社会结构、制度或过程，有关人们行为、思想和特征的内在事实，用代表它们的外在事实来替换，以便于通过后者来研究前者。

### 三、操作化的方法

对概念进行操作化处理，就是要给出概念的操作定义，这种定义即一套程序化的工具，它能够告诉研究者如何辨识抽象概念所指称的现实世界中的现象。[①] 这种操作化过程主要包括两个方面的工作：一是澄清与界定概念；二是发展测量指标。

1. 澄清与界定概念

起初被比较粗糙地定义的概念常常潜在地包含着大量不同的成分，而以这种概念为名组织起来的资料往往具有某些实质性的差异。因此，在研究中需要对主要的概念进行某种澄清和界定。澄清和界定概念的必要性是，如果不同的人用同一个概念（词语）来表达不同的含义，那么，这样的概念也就没有用了。除非人们用同样的词语来表达同样的事物，否则交

---

① 特纳. 社会学理论的结构. 吴曲辉，等译. 杭州：浙江人民出版社，1987：8.

流就是不可能的。默顿指出："概念澄清的一个功能，是弄清包摄于一个概念之下的资料的性质。"① 通过精确地指出一个概念包括什么、排斥什么，我们可以得出对资料进行分析和组织的指导性框架。同时，它也可以使得各项具体的经验研究中所含的资料更加具有一致性和可比性。

在具体操作上，我们首先要弄清概念定义的范围。在采用或给出某个具体的定义之前，可以先看看其他的研究者对这一概念所下的定义是怎样的。而对于那些并未对该概念下正式的定义的研究者来说，我们就需要从其对概念的运用中来确定他对这一概念的界定。当我们通过收集和查询，了解到有关这一概念的各种不同的定义，从而对这一定义的大致范围有所理解以后，便可以对这些定义进行分类。比如，对于"社区"的概念，有的社会学研究者曾列举出 94 种不同的定义，社会学家贝尔和纽拜则通过分析和分类，发现这些定义中绝大部分包含这样三项基本的元素：（1）地域；（2）共同的纽带；（3）社会互动。② 这种方式可以帮助研究者形成对这一概念的总的理解和把握。

其次，决定一个定义。列出了有关这一概念的各种类型的定义，或者总结出各种定义中最具共同性的元素后，我们就该决定采取哪一种定义了。我们面临各种不同的选择：既可以直接采用一个现成的定义，即从现有的各种定义中确定一个自认为比较科学、比较确切的，也可以在现有定义的基础上自己创造出一个新的定义；采用现成的定义时，既可以用一个十分经典的定义，也可以用一个现代一些的定义。需要特别注意的是，这种选择应该以研究者进行具体的社会科学研究的需要为标准，哪种定义最适合研究的目的，就应该重点考虑这种定义。

比如，一项有关单位组织中的资源获得的研究需要对"资源"这一概念进行操作化。研究者首先对这一概念进行了澄清："吉登斯将资源定义为'改革事物的一种能力'；科尔曼对资源做了更宽泛的理解，他认为资源是那些能满足人们需要和利益的物品、非物品（例如信息）、事件（例

① 默顿 . 论理论社会学 . 何凡兴，李卫红，王丽娟，译 . 北京：华夏出版社，1990：186.

② de Vaus D A. Surveys in Social Research. London：Allen & Unwin，1986：41.

如选举）。"在此基础上，研究者对其研究中的资源概念进行了界定："本文基本上采用科尔曼对资源的定义，即资源是那些可使人们满足必要且重要的经济、政治、社会以及与此相关的各种需要的东西。"[①]

### 2. 发展测量指标

概念的澄清和界定只是解决了概念定义的内涵问题，即相当于给我们划定了概念的具体范围。对于经验性的社会科学研究来说，还需要对其进行操作化，使其转化成能具体观察和测量的事物。接下来的任务就是要寻找与这些内涵相对应的经验指标。这一工作更为具体，也更具有挑战性。通常的做法如下。

（1）列出概念的维度。许多抽象的概念往往具有若干不同的方面或维度。或者说，一个抽象的概念往往对应于现实生活中的一组复杂的现象，而不是只对应于一个单纯的、可直接观察到的现象。比如，"人的现代性"和"乡村振兴"就是这种具有多个不同维度的概念的两个例子。因此，我们在界定概念的定义时指出概念所具有的不同维度，对于概念的操作化，对于概念的测量指标的选择，以及对综合的理论的思考与分析，都是十分有用的。比如，英克尔斯在测量人的现代性时，就是先将这一概念分成24 个不同的维度来进行的。这些维度成为其最终用来测量人们现代性的量表的 24 个大的主题。[②]对于乡村振兴的概念，有的管理学研究者是先将其操作化为"产业兴旺、生态宜居、乡风文明、治理有效、生活富裕"5个维度，然后再将这 5 个维度进一步操作化为 15 个次维度和 44 个具体的测量指标。[③]

（2）建立测量指标。对于有些概念来说，建立测量指标是简单的。比如，人们的"性别""文化程度""婚姻状况"这样的概念就是如此；但是，对于其他一些比较复杂、比较抽象的概念来说，发展和建立测量指标就不是一件容易的事。通常，我们可以采取下列两种方式来发展概念的指标：

① 李汉林，李路路. 资源与交换：中国单位组织中的依赖性结构. 社会学研究，1999（4）.
② 英克尔斯，史密斯. 从传统人到现代人：六个发展中国家中的个人变化. 顾昕，译. 北京：中国人民大学出版社，1992：25－42.
③ 张挺，李闽榕，徐艳梅. 乡村振兴评价指标体系构建与实证研究. 管理世界，2018，34（8）.

第一种方式是寻找和利用前人已有的指标。尤其是一些测量人格、态度方面的量表，往往经过多次的运用和修改，常常可以成为我们可以直接使用的指标。当然许多前人的指标不一定完全适合我们的概念，需要做一定的修改和补充。利用前人的指标具有可与其他研究所得结果进行比较的优点，同时，这种做法比每个研究者都发展一套自己特定的指标的做法，更有利于社会知识的形成和积累。

第二种方式是研究者先进行一段时间的探索性研究，采用实地观察和无结构访问的方式，进行资料收集的初步工作。尤其是与研究对象中的关键人物进行比较深入的交谈，从这些人那里获得符合实际的答案。这样做可以帮助研究者从研究对象的角度、用研究对象的眼光来看待事物，了解其所思所想，以及考虑问题的方式。所有这些都会为研究者发展出测量概念的指标提供极大的帮助。

### 四、指标选择的多样性

对于有些抽象概念，人们往往很难（甚至不可能）在具体现象中找到其所对应的指标。而且在许多情况下，一个操作性定义往往不能够完全代表一个概念，这也是社会科学研究有时受到批评和指责的原因之一。同时，对这种抽象概念进行操作化时，具体方法和测量指标方面往往存在多种不同的选择。即对同一个概念进行测量时，可能会存在不同的测量指标。因此，一项具体社会科学研究的结果，与它所采用的操作化方式及其所产生的测量指标密切相关。

比如，以"夫妻权力"的测量为例。研究者通常将这一概念界定为"夫妻在家庭中的决策权"。对其进行操作化时，不同研究者所用的指标不尽相同。1960年，美国社会学者布拉德和沃尔夫在他们的研究中，选取了他们认为既能涉及丈夫又能涉及妻子在家庭中的决策权的8个指标。[①] 这8个指标是：（1）丈夫的职业选择；（2）买什么样的汽车；（3）是否买人寿保险；（4）到什么地方度假；（5）买什么样的房子；（6）妻子是否应

① 埃什尔曼.家庭导论.潘允康，张文宏，马志军，等译.北京：中国社会科学出版社，1991：448.

该参加社会工作；（7）家里有人生病时，应去看哪位医生；（8）全家每周在食品方面应花多少钱。

他们根据调查测量的结果得出结论说，丈夫和妻子在家庭决策中各有侧重，二者的权力相当。这一研究结果被广泛引证，并大大促进了后来的许多研究。但是，1971 年森特斯等研究者在对同一问题进行研究时，将"家庭中决策权"的概念操作化为 14 个指标，除了上述的 8 个以外，他们又增加了下面 6 个指标：（9）请谁来做客和与谁一起出门；（10）怎样装饰房间和摆设家具；（11）收看什么电视节目和广播节目；（12）家庭的正餐吃什么；（13）买什么样的衣服；（14）配偶应买什么样的衣服。

在他们的研究中，前 8 个问题的研究结果与布拉德等人的研究结果几乎完全一致，但加上 6 个新问题时，丈夫的权力被削弱了。这种结果表明，夫妻权力的对比和分布随着所考察的决策方面的不同而不同。[①]

我国台湾地区的社会学者也曾研究过夫妻权力问题。陈明穗 1986年在研究夫妻权力时是通过以下 15 项指标来进行测量的：（1）丈夫的职业选择；（2）妻子的职业选择；（3）家人生病该看哪个医生；（4）家庭生活费的支配；（5）度假、旅游及休闲活动；（6）生育子女数目；（7）购买贵重物品；（8）置产（买房子、土地等）；（9）房子布置及购买家具；（10）订阅报刊、选择电视节目等；（11）子女的教育；（12）谁代表家庭参加婚丧喜庆；（13）谁决定送礼与回赠礼物；（14）是否买保险；（15）何种家电用品该淘汰换新。而伊庆春、蔡瑶玲 1988 年的研究则是用不同的15 项指标来进行测量的：（1）丈夫的职业或工作选择；（2）妻子是否外出工作或改变工作；（3）家用支出分配；（4）储蓄、投资、保险等；（5）婚丧喜庆时贺礼的数额；（6）买房子或房地产；（7）要不要搬家；（8）是否与上一代同住；（9）生几个孩子；（10）用哪种避孕方法；（11）小孩上哪所学校；（12）小孩的教育；（13）请哪些客人吃饭；（14）娱乐休闲活动的计划；（15）家中的布置及买家具。[②]

---

① 埃什尔曼. 家庭导论. 潘允康，张文宏，马志军，等译. 北京：中国社会科学出版社，1991：448 - 450.

② 高淑贵. 家庭社会学. 台北：黎明文化事业公司，1998：73.

可以看出，上述这些测量指标都具有表面效度——它们都是在测量夫妻在家庭中的决策权。美国和中国台湾地区的两组指标也有许多相似和相同的地方，但也有一些差别。如果我们根据中国大陆的情况对"夫妻权力"的概念重新进行操作化，所用的指标可能与上述两者都不完全一样，相对而言，可能会比较接近台湾地区学者所用的指标，但肯定还会有一些与其不同的地方，因为大陆地区的社会现实与台湾地区不同，与美国的差别更大。

笔者 2008 年也曾经对已婚独生子女家庭中的夫妻权力问题进行过探讨。在研究中，笔者将夫妻双方在以下家庭事务中的决策权作为指标：（1）丈夫的工作选择；（2）妻子的工作选择；（3）家庭日常生活消费；（4）购买家电等大件商品；（5）孩子上什么学校；（6）买房；（7）储蓄投资；（8）家庭布置；（9）请客送礼；（10）旅游休闲娱乐安排。此外，还询问了家中"谁管钱？""家务事谁做得比较多？""过年去谁的父母家吃年夜饭？"三个问题。[①]

上述例子告诉我们，就像翻译其他语言的作品时，常常会碰到同一部作品由不同的人翻译，译文有好坏优劣之分一样，对同一概念的操作化结果也存在着好坏优劣之分。社会科学研究中众多理论概念的操作化的结果也不是唯一的。各种不同的操作化结果相互之间只是在反映概念内涵的准确性和涵盖性上存在着程度上的差别，唯一的、绝对准确、绝对完善的操作化指标是不存在的。

## 第三节　量表

在社会科学研究中，研究者常常需要测量一些抽象层次较高的概念，

---

① 风笑天. 已婚独生子女身份与夫妻权力：全国五大城市 1 216 名已婚青年的调查分析. 广西民族大学学报（哲学社会科学版），2011（5）.

以及测量人们的态度、看法、意见、性格等主观性较强的内容。由于这些抽象概念和这些主观性内容一方面具有潜在性的特征，另一方面其构成也往往比较复杂，一般很难用单一的指标进行测量，因此，在许多社会科学研究所用的问卷中，常常可以看到以量表形式出现的复合测量。由于这种复合测量可以将多项指标概括为一个分数，因此可以有效地缩减资料数量，并有效地区分出人们在看待概念或所持态度上的程度差别。在这一节中，我们主要介绍社会科学研究中常用的总加量表和李克特量表。

## 一、总加量表

总加量表（summated rating scale）由一组反映人们对事物的态度或看法的陈述构成。回答者首先分别对这些陈述发表意见，表示同意或不同意，并进行计分，然后将回答者在全部陈述上的得分加起来，就得到了他的态度得分。表 4 - 2 就是总加量表的一个例子。

表 4 - 2　　　　　　　　　　　　　贝利生育量表

| | 同意 | 不同意 |
| --- | --- | --- |
| 1. 结婚的主要原因之一是生孩子。 | 1 | 0 |
| 2. 只生一个孩子是错误的，因为独生子女是在孤独中成长的，且会由于无兄弟姐妹而忧郁。 | 1 | 0 |
| 3. 生育孩子是一个妇女所能具有的最深刻的经历之一。 | 1 | 0 |
| 4. 两种性别的孩子至少都有一个比仅有一种性别的孩子好。 | 1 | 0 |
| 5. 没有孩子的妇女绝不会感到完全的满足。 | 1 | 0 |
| 6. 男人直到他业已证明自己成为孩子的父亲时，才算是"真正的男人"。 | 1 | 0 |
| 7.（由于生育控制、绝育或年老等因素）不能导致怀孕的性活动是不道德的。 | 1 | 0 |
| 8. 未结婚的或者结了婚而没有孩子的男人可能是同性恋者。 | 1 | 0 |
| 9. 妇女的首要职责是做母亲，只有在不影响其母亲的职责时，才谈得上她的事业。 | 1 | 0 |
| 10. 没有孩子的夫妇实在可怜。 | 1 | 0 |

資料来源：Baily K D. Methods of Social Research. 3rd ed. New York：Free Press，1987：344.

该量表测量的是人们对生育子女所持的态度。它由在同一方向（强调生育）的 10 个陈述句构成，每一陈述句后都有两种答案。凡回答"同意"者，记 1 分；回答"不同意"者，记 0 分。这样，将一个回答者在这 10

个陈述上的得分相加，就得到了他在这一问题上的态度的总得分。在此例中，总分最高者为 10 分，它表明回答者对生育孩子有强烈的义务感；总分最低者为 0 分，它表明回答者感到没有义务生孩子。需要注意的是，表中每个陈述所表达的态度方向与记分的方向应保持一致。如果上例中出现了与这 10 个态度陈述的方向相反的陈述，比如，"只生一个孩子是最明智的选择"，则此时对它的记分方法应与其他 10 句相反，即"同意"者记 0 分，"不同意"者记 1 分。

上述这样的总加量表有一个潜在的假设或前提：每一个态度陈述都具有同等的效果，即它们在反映人们的态度方面是"等值的"，不同的陈述之间不存在数量的差别（它们的"分值"都一样）。只有在这样的假定下，我们才能说，那些总得分为 2 的回答者具有同样程度的不主张生育的态度；同样，也只有在这样的假定下，我们才能分辨出同意其中 8 条陈述的回答者比同意其中 2 条陈述的回答者有更强烈的生育义务感。

## 二、李克特量表

李克特量表（Likert scaling）可以说是总加量表的一种特定形式，它是由美国社会心理学家李克特于 1932 年在原有的总加量表的基础上改进而成的。李克特量表也由一组对某事物的态度或看法的陈述组成，与前述总加量表所不同的是，回答者对这些陈述的回答不是被简单地分成"同意"和"不同意"两类，而是被分成"非常同意、同意、不知道、不同意、非常不同意"五类，或者"赞成、比较赞成、无所谓、比较反对、反对"五类。答案类型增多，人们在态度上的差别就能被更清楚地反映出来。李克特量表是社会科学研究中用得最多的一种量表形式。表 4－3 是这种量表的一个例子。

表 4－3　　　　请你对下列看法发表意见（在每一行选一个方框内打√）

|  | 非常同意 | 同意 | 无所谓 | 不同意 | 很不同意 |
|---|---|---|---|---|---|
| 1. 婚事应该尽量办得简单一些。 | □ | □ | □ | □ | □ |
| 2. 结婚是一件人生大事，婚事应该办得隆重热闹，花再多钱也值得。 | □ | □ | □ | □ | □ |

续表

|  | 非常同意 | 同意 | 无所谓 | 不同意 | 很不同意 |
|---|---|---|---|---|---|
| 3. 就算有钱，婚事也不应大操大办。 | ☐ | ☐ | ☐ | ☐ | ☐ |
| 4. 为了不让别人笑话，就是借钱也要把婚事办得像个样子。 | ☐ | ☐ | ☐ | ☐ | ☐ |

由于表 4-3 中四条陈述所代表的态度倾向是不同的，因此可按下列方式记分：对于赞同节俭办婚事的看法，我们按 1＝非常同意、2＝同意、3＝无所谓、4＝不同意、5＝很不同意来赋值；而对赞同婚事大操大办的看法，我们则按 5＝非常同意、4＝同意、3＝无所谓、2＝不同意、1＝很不同意来赋值。这样，表中态度的计分结果就是同一个方向的了。每一个回答者在这一量表上的四个得分（每行一个答案所对应的码值）加起来，就构成他对婚事操办方式的态度得分。按上述赋值方式，回答者在该量表上的得分越高，表明他的态度越倾向于婚事大操大办。

李克特不仅改进了总加量表的形式，更重要的是他还提出了一种帮助研究者从量表中消除有问题的项目（即陈述）的方法。这种方法成为研究者设计量表时确定量表项目的主要依据。其基本程序如下：

（1）围绕要测量的态度或主题，以赞成或反对的方式写出与之相关的看法或陈述若干条（一般为 20～30 条）。对每一陈述都给予五个答案即非常同意、同意、无所谓、不同意、很不同意，并根据赞成或反对的方向分别赋以 1、2、3、4、5 分。

（2）在所要测量的总体中，选择一部分对象（一般不能少于 20 人）进行试测。

（3）统计每位回答者在每条陈述上的得分，以及每人在全部陈述上的总分。

（4）计算每一条陈述的分辨力，删除分辨力不高的陈述，保留分辨力高的陈述，形成正式的量表。

分辨力的计算方法如下：先根据回答者全体的总分排序；然后提取出总分最高的 25％的人和总分最低的 25％的人，并计算这两部分人在每一条陈述上的平均分；将这两个平均分相减，所得出的就是这一条陈述的分辨力系数。该系数的绝对值越大，说明这一陈述的分辨力越高。表 4-4

是计算分辨力的一个例子。①

表4-4                           分辨力的计算

| 被调查者题目 | (1) | (2) | (3) | (4) | (5) | (6) | (7) | (8) | (9) | (10) | (11) | (12) | |
|---|---|---|---|---|---|---|---|---|---|---|---|---|---|
| 工人1 | 4 | 5 | 5 | 4 | 3 | 5 | 4 | 4 | 3 | 5 | 2 | 5 | 49 |
| 工人2 | 5 | 4 | 4 | 5 | 5 | 4 | 3 | 2 | 5 | 4 | 1 | 4 | 46 |
| 工人3 | 5 | 4 | 3 | 3 | 4 | 5 | 4 | 3 | 4 | 4 | 2 | 5 | 45 |
| 工人4 | 4 | 4 | 4 | 4 | 5 | 3 | 3 | 3 | 4 | 5 | 1 | 4 | 45 |
| 工人5 | 5 | 5 | 3 | 2 | 4 | 4 | 3 | 4 | 5 | 2 | 2 | 4 | 43 |
| 工人6 | 4 | 3 | 2 | 5 | 4 | 5 | 4 | 4 | 2 | 3 | 1 | 5 | 42 |
| 工人7 | 4 | 4 | 4 | 4 | 2 | 3 | 3 | 4 | 4 | 3 | 2 | 4 | 41 |
| 工人8 | 3 | 3 | 4 | 4 | 4 | 3 | 5 | 4 | 2 | 2 | 2 | 5 | 41 |
| ⋮ | ⋮ | ⋮ | ⋮ | ⋮ | ⋮ | ⋮ | ⋮ | ⋮ | ⋮ | ⋮ | ⋮ | ⋮ | ⋮ |
| 工人14 | 2 | 3 | 2 | 3 | 3 | 2 | 3 | 4 | 4 | 3 | 2 | 4 | 36 |
| 工人15 | 2 | 4 | 2 | 3 | 2 | 2 | 3 | 4 | 4 | 3 | 1 | 4 | 34 |
| 工人16 | 2 | 2 | 4 | 2 | 3 | 3 | 2 | 1 | 2 | 2 | 2 | 5 | 32 |
| 工人17 | 2 | 2 | 2 | 3 | 4 | 2 | 4 | 1 | 3 | 3 | 2 | 4 | 32 |
| 工人18 | 1 | 3 | 2 | 4 | 1 | 3 | 3 | 2 | 1 | 2 | 2 | 5 | 29 |
| 工人19 | 1 | 1 | 2 | 2 | 2 | 3 | 2 | 3 | 4 | 1 | 1 | 4 | 26 |
| 工人20 | 1 | 1 | 1 | 2 | 1 | 2 | 1 | 2 | 3 | 2 | 2 | 3 | 21 |
| 总分高的25% $\frac{23}{5}$ 的人的平均分 =4.6 | | 4.4 | 3.8 | 3.6 | 4.2 | 4.2 | 3.4 | 3.2 | 4.2 | 4.0 | 1.6 | 4.4 | |
| 总分低的25% $\frac{7}{5}$ 的人的平均分 =1.4 | | 1.8 | 2.2 | 2.6 | 2.2 | 2.6 | 2.4 | 1.8 | 3.0 | 2.0 | 1.8 | 4.2 | |
| 分辨力系数 | 3.2 | 2.6 | 1.6 | 1.0 | 2.0 | 1.6 | 1.0 | 1.4 | 1.2 | 2.0 | -0.2 | 0.2 | |

从表4-4最下面一行的结果中可以看出，第11、12条陈述（题目）
的分辨力很小，故在制作正式的量表时，应将这两条陈述删除。

## 第四节 测量的信度与效度

任何一种测量工具或测量手段，都会涉及这样一些基本问题：测量所

---

① 袁方. 社会研究方法教程. 北京：北京大学出版社，1997：302.

得的数据或资料是否正是研究者所希望测量的东西？当测量的时间、地点及操作者发生改变时，测量的结果是否也会发生改变？这就是下面介绍的测量的信度和效度问题。

## 一、信度

信度（reliability）即可靠性，指的是采取同样的方法对同一对象重复进行测量时，所得结果相一致的程度。换句话说，信度是指测量结果的一致性或稳定性，即测量工具能否稳定地测量所测的事物或变量。比如，用同一台磅秤去称某一物体的重量，如果称了几次都得到相同的结果，则可以说用磅秤进行测量的信度很高；如果几次测量的结果互不相同，则可以说它的信度很低，或者说这一测量工具是不可信的。

信度指标往往以相关系数（$r$）来表示，其基本的类型主要有以下三种：

（1）再测信度（test-retest reliability）。对同一群对象采用同一种测量，在不同的时间点先后测量两次，根据两次测量的结果计算出相关系数，这种相关系数就叫作再测信度。这是一种最常用、最普遍的信度检查方法。使用这种方法时，两次测量所采用的方法、所使用的工具是完全一样的。再测信度的缺点是容易受到时间因素的影响，即前后两次测量之间的某些事件、活动的影响，会导致后一次测量的结果客观上发生改变，使两次结果的相关系数不能很好地反映两次测量的实际情况。

（2）复本信度（parallel forms reliability）。复本信度采取的是另一种思路：如果一套测量可以有两个以上的复本，则可以根据同一群研究对象同时接受这两个复本测量后所得的分数来计算其相关系数。比如，学校考试时出的 A、B 卷就是这种复本的一个近似的例子。在社会科学研究中，研究者可以设计两份调查问卷，每份使用不同的项目，但都用来测量同一个概念或事物，对同一群对象同时用这两份问卷进行测量，然后根据两份问卷所得的分数计算其复本信度。复本信度可以弥补再测信度的不足，但是，它的要求是所使用的复本必须是真正的复本，即二者在形式、内容等方面都应该完全一致。然而，在实际研究中，要使调查问卷或其他类似的测量工具达到这种要求往往是一件十分困难的事情。

（3）折半信度（split-half reliability）。即将研究对象在一次测量中所得的结果，按测量项目的单双号分为两组，计算这两组分数之间的相关系数，这种相关系数就叫作折半信度。比如一个态度测量包括 30 个项目，若采用折半法来了解其内在一致性，则可以将这 30 个项目分为相等的两部分，再求其相关系数。通常，研究者为了采用折半信度来检验测量的一致性，需要在他的测量表中增加一倍的测量项目。这些项目与另一半项目在内容上是重复的，只是表面形式不同而已。如果研究对象在两部分项目上的得分之间高度相关，则可以认为这次测量是可信的，两个部分的项目的确是在测量同一个事物或概念。

## 二、效度

测量的效度（validity），也称测量的有效度或准确度，是指测量工具或测量手段能够准确测出所要测量的变量的程度，或者说能够准确、真实地度量事物属性的程度。效度所关注的问题是："我所测量的正是我想要测量的吗？"当一项测量所测的正是它所希望测量的事物时，我们就说这一测量具有效度；反之，则称为无效的测量或者测量不具有效度。比如，假设我们打算测量某个样本中的学生的智商分布情况。我们采用一份标准的智商测验量表对他们进行测验，并用他们每个人在测验中所得的分数来表示他们的智商，那么，这一测量是有效的；但是，如果我们采用的是一份英文的智商测验量表，那么，当我们同样用所得到的分数来表示他们的智商时，我们的测量就不具有效度。因为此时我们所测量的并不是学生们的智商，而是他们的英文水平，即我们所测量到的并不是我们所希望测量的东西。

前面所列举的贝利生育量表中，也存在这样的问题。该量表是想测量人们对生育孩子的态度，但我们却往往难以保证我们用来进行这种测量的所有指标（量表中的 10 条陈述）都是在完全地测量着同一事物。比如，第 5 条陈述和第 9 条陈述所测量的或许是人们对"女性角色"的态度；第 6 条和第 8 条所测量的或许是人们对"男性角色"的态度；而第 2 条和第

4 条则可能是在测量人们对孩子"社会化"的态度。因而,对于同样的 2 分,这一量表所实际测量的并不一定是同样的态度和在这种态度上完全一样的程度。

测量的效度具有三种不同的类型,即表面效度、准则效度和构造效度,它们分别从不同的方面反映测量的准确程度。同时,人们在评价各种测量的效度时,也往往采用这三种类型作为标准。

(1) 表面效度 (face validity)。表面效度指的是测量内容或测量指标与测量目标之间的适合性和逻辑相符性,也可以说是指测量项目是否"看起来"符合测量目的和要求。评价一种测量是否具有表面效度,首先必须知道所测量的概念是如何定义的,其次需要知道这种测量所收集的信息是否和该概念密切相关。然后评价者才能尽其判断能力之所及,得出这一测量是否具有表面效度的结论。比如,用问卷去测量人们的消费观念,那么,首先要弄清"消费观念"的定义,然后看问卷中的问题是否都与人们的消费观念有关。我们可以采取请若干专家直接进行评价的方法来检查问卷测量的表面效度。如果专家一致认为这些问题明显是有关其他方面的,这种测量就不具有表面效度;如果专家认为这些问题的确涉及的都是有关消费观念方面的内容,看不出它们是在测量与消费观念无关的内容时,则可以说这一测量具有表面效度。由于表面效度基于个人的主观判断,因此这种效度缺乏标准的、可重复的程序保证。

(2) 准则效度 (criterion validity)。准则效度也称实用效度或经验效度,指的是用一种不同以往的测量方式或指标对同一事物或变量进行测量时,将原有的测量方式或指标作为准则,用新的方式或指标所得到的测量结果与原有准则的测量结果做比较,看二者的相关程度,并用这种特定的相关系数 (称为效度系数) 来反映测量工具或手段的效度。如果新的测量方式或指标与原有的作为准则的测量方式或指标具有相同的效果,那么,其效度系数就高,我们就说这种新的测量方式或指标具有准则效度。

(3) 结构效度 (construct validity)。结构效度也称构造效度,指的是通过现有的理论或命题来考察当前测量工具或手段的效度。结构效度涉及对一个理论的关系结构中其他概念 (或变量) 的测量。比如,假定我们设计了一种测量方法来测量人们的"婚姻满意度",为了评价这种测量方法的效度,我们需要用到与婚姻满意度有关的理论命题或假设中的其他变量。假定我们有下列理论结构或命题:婚姻满意度与主动做家务的行为有关,婚姻满意度越高,越会主动承担家务。那么,如果我们的测量在婚姻满意度与承担家务方面的结果具有一致性,则称我们的测量具有结构效度;如果婚姻满意度不同的对象在承担家务方面的行为都是一样的,那么,我们测量的结构效度就面临着挑战。

最后需要特别注意的是,测量的效度与信度都是一种相对量,而不是一种绝对量,即它们都是一种"程度事物"。对于同一种对象,人们常常会采取各种不同的测量方法、常常会采用各种不同的测量指标。也许这些方法和指标都没有错,但它们相互之间一定会在效度与信度这两方面存在程度上的差别。我们对它们进行评价和选择的标准则是,越是在准确性和一致性上程度高的方法和指标,就越是好的测量方法,越是高质量的测量指标。

### 三、信度与效度的关系

测量的信度与效度之间存在着某种既相互联系又相互制约的关系。一方面,缺乏信度的测量肯定也是无效度的测量,而具有很高信度的测量并不意味着同时也是高效度的测量,即它也许是有效度的,也许仍然是无效度的。另一方面,研究者在追求测量的信度时,往往会在一定程度上损害或降低测量的效度;反之,当研究者努力提高测量中的效度时,其测量的信度同样会受到影响。比如,当我们用结构式问卷来测量家长"溺爱孩子"的行为时,可以得到相对高一些的测量信度,即用同样的问题反复询问同样的对象时,所得到的结果的一致性程度会比较高。但是,这种测量方法的效度往往会比较低,因为家长们在培养孩子方面的认识、态度和具体做法远比问卷中的几个问题丰富多彩。我们在问卷中所能够测量的只是很少、很表面、很有限的一部分。反之,如果我们用深入到每一个家庭实地观察并与家长仔细交谈的方法来进行测量,那么,所得到的资料的效度会比较高,因为我们实实在在地看到和感受到了家长是如何培养孩子的。

但是，由于不同调查员的访谈方式不同、认识能力不同等，对同一对象的观察结果也会不同。此时，观察结果的一致性程度，即信度，就降低了。

## 【思考与实践】

1. 对人们的"婚姻状况""受教育年限""学术水平"的测量属于哪一层次的测量？

2. 量表主要是用来测量什么的？请设计一份测量人们对夫妻家庭角色看法的李克特量表。

3. 试简要说明概念、变量、指标三者之间的联系与区别。

4. 请举例说明操作化在社会科学研究中的地位和作用。

5. 试对概念"越轨行为""上进心""媒介接触"和"生育意愿"进行操作化。

6. 仔细分析前几章练习中你所找到的几篇社会科学研究报告中的基本变量及其操作化方法，看看你可否对其做一些改进或补充。

# 第 5 章

# 抽　样

　　在许多情况下，社会科学研究者会希望对某一社会现象的总体或某一类人的总体进行描述和研究。如果能对总体中的每一个个体都进行研究，当然是最为全面的，但往往是最不现实的。比较理想的情形是只研究总体中的一部分个体，但所得到的不仅仅是这一部分个体的情况，而且是渗透在、折射在、体现在这一部分个体身上的总体的情况。因此，如何选择能够代表总体的一部分个体，成为社会科学研究者必须解决的主要问题之一。经过长期的探索和实践，社会科学研究者充分地借助了在现代统计学和概率论基础上发展起来的抽样理论与方法，使自己的研究更能适应现代社会高异质性、高流动性、高变动性的现实。本章将对抽样的基本概念、概率抽样的原理和方法进行介绍。

## 第一节　抽样的概念与类型

### 一、与抽样相关的概念

#### 1. 总体

总体（population）通常与构成它的元素共同定义：总体是构成它的

所有元素的集合，而元素（element）则是构成总体的最基本单位。在社会科学研究中，最常见的总体是由社会中的某些个人组成的，这些个人便是构成总体的元素。比如，当我们对某省大学生的择业倾向进行研究时，该省所有在校大学生的集合就是我们所研究的总体，而每一个在校大学生便是构成总体的元素。又如，我们打算研究某城市居民家庭的生活质量，那么，该市所有的居民家庭就构成了我们研究的总体，而其中的每一户家庭都是这个总体中的一个元素。

2. 样本

样本（sample）就是从总体中按一定方式抽出的一部分元素的集合。或者说，一个样本就是总体的一个子集。比如，从某省总数为 18 万人的大学生总体中，按一定方式抽出 1 000 名大学生进行调查，这 1 000 名大学生就构成该总体的一个样本（当然，从一个总体中可以抽出若干个不同的样本）。在社会科学研究中，资料的收集工作往往是在样本中完成的。

3. 抽样

明白了总体和样本的概念，再来理解抽样的概念就十分容易了。所谓抽样（sampling），指的是从组成总体的所有元素集合中，按一定的方式抽出一部分元素（即抽出总体的一个子集）的过程。或者说，抽样是按一定方式从总体中抽出样本的过程。比如，从 3 000 名工人所构成的总体中，按一定方式抽出 200 名工人的过程，或者从 50 000 户家庭构成的总体中，按一定方式抽出一个由 1 000 户家庭构成的样本的过程，都叫作抽样。

4. 抽样单位

抽样单位（sampling unit）就是直接抽样时所使用的基本单位。抽样单位与构成总体的元素有时是相同的，有时又是不同的。比如，上面所举的例子中，单个的大学生既是构成某省 18 万大学生这一总体的元素，又是我们从总体中一次直接抽出 1 000 名大学生的样本时所用的抽样单位；但是，当我们从这一总体中一次直接抽出 40 个班级，以这 40 个班级中的全部学生（假定正好 1 000 名）作为我们的样本时，抽样单位（班级）与构成总体的元素（学生）就不是一样的了。

5. 抽样框

抽样框（sampling frame）又称抽样范围，指的是开展一次直接抽样时总体中所有抽样单位的名单。比如，从一所中学的全体学生中直接抽出200名学生作为样本，这所中学全体学生的名单就是这次抽样的抽样框。如果是从这所中学的所有班级中抽出部分班级的学生作为调查的样本，此时的抽样框就不再是全校学生的名单，而是全校所有班级的名单了。因为此时的抽样单位已不再是单个的学生，而是单个的班级。

6. 参数值

参数值（parameter）也称总体值，是关于总体中某一变量的综合描述，或者说是总体中所有元素的某种特征的综合数量表现。在统计中最常见的总体值是某一变量的平均值。比如，某市待业青年的平均年龄、某厂工人的平均收入等，它们分别是关于某市待业青年这一总体在年龄这一变量上的综合描述，以及某厂工人这一总体在收入这一变量上的综合描述。需要说明的是，总体值只有通过对总体中的每一个元素都进行调查或测量才能得到。

7. 统计值

统计值（statistic）也称样本值，是关于样本中某一变量的综合描述，或者说是样本中所有元素的某种特征的综合数量表现。样本值是从样本的所有元素中计算出来的，它是相应的总体值的估计量。比如，样本的平均值就是通过对样本中的每一个元素进行调查或测量后计算出来的，它是相应的总体平均值的估计量。抽样的目的之一，就是通过样本值去估计和推断各种总体值。由于从一个相同的总体中可以根据不同的抽样设计得到若干个不同的样本，所以，从每一个样本中所得到的估计量，都只是总体的许多个可能的估计量中的一个。抽样设计的目标，就是尽可能使所抽出的样本的估计量接近总体的参数值。

**二、抽样的类型**

根据抽取对象的具体方式，我们把抽样分为各种不同的类型。从大的方面看，各种抽样都可以归为概率抽样与非概率抽样两大类。这是两种有着本质区别的抽样类型。概率抽样是依据概率论的基本原理，按照随机原则进行的抽样，因而它能够避免抽样过程中的人为误差，保证样本的代表性；而非概率抽样则主要是依据研究者的主观意愿、判断或是否方便等因素来抽取对象，它不考虑抽样中的等概率原则，因而往往会产生较大的误差，难以保证样本的代表性。本章的大部分内容将主要涉及概率抽样的方法，因为它是目前用得最多也是最有用处的抽样类型。而对于非概率抽样方法的介绍只占很小的篇幅。

在概率抽样与非概率抽样这两大类中，还可细分出若干不同的形式，具体情况见图 5-1。

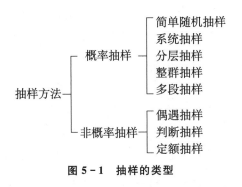

**图 5-1　抽样的类型**

## 第二节　概率抽样的原理与程序

### 一、概率抽样的基本原理

抽样的目的在于通过样本的统计值来相对准确地勾画出总体的面貌。概率抽样的方法可以帮助我们实现这一目标，并且可以对这种勾画的准确程度做出估计。随机抽取是这一过程的关键。所谓随机抽取（random selection），就是保证总体中的每一个个体都有同等的机会入选样本。或者说，总体中的每一个成员被抽到的概率相等（也即被抽到的机会相等）。而且，任何一个个体的入选与否，与其他个体毫不相关、互不影响。或者说，每一个个体的抽取都是相互独立的，是一种随机事件。为了理解事件的随机性与事件发生的概率之间的关系，最好的例子也许是投掷硬币。

对于投掷硬币的结果（总体）来说，只有正面和反面（个体）两种可能。每次投掷硬币相当于一次抽样过程（从两种可能性中抽取一种），这种抽样是随机的（两种可能性都可能出现，且出现的机会均等）。尽管一次具体的随机抽样（一次投掷）只会有一种结果，即出现某一种情况（正面或反面）；但是若干次不同的抽样的结果，却总是趋向于两种情况出现的次数各为总次数的 50%，即趋向于两种不同结果本身所具有的概率，或者说趋向于总体内在结构中所蕴含的随机事件的概率。这个例子告诉我们，在各种随机事件的背后，存在着事件发生的客观概率，正是这种概率决定着随机事件的发展和变化规律。概率抽样之所以能够保证样本对总体的代表性，其原理就在于它能够很好地按总体内在结构中所蕴含的各种随机事件的概率来构成样本，使样本成为总体的缩影。

### 二、抽样分布及其特点

抽样分布是根据概率的原则而成立的理性分布，它显示出从一个总体中不断抽取样本时，各种可能出现的样本统计值的分布情况。在概率统计中，有一个对抽样分布十分有用的"中心极限定理"。这一定理指出：在一个含有 $N$ 个元素且平均数为 $\mu$、标准差为 $\sigma$ 的总体中，抽取所有可能的含有 $n$ 个元素的样本［根据组合公式计算，全部可能的样本数目为 $m = C_N^n = \dfrac{N!}{(N-n)! \; n!}$］。若分别用 $\overline{X}_1$，$\overline{X}_2$，…，$\overline{X}_m$ 来表示这 $m$ 个样本的平均数，那么，样本平均数 $\overline{X}_i$ 的分布将是一个随 $n$ 愈大而愈趋于具有平均数 $\mu$ 和标准差 $\dfrac{\sigma}{\sqrt{n}}$ 的正态分布。

这一定理说明：当 $n$ 足够大时（通常假定大于 30），无论总体的分布如何，其样本平均数所构成的分布都趋于正态分布。它的形状如图 5-2 所示。

这种抽样分布具有单峰和对称的特点，因而其平均数、众数和中位数

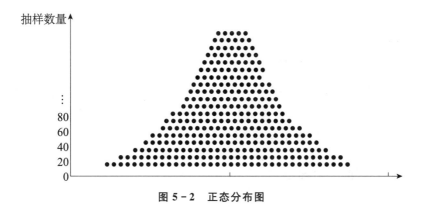

图 5 - 2  正态分布图

都相同。这就是说，$\mu$ 既是抽样分布的平均数，也是次数最多的值（众数），且其两边的样本数相同（即中位数）。还可以证明，全部样本平均数的平均数正好等于总体的平均数，即有 $\dfrac{\sum\limits_{\lambda=1}^{m}\overline{X}_i}{m}=\mu$；而全部样本平均数的标准差（也称标准误差或标准误，记为 $SE$）则等于总体标准差除以 $\sqrt{n}$，即 $SE=\sqrt{\dfrac{\sum\limits_{\lambda=1}^{m}(\overline{X}_i-\mu)^2}{m}}=\dfrac{\sigma}{\sqrt{n}}$。（证明从略，详细的证明可参阅专门的概率与统计著作。）

更为重要的是，由于平均数的抽样分布是正态分布，其平均数的次数就是正态曲线下的面积。而根据概率统计理论，正态分布曲线下的任何部分的面积都是可以用数学方法推算的。因此，任何两个数值之间的样本平均数次数所占的比例是可以求得的。比如，有 68.26% 的样本平均数在 $\mu\pm SE$ 这两个数值的范围内；类似地，大约有 95% 的样本统计值（95.44%）落在总体参数值正负两个标准差范围内，即 $\mu\pm 2SE$；大约有 99% 的样本统计值（99.74%）落在总体参数值正负三个标准差范围内，即 $\mu\pm 3SE$。在实际应用中，人们更多地采用下列几个数字：

有 90% 落在 $\mu\pm 1.65SE$ 之间；

有 95% 落在 $\mu\pm 1.96SE$ 之间；

有 98% 落在 $\mu\pm 2.33SE$ 之间；

有 99％落在 $\mu\pm2.58SE$ 之间。

从反面来考虑这一结论，我们就会有以下推论：对于任何一次随机抽样来说，其样本的统计值落在总体参数值正负 1.65 个标准差之间的概率是 90％，落在总体参数值正负 1.96 个标准差之间的概率是 95％，落在总体参数值正负 2.33 个标准差之间的概率是 98％，落在总体参数值正负 2.58 个标准差之间的概率是 99％。

### 三、抽样的一般程序

虽然不同的抽样方法具有不同的操作要求，但它们通常都要经历以下几个步骤。

1. 界定总体

界定总体就是在具体抽样前，首先对从中抽取样本的总体范围做明确的界定。这一方面是由抽样的目的决定的。因为抽样虽然只对总体中的一部分个体实施，但其目的却是描述和认识总体的状况与特征，是发现总体中存在的规律性，因此必须事先明确总体的范围。另一方面，界定总体也是达到良好的抽样效果的前提条件。如果不清楚明确地界定总体的范围与界限，那么，即使采用严格的抽样方法，也可能抽出对总体严重缺乏代表性的样本来。

在这方面最为著名的例子是 1936 年美国总统大选的民意测验。总统选举投票前，《文摘》杂志寄出 1 000 万张询问投票倾向的明信片，然后依据收回的 200 万份结果极其自信地预测共和党候选人兰登将以领先 15％的得票率战胜民主党候选人罗斯福而当选总统。然而，选举结果使预测者们大失所望：获胜者不是兰登，而是罗斯福，并且其得票率反超兰登 20％!《文摘》杂志的声誉一扫而光，不久就因此而关了门。

是什么导致《文摘》杂志的预测失败了呢？除了抽样方法的非随机性、回收率过低等外，对抽取样本的总体缺乏清楚的认识和明确的界定也是极为重要的原因。因为它当时抽样所依据的并不是美国全体已登记的选民名单，而是电话号码簿和汽车登记簿，借此来编制抽样框，再从这些号码中抽取。这样一来，那些没有电话和私人汽车的选民就被排除在抽样总体之外了。而在当时，受 1933 年开始的美国经济大萧条的影响，一方面大量人口滑落到下等阶层，另一方面此时的劳动阶层选民希望选个民主党人当总统，因而很多人愿意投票。结果，这些未被民意测验抽到的较穷的选民压倒性地多数投了罗斯福的票，使《文摘》杂志的预测遭到惨败。

这一实例告诉我们，要有效地进行抽样，必须事先了解和掌握总体的结构及各方面的情况，并依据研究的目的明确地界定总体的范围。样本必须取自明确界定后的总体，样本中所得的结果也只能推广到这种最初已做出明确界定的总体范围中。

2. 制定抽样框

这一步骤的任务就是依据已经明确界定的总体范围，收集总体中全部抽样单位的名单，并通过对名单进行统一编号来制定供抽样使用的抽样框。例如，如果我们要在某大学进行一项该校大学生职业观抽样调查，那么，第一步是对总体进行界定。比如，调查的总体是该大学所有在读的全日制本科生和研究生。这样，该校专科生、进修生和其他一些不符合上述界定的学生就被排除在总体之外了。而制定抽样框这一步的工作，就是要收集全校各系所有在读全日制本科生和研究生的花名册，并按一定的顺序将全部花名册上的名字统一编号，形成一份完整的、既无重复又无遗漏的总体成员名单，从而为下一步抽取样本打下基础。

需要注意的是，当抽样是分几个阶段、在几个不同的抽样层次上进行时，则要分别建立起几个不同的抽样框。比如，为了解某市小学生的学习情况，需要从全市 100 所小学中抽取 10 所小学，再从每所抽中的小学中抽取 3 个班级，最后从每个抽中的班级中抽取 10 名小学生。那么，就要分别收集并排列全市 100 所小学的名单、每所抽中的小学里所有班级的名单，以及每个抽中的班级中所有学生的名单，形成三个不同层次的抽样框。

3. 决定抽样方案

从前面有关抽样类型的介绍中，我们已经了解到具体的抽样方法有好几种。而从后面几节对这些方法的介绍中我们将会看到，各种不同的抽样方法都有自身的特点和适用范围。因此，对于具有不同研究目的、不同范围、不同对象和不同客观条件的社会科学研究来说，所适用的抽样方法也不一样。这就需要我们在具体实施抽样之前，依据研究的目的要求、各种抽样方法的特点，以及其他有关因素来决定具体采用哪种抽样方法。除了抽样方法的确定以外，还要根据要求确定样本的规模以及主要目标量的精确程度。

4. 实际抽取样本

实际抽取样本的工作就是在上述几个步骤的基础上，严格按照所选定的抽样方法，从抽样框中抽取一个个的抽样单位构成样本。依据抽样方法的不同，以及抽样框是否可以事先得到等因素，实际的抽样工作既可能在研究者到达实地之前就完成，也可能需要到达实地后才能完成。即既可能先抽好样本，再对预先抽好的对象进行调查或研究，也可能一边抽取样本一边开始调查或研究。

## 第三节 概率抽样方法

概率抽样是按照概率原理进行的，它要求样本的抽取具有随机性。概率抽样有若干种不同的形式，每一种具体的形式有着各自不同的特点。下面对几种基本的概率抽样方法逐一进行介绍。

### 一、简单随机抽样

简单随机抽样（simple random sampling）又称纯随机抽样，是概率抽样的最基本形式，是指按等概率原则直接从含有 $N$ 个元素的总体中随机抽取 $n$ 个元素组成样本（$N>n$）。常用的方法类似于抽签，即为总体的每一个单位编号，将这些号码写在一张张小纸条上，然后放入一容器（如纸盒）中，混合均匀后，从中任意抽取小纸条，直到抽够预定的样本数目。这样，由抽中的号码所代表的元素组成的就是一个简单随机样本。这种方法比较简便易学。但当总体元素很多时，写号码的工作量就很大，也不容易混合均匀，因而此法往往在总体元素较少时使用。

对于总体元素很多的情形，我们则采用随机数表来抽样。本书后附有一张随机数表（见附录一），表中的数码和排列都是随机形成的，没有任何规律性（故也称为乱数表）。利用随机数表进行抽样的具体步骤如下：

（1）先编制好抽样框（即总体成员名单）；

（2）将总体中所有成员一一按顺序编号；

（3）根据总体规模是几位数来确定从随机数表中选几位数；

（4）以总体的规模为标准，从随机数表的任意一行和任意一列的某一个数字开始，对数表中的数字逐一进行衡量并决定取舍；

（5）根据样本规模的要求选择出足够的数字个数；

（6）依据从随机数表中选出的数字，到抽样框中找出它所对应的元素。

按上述步骤选择出来的元素的集合，就是所需要的样本。举例来说，某总体共 3 000 人（四位数），需要从中抽取 100 人作为样本进行调查。首先，我们要得到一份总体成员的名单，对总体中的每一个人从 1 到 3 000 进行编号。然后根据总体的规模，从随机数表中选择四位数。具体的选法是从随机数表的任意一行和任意一列的某一个四位数开始，按照从上到下的顺序，或者从左到右的顺序，以 3 000 为标准，对随机数表中依次出现的每个四位数进行取舍：凡遇到小于或等于 3 000 的数就选出来，凡大于 3 000 的数以及已经选出的数则不要，直到选够 100 个数为止。最后，按照所抽取的数字从总体名单中找到它们所对应的 100 个成员，这 100 个成员就构成了一个随机样本。表 5-1 就是对 3 000 人的总体进行抽样时，我们采用随机数表对四位数码进行取舍的例子（采用后四位数，并按从上往下的顺序）。

表 5-1    随机数表抽样示例

| 随机数表中的数字 | 选用的数字 | 不选用的原因 |
| --- | --- | --- |
| 8432990906 | 0906 | |
| 1053873020 | | 后面四位数大于 3 000 |
| 9427410041 | 0041 | |

续表

| 随机数表中的数字 | 选用的数字 | 不选用的原因 |
| --- | --- | --- |
| 0139022507 | 2507 | |
| 9361404310 | | 后面四位数大于 3 000 |
| 1359866042 | | 后面四位数大于 3 000 |
| 6321912683 | 2683 | |
| 9420582507 | | 与所选的第三个数码重复 |
| 2725651176 | 1176 | |

如果采用前四位数字，仍按从上往下的顺序，那么从表 5－1 中我们又可以抽取出 1053、0139、1359、2725 这四个号码。

## 二、系统抽样

系统抽样（systematic sampling）又称等距抽样或间隔抽样，是指先把总体的个体进行编号排序，再计算出某种间隔，最后按这一固定的间隔抽取个体的号码来组成样本。它和简单随机抽样一样，需要有完整的抽样框，样本的抽取也是直接从总体中抽取个体，无其他中间环节。

其具体步骤如下：

（1）给总体中的每一个个体按顺序编号，即制定出抽样框。

（2）计算出抽样间距。计算方法是用总体的规模除以样本的规模。假设总体规模为 $N$，样本规模为 $n$，那么抽样间距 $K$ 就由下列公式求得：

$$K（抽样间距）=\frac{N（总体规模）}{n（样本规模）}$$

（3）在最前面的 $K$ 个个体中，采用简单随机抽样的方法抽取一个个体，记下这个个体的编号（假设所抽取的这个个体的编号为 A），它称作随机的起点。

（4）在抽样框中，自 A 开始，每隔 $K$ 个个体抽取一个个体，即所抽取个体的编号分别为 A，A＋K，A＋2K，…，A＋$(n-1)$ K。

（5）将这 $n$ 个个体合起来，就构成了该总体的一个样本。

系统抽样较之于简单随机抽样来说，显然简便易行多了，尤其是当总体及样本的规模都较大时更是如此。值得注意的是，系统抽样的一个十分重要的前提条件，是总体中个体的排列，相对于研究的变量来说，应是随机的，即不存在某种与研究变量相关的规则分布；否则，系统抽样的结果将会产生极大的偏差。因此，我们在使用系统抽样方法时，一定要注意抽样框的编制。特别要注意下列两种情况：一是个体的排列不能具有某种次序、等级上的高低的情况，二是个体的排列不能有与抽样间隔相对应的周期性分布的情况。否则都可能产生有严重偏差的样本。

### 三、分层抽样

分层抽样（stratified sampling）又称类型抽样，是指先将总体中的所有单位按某种特征或标志（如性别、年龄、职业或地域等）划分成若干类型或层次；然后在各个类型或层次中采用简单随机抽样或系统抽样的方法抽取一个子样本；最后，将这些子样本合起来构成总的样本。例如，在一个企业中抽取职工样本时，我们可以先把职工总体分为工人、干部和技术人员三大类；然后，采用简单随机抽样或系统抽样的方法，分别从这三类职工中抽取三个子样本；最后，将这三个子样本合起来构成全体职工的样本。

分层抽样方法的一个优点，就是在不增加样本规模的前提下降低抽样误差，提高抽样的精度。因为总体的同质性程度越高，样本就越容易反映和代表总体的特征和面貌；而总体的异质性程度越高，样本对总体的反映和代表就越困难。采用分层抽样的最基本目的，正在于把异质性较强的总体分成一个个同质性较强的子总体，以便提高抽样的效率，达到更好的抽样效果。分层抽样方法的另一个优点，就是非常便于了解总体内不同层次的情况，以及对总体中不同的层次进行单独研究，或者进行比较。

在实际运用分层抽样方法时，研究者需要考虑下列两个方面的问题。

（1）分层的标准问题。同一个总体可以按照不同的标准进行分层，或者说，根据不同的标准可以将一个总体分成不同的类别或层次。那么，在实际抽样中究竟应该按什么标准来分层呢？通常采用的原则如下：

第一，以所要分析和研究的主要变量或相关的变量作为分层的标准。比如，若要研究居民的消费状况和消费趋向，可以以居民家庭人均收入作为分层标准；又如，要了解社会中不同阶层的人员对社会经济改革的看法，可以以人们的职业作为分层的标准。

第二，以保证各层内部同质性强、各层之间异质性强、突出总体内在结构的变量作为分层变量。比如在工厂进行抽样时，可以以工作性质作为分层标准，将全厂职工分为干部、工人、技术人员、后勤人员等几类来进行抽样。

第三，以那些已有明显层次区分的变量作为分层变量。比如在社会科学研究中，性别、年龄、文化程度、职业等，就经常被用作分层的标准。除此之外，还有学生按年级、专业、学校类型分层，城市按人口规模分层等。

（2）分层的比例问题。分层抽样中有按比例和不按比例分层两种方法。按比例分层抽样是指按总体中各种类型或层次的比例来抽取子样本的方法。采取按比例分层抽样的方法，可以确保得到一个在某种特征上与总体结构完全一样的样本。但是，在有些情况下，又不宜采用这种方法。例如，有时总体中有的类型或层次的个体数目太少，若以按比例分层的方法抽样，则有的层次的样本中个体不足，不便于了解该层次的整体情况，这时往往要采取不按比例分层抽样的方法。但需要注意的是，采用不按比例分层抽样的方法，主要是便于对不同层次的子总体进行专门研究或进行相互比较，但若要用样本资料推断总体，则需要先对各层的数据资料进行加权处理，即通过调整样本中各层的比例，使数据资料恢复到总体中各层实际的比例结构，否则就会导致推断的偏误。

**四、整群抽样**

整群抽样（cluster sampling）是指从总体中随机抽取一些小的群体，然后由所抽出的小群体内的所有元素构成样本。这种小的群体可以是居民家庭，可以是学校中的班级，也可以是工厂中的车间，还可以是城市中的社区等。整群抽样中对小群体的抽取可采用简单随机抽样、系统抽样或分层抽样的方法。总之，整群抽样与前几种抽样的最大差别在于，它的抽样单位不是单个的个体，而是成群的个体。举例来说，假设某大学共有200个班级，每班都有30名学生，总共有6 000名学生。现要抽300名学生作为样本。如果我们采用整群抽样的方法，就不是直接去抽一个个的学生，而是从全校 200 个班级中，采取简单随机抽样的方法（或是系统抽样、分层抽样的方法）抽取 10 个班级，然后由这 10 个班级的全部学生（300 名）构成样本。

采取整群抽样的方法，不仅可以简化抽样的过程，更重要的是可以降低收集资料的成本，同时还能相对地扩大抽样的应用范围。在简单随机抽样和系统抽样中，都要求有一份所有成员的名单，即抽样框。但在实际过程中，这样的名单往往难以获得。有时即使可以获得，真正运用起来也十分麻烦。因此，上述两种抽样方法的应用范围会受到一定限制。例如，要在一个有 10 万户家庭的城市中抽取 1 000 户家庭进行调查，若按上述两种方法，就必须首先弄到一份这 10 万户家庭的名单。而在实际调查中，这样的名单往往是很难弄到的。这时，如果采用整群抽样的方法，按社区来编制抽样框，假设全市共有 200 个社区，每个社区有 500 户左右的家庭，那么我们只需弄到一份 200 个社区的名单，并按上述第一种或第二种抽样方法从中抽取两个社区，将这两个被抽中的社区中的所有家庭户作为我们的样本就行了。从这一例子中，我们不难看出整群抽样所具有的优点。

但是，也应该看到，整群抽样所具有的简便易行、节省费用的优点，是以其样本的分布面不广、样本对总体的代表性相对较差等缺点为代价的。由于整群抽样所得样本中的个体相对集中，而涉及的面相对狭小，故在许多情况下会导致样本的代表性不足，使得结果的偏差较大。拿上面的例子来说，从 200 个社区中抽取的两个社区所包含的 1 000 户家庭，显然会受到具体的地理、职业等社区条件和环境的限制，往往难以体现出整个城市的不同地段、不同职业区、不同生活区居民家庭的特点。这 1 000 户家庭对全市家庭的代表性，比起用简单随机抽样或者系统抽样和分层抽样的方法抽取的 1 000 户家庭来说，往往要差一些。

### 五、多段抽样

多段抽样（multistage sampling）又称多级抽样或分段抽样，是指按抽样元素的隶属关系或层次关系，把抽样分为几个阶段进行。在社会科学研究中，当总体的规模特别大，或者总体分布的范围特别广时，研究者一般可采取多段抽样的方法来抽取样本。多段抽样的具体做法是，先从总体中随机抽取若干大群（组），然后再从这几个大群（组）内抽取几个小群（组），这样一层层抽下来，直至抽到最基本的抽样元素为止。比如，为了调查某市青年工人的状况，需要从全市青年工人这一总体中抽取样本，我们可以把抽样过程分为下述几个阶段进行：首先，以企业为单位抽样，即以全市所有企业为抽样框，从中随机抽取一部分企业；然后在抽中的企业里，以车间为抽样单位，从全部车间中抽取若干个车间；最后，再在抽中的车间内抽取青年工人。需要说明的是，在上述每个阶段的抽样中，都要采用简单随机抽样、系统抽样或分层抽样的方法。

在运用多段抽样方法时，有一点需要注意，那就是要在类别和个体之间保持平衡，或者说保持合适的比例。举例来说，假设某市共有 3 万名教师，他们分布在全市 10 个区的 300 所学校中。现在要抽取一个由 1 200 名教师组成的样本。如果按照三阶段抽样的方法，我们就可以有各种不同的抽样选择（见表 5-2）。

表 5-2　　　　　　　　　　　　　不同的抽样选择示例

|  | 第一阶段 | 第二阶段 | 第三阶段 |
|---|---|---|---|
| 方案 1 | 抽 10 个区 | 每个区抽 4 所学校 | 每所学校抽 30 名教师 |
| 方案 2 | 抽 2 个区 | 每个区抽 20 所学校 | 每所学校抽 30 名教师 |
| 方案 3 | 抽 10 个区 | 每个区抽 20 所学校 | 每所学校抽 6 名教师 |
| 方案 4 | 抽 8 个区 | 每个区抽 15 所学校 | 每所学校抽 10 名教师 |
| 方案 5 | 抽 5 个区 | 每个区抽 12 所学校 | 每所学校抽 20 名教师 |
| 方案 6 | 抽 4 个区 | 每个区抽 10 所学校 | 每所学校抽 30 名教师 |
| 方案 7 | 抽 3 个区 | 每个区抽 10 所学校 | 每所学校抽 40 名教师 |
| 方案 8 | 抽 2 个区 | 每个区抽 10 所学校 | 每所学校抽 60 名教师 |
| 方案 9 | 抽 1 个区 | 每个区抽 20 所学校 | 每所学校抽 60 名教师 |

究竟该选择哪一种抽样方案呢？或者说，如何确定每一阶段抽样的单位数目呢？主要考虑的因素有两方面：

（1）各个抽样阶段中的子总体的同质性程度。同质性程度越高的子总体，抽样规模就应相对小一点；反之，应大一点。如果该市的 10 个区中，隶属于不同的区的学校相互之间差别很大，那么就应该加大第一阶段的抽样规模（即应采取方案1）；如果区与区之间的学校在总体上差别不大，而每一个区中，不同的学校相互之间却差别很大，那么就应该减小第一阶段的抽样规模，加大第二阶段的抽样规模（即应采取方案2）；如果区与区之间、学校与学校之间的差别都不大，倒是每所学校中教师与教师之间的差别很大，那么我们就应该尽量加大第三阶段的抽样规模，而相应地减小第一和第二阶段的抽样规模（比如采取方案8和方案9）。

（2）研究者所拥有的人力和经费。一般来说，在其他条件不变的情况下，样本所覆盖的面越大，样本的代表性也就越强。因此，如果仅从这方面考虑，则"大的类别中抽取单元相对较多，而每一单元中抽取个体相对较少"的做法效果较好（即方案3最好，依次递减，方案9最差）。但是，抽样时我们还应从实践的角度来进行考量。抽的区越多、抽的学校越多，同时也意味着收集资料时，调查员要奔波的范围越广，所需要的时间、经费越多，而这是研究者往往最不愿意看到的。所以，如果从这方面来考虑，则"大的类别中相对较少，而每一类中抽取的个体相对较多"的做法效果较好（即方案9最好，依次递减，方案3最差）。

多段抽样的方法适用于总体范围特别大、对象的层次特别多的社会科学研究。由于不需要总体的全部名单，各阶段的抽样单位数一般较少，因而比较容易进行。但由于每级抽样时都会产生误差，故这种抽样方法的误差较大，这是它的主要不足。在同等条件下减少多段抽样误差的方法是，相对增加开头阶段的样本数，而适当减少最后阶段的样本数。所以，当研究者的人力和经费允许时，就要尽可能像上述方案3、方案4、方案5那样去设计。

## 第四节　PPS 抽样

多段抽样中，其实暗含了一个假定：每一个抽样阶段其元素的规模是相同的。以三阶段抽样为例，先抽取街道，再抽取居委会，最后抽取家庭户。第一阶段抽取街道时，暗含了每个街道包含的居委会数量相同；第二阶段从街道抽取居委会时，也暗含了每个居委会包含的家庭数量相同。在这样的假定下，只有采取前述几种随机抽样的方法，第三阶段每户家庭被抽中的概率才是相等的。但现在的问题是，现实社会中，不仅每一个街道包含的居委会数量不同，而且每一个居委会中包含的居民家庭数量也不同。因而按照上述多段抽样的方法来抽取样本时，最终每户家庭被抽中的概率实际上是不相等的。

为了简单说明这种情况，我们以两阶段抽样为例。第一阶段从全市所有居委会中抽取一部分居委会，第二阶段再从抽中的居委会中抽取一部分家庭。假设一个城市有 100 000 户家庭，分属 200 个居委会。如果要从总体中抽取 1 000 户家庭构成样本，我们可能会先从 200 个居委会中随机抽取 20 个居委会（这里暗含了每个居委会规模一样大）；然后，在所抽取的 20 个居委会中，每个居委会随机抽取 50 户家庭。这样，我们总共抽到了 1 000 户家庭。

当居委会的规模大小不一时，情况就会发生变化。比如，甲居委会比较大，有 800 户家庭，乙居委会比较小，只有 200 户家庭。它们在第一阶段都被抽中，第二阶段我们需要分别从它们中抽取 50 户家庭。此时，甲居委会中的家庭被抽中的概率为 $(20/200) \times (50/800) = 1/160$；而乙居委会中的家庭被抽中的概率为 $(20/200) \times (50/200) = 1/40$。乙居委会中家庭被抽中的概率是甲居委会中家庭的 4 倍。

正是由于这种情况，在社会科学研究中，有一种常用的不等概率抽样方法，叫作"概率与元素的规模大小成比例的抽样"（sampling with probability proportional to size），简称 PPS 抽样。PPS 抽样正是为解决上述问题而设计的，其原理可以通俗地理解成以阶段性的（或暂时的）不等概率换取最终的、总体中的等概率。其做法如下：在第一阶段，每个群按照其规模（所含元素的数量）被给予大小不等的抽取概率，即大的群抽取概率大，小的群抽取概率小。但到了抽样的第二阶段，需从每个被抽中的群中都抽取同样多的元素（也是不等概率）。正是这样两个阶段中的不等概率抽样，使得总体中的每一个元素最终都具有同样的被抽中的概率。其实质是这样的：第一个阶段中，大的群被抽中的概率大，小的群被抽中的概率小；到了第二阶段，被抽中的大的群中的元素被抽中的概率小，而被抽中的小的群中的元素被抽中的概率大。正是这一大一小，平衡了群规模的不同所带来的概率差异。我们还可以用下列公式来说明 PPS 抽样的原理：

$$\frac{每一个元素}{被抽中的概率} = \frac{所抽取的}{群数} \times \left(\frac{群的规模}{总体的规模}\right) \times \left[\frac{\frac{平均每个群中}{所要抽取的元素}}{群的规模}\right]$$

比如，前述例子中甲居委会包含 800 户家庭，那么，它在第一阶段被抽中的概率是：

800/100 000＝1/125

在第二阶段，这个群中每一户家庭被抽中的概率是：

50/800＝1/16

那么，这个居委会中每一户家庭最终的被抽中的概率是：

20(所选择的居委会数目)×(1/125)×(1/16)＝1/100

而乙居委会只有 200 户家庭，那么它在第一阶段被抽中的概率是：

200/100 000＝1/500

在第二阶段，这个群中每一户家庭被抽中的概率是：

50/200＝1/4

那么，乙居委会中每一户家庭最终的被抽中的概率是：

20(所选择的居委会数目)×(1/500)×(1/4)＝1/100

这里我们可以看到，无论一个居委会的规模是大是小，每一户家庭始终都具有同样大的被抽中的概率。其实，从上述公式中也可以看到，PPS 抽样的做法已经排除了群的规模这一因素的影响——第一个分子与第二个分母相互约掉了——每一个元素的被选概率变成了所抽取的群数乘以从每个群中所要抽取的元素数，再除以总体的规模。这实际上就是样本规模除以总体规模。

PPS 抽样的方法可以被扩展到多阶段中，只要在中间的每一个阶段都同样依据概率与规模成比例的原则即可，除了最后一个阶段。比如，下面是以先抽街道、再抽居委会、最后抽家庭户的三阶段抽样为例的公式：

$$\frac{每一户居民}{被抽中的概率} = \frac{所选择的}{街道数} \times \left(\frac{街道的规模}{总体的规模}\right) \times 所选择的居委会数$$

$$\times \left(\frac{居委会的规模}{街道的规模}\right) \times \left[\frac{每个居委会中}{\frac{所要抽取的户数}{居委会的规模}}\right]$$

当然从实践上看，由于 PPS 抽样需要知道每一个群的规模，所以做起来并不十分容易。如果我们无法知道每一个街道的居民户数以及每一个居委会的居民户数，我们就无法运用 PPS 抽样。

## 第五节　非概率抽样方法

在社会科学研究中，人们有时还采用非概率抽样的办法来选取样本。非概率抽样不是按照概率均等的原则，而是根据人们的主观经验或其他条件来抽取样本。因而，其样本的代表性往往较小，误差有时相当大，而且这种误差又无法估计。所以，在大规模的正式研究中，一般很少用非概率抽样，常常只是在探索性研究中采用。常用的非概率抽样有以下几种。

### 一、偶遇抽样

偶遇抽样（accidental sampling）又称方便抽样或自然抽样，是指研究者根据现实情况，以自己方便的形式抽取偶然遇到的人作为对象，或者仅仅选择那些离得最近的、最容易找到的人作为对象。如为了调查某市的交通情况，研究者到离他们最近的公共汽车站，把当时正在那里等车的人选作调查对象。其他类似的偶遇抽样还有在街头路口拦住过往行人进行调查，在图书馆阅览室对当时正在阅览的读者进行调查，在商店门口、展览大厅、电影院等公共场所对进出往来的顾客、观众进行调查，利用报纸杂志对读者进行调查，老师对他所教的班级的学生进行调查，以及利用自己的微信朋友圈转发问卷进行调查等。这些都是偶遇抽样的例子。

这种碰到谁就抽取谁的抽样方法往往会被一些人误认为就是随机抽样。仅从表面上看，二者的确有些相似，都排除了主观因素的影响，纯粹依靠客观偶遇来抽取样本；但二者有一个根本的差别，那就是偶遇抽样无法保证研究总体中的每一个成员都具有同等的被抽中的概率。那些研究者最先碰到的、最容易见到的、最方便找到的对象，往往具有比其他对象大得多的被抽中的概率。而这些对象的身上往往又会具有某种特定的特征。比如教师所教班级的学生往往会因受到专业、年级等特征的限制而具有某种特殊性；微信朋友圈则会因研究者的特定身份、角色而具有某一类特定的属性等。正是这些特殊性使我们不能依赖偶遇抽样得到的样本来推论总体。

### 二、判断抽样

判断抽样（judgmental sampling）又称立意抽样或目的抽样（purposive sampling），是指研究者根据研究目标和自己的主观分析来选择和确定研究对象。这种抽样首先要确定抽样标准。由于标准的确定带有较大的主观性，所以，此方法的运用结果如何往往与研究者的理论修养、实际经验以及对对象的熟悉程度有很大关系。

判断抽样的主要优点在于可以充分发挥研究者的主观能动性，特别是当研究者对研究总体的情况比较熟悉、分析判断能力较强、对研究方法与技术十分熟练、研究的经验比较丰富时，采用这种方法往往十分方便。但是由于它仍然属于一种非概率抽样，所以，其所得样本的代表性往往难以判断。在实际中，这种抽样多用于总体规模小、所涉及的范围较窄或因时间和人力等条件有限而难以进行大规模抽样的情况。

### 三、定额抽样

定额抽样（quota sampling）又称配额抽样，是一种比偶遇抽样复杂一些也进步一些的非概率抽样方法。进行定额抽样时，研究者要尽可能地依据那些有可能影响研究变量的因素对总体分层，并找出具有各种不同特征的成员在总体中所占的比例，然后依据这种划分以及各类成员的比例采取偶遇抽样或判断抽样的方式来选择对象，使样本中的成员在上述各种因素、各种特征方面的构成及在样本中的比例都尽量接近总体。这一方法的前提是对总体中各种成员的构成比例有所了解。如果把各种因素或各种特征看作不同的变量的话，那么，定额抽样实际上就是依据这些变量的组合进行的。下面，我们以性别、年级和专业三个因素来解释这种变量的组合及其定额抽样的实施办法。

假设某高校有 4 000 名学生，其中男生占 60%，女生占 40%；文科学生和理科学生各占 50%；一年级学生占 40%，二年级、三年级、四年级学生分别占 30%、20% 和 10%。现在要用定额抽样方法依上述三个变量抽取一个规模为 100 人的样本。根据总体的构成和样本规模，我们可得到定额样本分布表，如表 5-3 所示。

表 5-3　　　　　　　　　　　　100 人的定额样本分布表

| | 男生（60 人） | | | | | | | | 女生（40 人） | | | | | | | |
|---|---|---|---|---|---|---|---|---|---|---|---|---|---|---|---|---|
| | 文科（30 人） | | | | 理科（30 人） | | | | 文科（20 人） | | | | 理科（20 人） | | | |
| 年级 | 一 | 二 | 三 | 四 | 一 | 二 | 三 | 四 | 一 | 二 | 三 | 四 | 一 | 二 | 三 | 四 |
| 人数 | 12 | 9 | 6 | 3 | 12 | 9 | 6 | 3 | 8 | 6 | 4 | 2 | 8 | 6 | 4 | 2 |

表 5-3 的最下面一行就是样本中具有各种特征的学生数目。这一数目是依据总体中的结构分配的，它使得样本在这几个方面与总体保持了一致。可以想象，所依据的类似特征（即变量）越多，样本中成员的分类也将越细，与总体的结构也将越接近。同时我们也可以看出，每增加一个分类特征，这种分布就会复杂一层，抽样就会困难一步。因此，研究者应根据研究的主要目标来进行定额抽样。

定额抽样虽然与前面介绍的分层抽样十分相似，实际上，二者具有本质上的差别。二者虽然都是依据某些特征对总体进行分层，但二者的抽样方法不同。定额抽样方法是通过主观分析来确定和选择组成这种模拟物的成员，注重的是样本与总体在结构比例上的表面一致性；而分层抽样的方法则是完全依据概率原则，排除主观因素，客观地、等概率地在各层中进行抽样，这与定额抽样中那种"按事先规定的条件，采取偶遇方式，有目的地寻找"的做法是完全不同的。

## 第六节 样本规模与抽样误差

### 一、样本规模

样本规模（sample size）又称样本容量，指的是样本中所含个案的多少。确定样本规模也是每一项具体的社会科学研究所必须完成的工作之一。统计学中通常以 30 为界，把样本规模分为大样本（30 个个案及以上）和小样本（30 个个案以下）。之所以这样区分，是因为当样本规模大于 30 时，无论总体的分布如何，其平均数的抽样分布都将接近于正态分布。在这种情况下，可以运用许多统计学的公式，也可以用样本的资料对总体进行推论。但是，需要注意的是，30 个个案的样本规模对于社会科学研究来说常常是不够的，统计学中的大样本与社会科学研究中的大样本并不是一回事。

根据一些社会科学研究者的看法，社会科学研究中的样本规模不能少于 100 个个案。这是因为，在社会科学研究中，研究者不仅仅需要以样本整体为单位来计算平均数、标准差、相关系数等，同时，他们更经常地需要将样本中的个案按不同的指标划分为不同的类别，进而分析不同类别之间的差别、分析不同变量之间的关系。因此，要保证所划分出的每个子类别中都有一定数量的个案，就必须扩大整个样本的规模。比如，要计算某企业职工的平均收入，也许大于 30 个个案的样本就可以了。但是，如果要进一步计算不同年龄的职工群体（青年工人、中年工人、老年工人）或不同岗位职工（干部、工人、技术人员、后勤人员）的平均收入，那么，30 个个案的样本显然不能满足统计的需要。如果将样本中的个案按性别和年龄进一步划分为"青年男性、中年男性、老年男性、青年女性、中年女性、老年女性"六类，或者"男女干部、男女工人、男女技术人员、男女后勤人员"八类，再分别计算每一类个案中的平均数、标准差，所需的

社会科学研究方法

样本规模就更要成倍地增加了。

许多书中都给出了样本规模的计算公式。例如，简单随机抽样中推论总体均值的样本规模计算公式为：

$$n = \frac{t^2 \times \sigma^2}{e^2}$$

其中，$t$ 为置信度所对应的临界值，$\sigma$ 为总体的标准差，$e$ 为抽样误差。而推论总体成数（或百分比）的样本规模计算公式为：

$$n = \frac{t^2 \times p(1-p)}{e^2}$$

其中，$p$ 为总体成数（或百分比），$t$、$e$ 含义同上。

在上述计算公式中，由于置信度是事先确定的，所以其临界值 $t$ 可从标准正态分布表中查出，$e$ 也是研究者根据需要预先确定的，但是总体的标准差、成数或百分比却往往是难以得到的（它们通常是需要在研究中求得的）。因此，在实际抽样过程中，研究者往往无法直接运用上述公式计算所需的样本规模，而只能采取某种变通的办法，比如利用前人所做的关于同一总体的普查或抽样调查资料来计算或估计总体方差，由此得出推论总体均值的样本规模。在计算推论总体成数（或百分比）的样本规模时，我们注意到，$p(1-p)$ 在 $p=0.5$ 时达到最大值。因此，即使我们对 $p$ 一无所知，也可以采取比较保险的办法，取 $p=0.5$，这样，$p(1-p)=0.25=1/4$，上式变为：

$$n = \frac{t^2}{4e^2}$$

表 5-4 就是根据上面的公式，在 95% 的置信度条件下（$t=1.96$）计算出的不同抽样误差所对应的最小样本规模（表中为计算简便，取 $t=2$）。

表 5-4　　　　　　　　　95% 置信度下不同抽样误差所要求的样本规模

| 容许的抽样误差 $e$（%） | 样本规模 $n$ | 容许的抽样误差 $e$（%） | 样本规模 $n$ |
|---|---|---|---|
| 1.0 | 10 000 | 5.5 | 330 |
| 1.5 | 4 500 | 6.0 | 277 |
| 2.0 | 2 500 | 6.5 | 237 |
| 2.5 | 1 600 | 7.0 | 204 |

续表

| 容许的抽样误差 $e$（%） | 样本规模 $n$ | 容许的抽样误差 $e$（%） | 样本规模 $n$ |
|---|---|---|---|
| 3.0 | 1 100 | 7.5 | 178 |
| 3.5 | 816 | 8.0 | 156 |
| 4.0 | 625 | 8.5 | 138 |
| 4.5 | 494 | 9.0 | 123 |
| 5.0 | 400 | 9.5 | 110 |
| | | 10.0 | 100 |

资料来源：de Vaus D A. Surveys in Social Research. London：Allen & Unwin, 1986：63.

表 5-4 依据的是简单随机抽样，对于实际采用的多阶段复杂抽样，要达到同样的精度，还需要乘上它的设计效应 $deff$。根据经验，通常取设计效应为 1.8 或取 2，当然也可以取 2.5 等。$deff$ 取值越大，实际样本的规模也就越大。

### 二、影响样本规模确定的因素

一般情况下，社会科学研究中样本规模的确定主要受到以下四个方面因素的影响：（1）总体的规模；（2）推断的把握性与精确性；（3）总体的异质性程度；（4）研究者所拥有的经费、人力和时间。

1. 总体的规模

样本规模与总体规模有关，这不难理解。按一般的想法，总体越大，样本也要越大，这样才能保证一定的精确度。但是，这种想法并不是绝对正确的。在总体规模很小时，提高样本的规模，的确能够明显地改善抽样的精确度。比如，在总体规模小于 1 000 的情况下，样本占总体 10% 还是30%，结果是相差很大的。但当总体规模大到一定程度时，样本规模的增长与总体并不保持同步。对一组已知的条件（总体的置信度、置信区间和总体特征的方差）来说，当总体规模从 1 000 增大到 500 000 或者更大时，样本的必需数量也应有所增加。但是，样本规模的增加速度大大低于总体规模的增加速度。换句话说，当总体规模达到一定程度时，样本规模的改变量是很小的。

2. 推断的把握性与精确性

抽样的目的往往是从样本去推断总体。影响样本规模确定的第二个因素，就与这种推断的可靠度和精确度密切相关。在社会科学研究中，我们用置信度与置信区间这两个概念来说明样本规模与抽样的可靠度及精确度之间的关系。置信度（confidence level）又称置信水平，指的是总体参数值落在样本统计值某一区间的概率，或者说，总体参数值落在样本统计值某一区间中的把握性程度。它反映的是抽样的可靠度。比如，置信度为95%，指的是总体值落在样本值某一区间的概率为95%，或者说，在对某一总体进行的同样形式的100次抽样中，总体值将有95次落在样本值周围的某一区间内。一般来说，在其他条件一定的情况下，置信度越高，即推断的把握性越大，则所要求的样本规模就越大。比如说，99%的置信度所要求的样本规模，就比95%的置信度所要求的样本规模要大。

上面在探讨置信度时所说的"某一区间"，叫作置信区间。它是指在一定的置信度下，样本值与总体值之间的误差范围，所反映的是抽样的精确度。误差范围越大，精确度越低；误差范围越小，精确度越高。在其他条件一定的情况下，置信区间越小，即样本值与总体值之间的误差范围越小，则所要求的样本规模就越大。比如，置信度为95%时，若误差范围为±5%，需要377个回答者；若误差范围为±4%，需要583个回答者；若误差范围为±1%时，需要6 849个回答者。

### 3. 总体的异质性程度

总体的异质性程度对所需样本规模的影响也十分明显。一般来说，要达到同样的精确度，同质性程度高的总体中所需要的样本规模就小一些；而异质性程度高的总体中所需要的样本规模就大一些。其主要原因是，同质性越高，表明总体在各种变量上的分布越集中，波动性越小，同样规模的样本对总体的反映就越准确。而异质性程度越高，表明总体在各种变量上的分布越分散，波动性越大，同样规模的样本对总体的反映就会越差。比如，当总体中的个体在收入上的差别比较小，或者说收入的分布比较集中时，所抽取的样本中人均收入值的随机波动范围就很小，因而抽样误差也就很小，抽样的精度也就比较高。

### 4. 研究者所拥有的经费、人力和时间

除了以上几种因素外，研究者所拥有的经费、人力和时间，也对样本

规模的大小有着重要影响。从样本的代表性、抽样的精确度考虑，样本规模当然是越大越好；但抽样所得到的样本是要用来进行调查的，样本规模越大，同时也意味着调查所需要投入的经费、人力和时间越多。因此，从抽样的可行性、简便性考虑，样本规模又是越小越好。究竟选择多大规模的样本，往往需要做出选择；而这种选择的一个重要砝码，就是研究者所拥有的经费、人力和时间。

总之，样本规模的确定需要综合考虑各方面因素，没有一成不变的规定。考虑到初学者实践的需要，笔者在这里根据自己多年的观察与实践，将现实中各种调查的样本规模进行归类，提出下列常见样本规模的类别。对于从事各种不同的社会调查项目的读者来说，可以参考这一划分来确定自己的样本规模：

小型调查类，样本规模在 100～300 之间；

中型调查类，样本规模在 300～1 000 之间；

大型调查类，样本规模在 1 000～3 000 之间。

### 三、样本规模与抽样误差

抽样误差（sampling error）是指样本统计值与总体参数值之间存在的偏差，是抽样本身的随机性所引起的。无论采取什么样的抽样方式，这种误差都是不可避免的。但是，抽样误差的大小是可以在样本设计中事先进行限定的。除了抽样误差以外，社会科学研究中还存在另一种误差，即度量误差，它是指调查、测量、记录、填答、汇总等工作中出现的误差。

抽样误差主要取决于总体的分布方差和抽样规模，这两个因素都可以导致抽样误差的增加或降低。当样本规模增加时，样本统计量的随机波动程度就会降低，从而使抽样误差降低。在简单随机抽样中，人们正是以扩大样本规模的方式来达到降低抽样误差的目的的。而分层抽样则是着眼于缩小总体的异质性程度或分布的方差，从而降低样本统计量的随机波动程度，提高样本统计量估计总体参数的精确度。

对于抽样规模与抽样误差之间的关系问题，我们还应该注意两点：

（1）对于比较小的样本来说，样本规模上的很小的一点增加，便会带来精确度方面很明显的提高。比如，在前面的表 5－4 中，当样本规模从 100 增加到 156 时（仅仅增加了 56 个个案），抽样误差就由 10％下降到了 8％。

（2）而对于比较大的样本来说，同样增加这么多个个案，却收效甚微。比如，要使抽样误差从 2％下降到 1.5％，则需要增加 2 000 个个案。因此，许多调查公司通常会将它们的样本规模限制在 2 000 之内，因为当样本规模超过了这一数值时，花费在所增加的样本规模上的人力、物力，相对于提高估计的精确度来说，就有些得不偿失。

# 【思考与实践】

1. 什么是抽样中的随机性？为什么概率抽样的方法能够保证样本对总体的代表性？

2. 分层抽样与整群抽样的具体操作方法是怎样的？二者之间有何异同？什么情况下应选用分层抽样？什么情况下则应选用整群抽样？

3. 如果条件允许，多段抽样中应尽可能扩大哪一级样本的规模？为什么？

4. 在实际社会调查中，有哪些因素会影响到研究者对样本规模的确定？

5. 某市有 300 所小学，共 240 000 名学生。这些小学分布在全市 5 个行政区中。其中重点小学有 30 所，一般小学有 240 所，较差的小学有 30 所。现要从全市小学生中抽取 1 200 名学生进行调查，以了解全市小学生的学习情况。请设计一种抽样方案。

6. 从社会科学期刊中选择三篇研究报告，分析并评价这些研究报告中所采用的抽样方法。

# 第**6**章

# 实验研究

社会科学研究的一个十分重要的目标，是探索和认识各种社会现象发生、发展及变化的原因。在这方面，实验研究的方式发挥着十分重要的作用。实验研究起源于自然科学，同时也更多地在自然科学中得到应用。20世纪开始，社会科学从自然科学那里借鉴了实验的方法，并首先在心理学的研究中进行应用。除心理学外，在社会科学领域中，实验研究的方法还较多地运用于教育学、管理学等学科。

## 第一节 实验的概念与逻辑

### 一、实验及其基本要素

实验（experiment）是一种经过精心的设计，并在高度控制的条件下，通过操纵某些因素来研究变量之间因果关系的方法。实验的基本目标是确定两个变量之间是否具有因果关系。作为一种特定的研究方式，实验有着三对基本要素：（1）自变量与因变量；（2）前测与后测；（3）实验组与控制组。任何一项实验研究，一般都会涉及这些基本要素。可以说，实验研究的这三对基本要素，构成了实验研究所具有的独特的语言。

### 1. 自变量与因变量

正如我们在前面第 2 章中所介绍的，自变量是引起其他变量变化的变量，故也称原因变量，因变量则称结果变量。在实验研究中，自变量又称实验刺激（experimental stimulus），是研究者对实验组进行前后测之间通过操纵引入的变量，而因变量往往是研究所测量的变量。实验研究的中心目标是探讨变量之间的因果关系，其基本内容是考察自变量对因变量的影响，即考察实验刺激对因变量的影响。

### 2. 前测与后测

在一项实验设计中，通常需要对因变量（或结果变量）进行前后两次相同的测量。第一次在给予实验刺激之前，称为前测（pretest）。第二次则在给予实验刺激之后，称为后测（posttest）。研究者通过比较前测和后测的结果，来衡量因变量在被给予实验刺激前后所发生的变化，反映实验刺激（自变量）对因变量产生的影响。这种测量既可以是一次自填式问卷调查，也可以是一项态度测验，还可以是一次结构式观察或结构式访问。

### 3. 实验组与控制组

实验组（experimental group）是实验过程中接受实验刺激的那一组对象。即使是在最简单的实验设计中，也至少会有一个实验组。控制组（control group）也称对照组，它是各方面与实验组都相同，但在实验过程中并不接受实验刺激的一组对象。控制组的作用是向我们展示，如果不接受实验刺激，那么实验组将会发生什么。在实验研究过程中，研究者不仅观察接受实验刺激的实验组，也观察没有接受实验刺激的控制组，并通过比较对这两组对象的观察结果，来分析和说明实验刺激的作用和影响。

## 二、实验的逻辑

如果我们根据某种理论命题得到两个变量之间存在因果联系的假设，或者我们根据经验事实和主观判断，推测现象 $X$ 是造成现象 $Y$ 的原因，即 $X \rightarrow Y$。那么，为了证明这一假设，我们首先要对 $Y$ 进行测量，即先测

量在没有受到 $X$ 的影响之前，$Y$ 的情况如何；然后，通过操纵某些条件，引入被看作自变量和原因的实验刺激，即引入 $X$；接着对引入 $X$ 以后 $Y$ 的情况进行测量，并比较前后两次测量的结果。如果前后两次的情况发生变化，则可以初步认为 $X$ 是导致 $Y$ 发生变化的原因，即有 $X{\rightarrow}Y$。这可以说就是实验研究的最基本分析逻辑（见图 6-1）。

图 6-1　实验研究的最基本分析逻辑示意图

当然，这只是一种最简化的情形，也是一种最理想的情形。实际的社会科学研究中研究者的分析逻辑自然要比这复杂得多。因为整个社会是一个相互联系、相互影响的系统。一般情况下，任何两种事物或现象之间的关系，都会同时受到若干其他事物或现象的影响。要说明这两种事物或现象之间存在因果联系，实际上就意味着我们要排除其他相关事物或现象使因变量发生变化的可能性，即要排除其他各种因素造成因变量 $Y$ 在前后两次测量中所得的结果不同的可能性。

为此，我们需要有一个控制组。对这个控制组来说，它也接受前后两次对因变量 $Y$ 的测量，但却不对其实施实验刺激，即不引入自变量 $X$。这样，在"实验组和控制组两组对象相同"的前提下，我们就可以从实验组前后两次测量之差中，减去控制组前后两次测量之差，从而得到仅由自变量 $X$ 产生的影响。这就是实验研究的分析逻辑中必须有"实验组""控制组"这一对基本要素的原因，同时也是实验研究的基本逻辑的完整体现（见图 6-2）。

实验组：$Y$ 的前测 $\longrightarrow$ 引入 $X \longrightarrow Y$ 的后测
控制组：$Y$ 的前测 $\longrightarrow Y$ 的后测

实验组前后测之差　　控制组前后测之差
└────── 比较 ──────┘

图 6-2　实验研究的基本逻辑示意图

注意到我们在上面所说的"在'实验组和控制组两组对象相同'的前

提下"这句话的含义，自然就会提出另一个重要的问题：如何保证实验组和控制组的对象相同？如果实验组和控制组这两组对象本身就不同，那么，对这两组对象进行前测和后测所得到的结果自然也会不一样，即它们之间的测量结果实际上是不可比较的。这样一来，由两组对象前后测之差相减所得到的，并不就是实验刺激 X 的影响——这其中还夹杂着两组对象本身的差异所造成的影响。正是为了排除这种影响，实验研究又必须面对实验对象选择的问题。

这里，我们先通过一个假设的例子来具体说明实验研究的基本逻辑，以及实验的三组基本要素在实验中所扮演的角色。

假设研究者对某种新的教学方式的效果感兴趣，即他希望探讨"新的教学方式"（自变量）与"学生成绩提高"（因变量）之间的因果关系。他选择了两个各方面情况都差不多的班级，并在开学初对这两个班级的学生进行了相同科目、相同试卷的测验（前测）。然后，在其中一个班级（实验组）按一种新的教学方式进行教学（给予实验刺激），而在另一个班级（控制组）中，仍按照原来的教学方式进行教学。学期末，他再对这两个班级的学生进行第二次相同科目、相同试卷的测验（后测），并对测量结果进行比较。如果两班学生后来的学习成绩相差无几，则说明新的教学方式（实验刺激）并没有起作用；如果只有实验组的成绩提高了，而控制组的成绩没有变化，或者虽然两班学生的成绩都提高了，但实验组学生的成绩提高得更多，则我们可以将此看作新的教学法所起的作用和产生的影响。

除了了解实验研究的基本逻辑外，我们还应注意到进行一项具体实验所必须满足的几个基本条件：

（1）必须建立变量之间因果关系的假设。实验研究的目标就是检验和证明因果关系。因此，变量之间因果关系的假设是实验研究的逻辑起点。在进行一项具体实验时，研究者必须事先建立起两个变量之间因果关系的明确的假设。同时，研究者应了解他所要引入的自变量是什么，他要测量的因变量是什么，特别是要清楚如何引入作为自变量的实验刺激。

（2）自变量必须能够很好地被"孤立"。这就是说，所要引入和观测其效果的变量必须能够与其他变量隔离开，即实验环境能够很好地"封闭"起来。在许多实际研究中，这一点往往是最难做到的。比如，如果研究者希望研究电视节目对儿童行为的影响，他就必须从儿童所受到的家庭影响、学校影响、同辈群体影响和其他大众传媒影响中，严格地"孤立"出"电视的影响"这一因素，显然，这在实践中常常是相当困难的。

（3）自变量（实验刺激）必须是可以改变的，同时也是容易操纵的。最简单的改变是"有"和"无"，而对应的操作则是"给予实验刺激"和"不给予实验刺激"；更为复杂的改变则是程度上的变化，比如"强""中"和"弱"等。其对应的操作则是类似于"十分困难的考试""一般难易程度的考试"和"十分容易的考试"。

（4）实验程序和操作必须能够重复进行。实验作为社会科学研究方法中与自然科学方法最接近、程序和操作也最严格的一种研究方式，可重复性自然是必须具备的重要条件之一。从另一个角度说，实验的可重复性也是实验结果所具有的高确定性的重要基础。

（5）必须具有高度的控制条件和能力。对实验对象（包括实验组和控制组）的严格控制，以及对实验环境的高度把握，共同决定着实验研究结论的准确程度。可以说，控制是实验研究最本质的特征，没有控制就没有实验。因为根据实验的基本逻辑，如果研究者在实验中缺乏适当的、准确的控制，他就无法确定实验所得到的结果究竟是他所假设的因素（自变量）带来的，还是其他一些他未能加以控制的因素带来的。

### 三、实验的特点与意义

实验研究的方式是社会科学研究中最接近自然科学研究的一种方式。其主要特点如下：

（1）严格的因果推断逻辑。科学研究的重要目标是探索和揭示现象之间的因果联系。在这方面，实验研究的方式具有比其他几种社会科学研究方式更为强大的力量。实验研究可以通过随机化地选择实验对象、通过建立实验组与控制组、通过引入和操纵实验刺激、通过进行前测和后测，最终通过比较和分析不同组间的前后测数据，达到令人信服地揭示出变量或现象之间的因果联系的目的。这是实验研究最具吸引力的地方。

（2）人工化的研究背景。相对于其他几种研究方式来说，实验研究的方式带有很强的人工化的痕迹。这是因为实验研究对环境控制的要求很高，在一定程度上可以说它是一种"人工制造"式的研究方式。实验研究所具有的高度控制性、严格的程序性等，在一定程度上都会使得研究的背景脱离社会生活的现实，影响到实验结论的推广和运用。

（3）受到政治、伦理、道德等方面的限制很大。从实际从事实验研究的过程和要求来看，它所受到的限制或许是最多的，其原因就在于它的控制性和操纵性特征。实验研究为了保证因果推断的严格性，需要"孤立"或"净化"实验环境，以排除其他因素的影响。实验研究需要操纵和控制某些变量，需要人为地去改变某些变量的状态，而所有这些操纵、控制和改变一旦放在人的身上，就会遇到现实中各种政治的、伦理的、道德的限制。

正是由于上述特点，真正运用实验研究方式的社会科学研究并不多。但是，尽管如此，我们还是应该了解实验研究的逻辑思想和操作程序。这是实验研究的方式带给我们的最重要的东西。

## 第二节　实验研究的程序与类型

### 一、实验研究的程序

实验研究的方式与其他社会科学研究方式一样，遵循着社会科学研究从选题开始直到得出研究结论的基本逻辑过程。只是由于实验研究在对象选择、研究设计、变量测量、资料收集等方面具有独特性，所以其在具体的研究程序和步骤上与其他研究方式略有不同。纽曼详细列举了实验研究的 12 个具体步骤（见表 6-1）。[①]

---

① Neuman W L. Social Research Methods：Qualitative and Quantitative Approaches. 2nd ed. Boston：Allyn & Bacon，1994：176.

表 6 - 1　　　　　　　　　　　　进行一项实验的步骤

1. 从一个有关因果关系的简单明白的假设开始；
2. 根据实际条件决定一种合适的实验设计用来检验假设；
3. 决定如何引入实验刺激或如何创造一种引入自变量的背景；
4. 制定一种有效的和可信的因变量的测量；
5. 建立实验背景，并对实验刺激和因变量测量进行预实验；
6. 选取合适的实验对象或个案；
7. 随机指派实验对象到不同的组，并对他们进行详细指导；
8. 对所有组中的个案进行因变量的前测；
9. 对实验组进行实验刺激；
10. 对所有组中的个案进行因变量的后测；
11. 告诉实验对象有关实验的真实目的和原因，询问他们的实际感受，尤其是当实验对象在某些方面被欺骗时，这种说明就更为重要了；
12. 考察所收集的资料，进行不同组之间的比较，并运用统计方法决定假设是否被证实。

　　虽然并不是每一项实验都完全包含表 6 - 1 中的所有步骤，同时这些步骤的前后顺序也不一定完全严格地固定不变，但它仍然较好地勾勒出了大多数实验研究的实际过程。我们在此稍做解释。

　　建立因果关系的假设是进行一项实验研究的起点，自变量和因变量越清楚明确，越便于实验的设计和实施。后面我们将会看到多种不同的实验设计形式，它们的复杂程度不同，严格程度不同，结果的准确程度不同，实施的难易程度不同，存在的局限性也不同。因此，每个研究者都必须根据自己的研究所具有的客观条件来决定采用哪种实验设计。实验的自变量引入，是实验研究中既十分关键也十分困难的环节，它对实验研究的效度影响最大。因变量的前测和后测是实验资料的主要来源，其实施方法与我们在第 4 章"测量与操作化"中所介绍的内容比较相似。当然，实验中的测量本身还存在着一些特定的问题，我们在后面将会有所涉及。两组相同或相似的实验对象是进行一项实验的必备条件之一，因而选择这两组对象是实验研究过程中的一项基本任务。实验中的背景建立是一项与其他研究方式有较大区别的环节，它的目的是创造出一种"人工"的环境、"封闭"的环境、"干净"的环境、无其他变量"污染"的环境。为在实验中检验因果关系假设提供条件，常常是研究者需要精心思考、精巧构思的一项任务。实验刺激和因变量测量的预实验，其意义和作用与调查研究中的试调查相似；而对前后测资料的处理和分析则基本上与对调查研究资料的统计分析一样。

## 二、寻找两组相同的对象

根据实验研究的分析逻辑的要求，我们必须有两组各方面都一样的对象。在实际研究中，研究者为了创造出两组相同的对象，往往会采用两种方法：一是匹配；二是随机指派。

### 1. 匹配

匹配（matching）指的是依据各种标准或特征，找出两个完全相同或几乎完全相同的实验对象进行配对，并将其中一个对象分到实验组，而将另一个对象分到控制组。在心理学的实验中，这种方法比较常见。我们通过一个具体的例子来说明匹配的方法，同时对其局限性也进行一定的探讨。

假设我们要进行一项有关中学教育的实验研究，需要选择两组"相同的"学生作为实验的对象。我们可以先对某一个年级的全体学生进行一次智商测验。从学生的智商测验得分表中，我们发现有两个（或以上）学生的智商分数为108，将这两个学生作为一对，并将其中的一个分到实验组，而将另一个分到控制组。同样，我们又发现有两个（或以上）学生的智商分数为112，同样一个组分一个。继续找出这样具有相同智商分数的学生对子，将他们分别分到实验组和控制组，直到找满我们的实验样本所需要的数目为止。用实验的语言来说，我们这样做就是"在智商这一变量上对两组学生进行了匹配"。

应该指出的是，按照我们上面所介绍的方法进行匹配的两组学生，虽然在"智商"这一变量上完全相同，但他们可能在其他一些变量上又很不相同。比如，可能其中一组中女生比例较高，而另一组中男生比例较高，即两个组在"性别"这一变量上的分布有所不同。或者说，"按照智商分数相等"的标准选择出来的这两个组，没有达到在"性别"上"完全相同"的要求。同时，由于男生和女生对待学习的态度不同，学习的方法不同，学习成绩也有所不同，因此，我们还必须进一步根据"性别"对他们进行匹配。

推而广之，这两个组的学生除了在性别上有差别外，还会在类似的许多变量上都有所不同，比如家庭人口的多少、家庭收入的高低、父亲的职业类型等。因此，要保证两个组的对象"完全相同"，我们就必须继续在第三个、第四个直到第 $n$ 个相关的变量上进行匹配。十分明显的是，我们要找出在这样一个、两个或者三个变量上相同的两个对象是容易的，但要找出在所有变量上都相同的两个对象，则是不可能的。

困难来自三个方面：一是现实中往往没有足够的对象供我们选择。因为随着需要保持一致的变量的数目逐渐增加，现实中符合条件的对象的数目将急剧减少。从实践的角度来看，研究者将在这方面遇到难以克服的困难。二是人们的有些特征在实践上是很难测量的，或者说是很难操作化为具体的、可观测的指标的，比如人们的"动机""性格"等。如果我们不能很好地测量"动机"，我们就无法在"动机"这一变量上对我们的对象进行匹配。三是研究者只能在那些他们已经意识到的、对因变量可能有影响的变量上进行匹配，而实际社会生活中还有更多没有被研究者意识到的可能对因变量有影响的因素，这些没有被研究者意识到的变量，显然不会被研究者用在对象的匹配中。

当然，匹配的方法在实际研究中仍具有一定的作用，研究者还是可以在有限的条件下，针对那些与研究所关注的主要问题密切相关的变量来进行匹配，而暂时忽略和放弃其他一些与所研究的问题联系相对不太紧密的变量。只是在这样做的时候应注意，研究的结论应限于一定的范围，下结论时应留有充分的余地。

2. 随机指派

随机指派（randomization）也称随机化，即完全按照随机抽样的原理和方法将实验对象随机地分配到实验组和控制组中。它是研究者用来解决实验中两组对象相同性问题的另一种办法。具体的操作方式如下：

（1）用抛硬币的方式来决定每一个具体的对象是去实验组还是去控制组。比如，假定我们要将 60 名大学生分为实验组和控制组（每组 30 人）。

那么，我们可以从第一个对象开始，根据抛硬币的结果来决定该对象的组别。若硬币正面朝上，则该对象去实验组；若硬币反面朝上，则该对象去控制组。根据概率原理可知，抛硬币时出现正面朝上与反面朝上的概率各为50%，因而实验对象被分到两个组的概率也基本相等。

（2）简单地按单双号来决定每一个对象是去实验组还是去控制组。同样是60名学生，我们首先将他们随意地按顺序排列。然后，将号码为单数的，即1、3、5、7……59号的学生分配到实验组，而将双号的，即2、4、6、8……60号的30名学生分配到控制组。这实际上类似于概率抽样方法中的系统抽样法。

按照上述两种方法，我们就得到了两个在所有变量上都几乎完全一样的小组。或者说，这两个小组的学生在所有变量（包括那些我们尚未认识到的和无法测量的变量）上的分布几乎都是相同的。这是随机指派最为重要的作用。可以说，随机指派为我们创造了几乎完全相同的两组对象。之所以说"几乎"完全相同，是因为随机指派仍然存在误差，特别是当对象的数量比较小时，这种误差可能还会很大。所以，在可能的情况下，实验对象应达到一定的数量。

配对方法的实质是尽可能使实验组和控制组中的成员在许多重要的个人特征上完全一样，而随机指派方法的实质则是依据与随机抽样完全一样的原理，用概率论来控制各种干扰变量的出现。不难理解，当我们根据随机指派的方法，从一个总体中选出两个群体时，各种干扰变量会以同样的方式对两个群体产生影响。因为根据概率论，此时所选出的两个群体基本上是两个完全相同的群体。换句话说，虽然随机指派的方法不能确切地告诉我们究竟控制了什么，但实际上它却几乎控制了一切因素。因此，尽管两个群体中的个体之间不会一一对应，但两个群体在整体上是基本相同的。

### 三、对自变量的操纵

当研究者能够决定他的实验对象将经历什么，或将接受什么处理和安排时，我们就说他能够操纵自变量。比如，如果研究者能够决定实验组的学生在新的学期中将接受运用新的教学法的教学，我们就说这个研究者能够操纵自变量——"新的教学法"。

实验中对自变量的操纵常常体现在如何恰当地"制造出"这个自变量上。比如，如果我们的假设是"在紧张情景中，吸烟者会吸更多的烟"，那么，"紧张"和"香烟的消耗"是两个主要的变量，其中"紧张"是自变量，它一般可以定义为人们在心理上、精神上的一种压力或负担。用实验来检验这一假设时，前提之一就是在实验中制造出"紧张"来。然而，许多对社会科学研究者来说十分感兴趣的变量通常都不能够被操纵。比如，社会科学研究者通常要探讨学生的家庭背景或个性特征等是否会影响他们的择业倾向，而学生的这些特征是研究者无法操纵的，即研究者无法使某个学生的这些特征发生改变。因此，我们往往无法用实验来研究这种关系。与实验相反，调查正好适合这种研究。

除此以外，社会科学研究者还会由于政治的、伦理的限制而不能操纵一些变量。比如，我们不能为了研究人的社会化过程，而把一部分儿童同社会隔离开来，即制造出"缺乏社会接触"这一自变量，以比较这些儿童的成长与那些正常生活在社会中的儿童的成长之间的差别。我们也不能去人为地让一对夫妇离婚，以观察父母离婚对其子女成长的影响。因此，许多社会科学研究者十分感兴趣的变量不能被操纵，正是造成社会科学研究者较少采用实验研究方式的一个重要原因。

**四、实验的分类**

1. 实验室实验与实地实验

严格的实验研究通常在实验室内进行，当然实验也可以在现实社会生活中进行。前者称为实验室实验（laboratory experiment），后者称为实地实验（field experiment）。在心理学、社会心理学中，实验室实验的例子更多，例如通过实验探讨"群体一致性的规范"对人们的行为所形成的压力和影响。实验在一个专门的实验室进行，每次安排四名实验对象进入实验室。研究者首先告诉实验对象他们正在参加一项有关观察和判断的实验（实验的表面目的）。黑板上共画有四条直线，上面的三条竖线由短到长，差别明显，下面的一条横线与三条竖线中长短居中的那条长度相等。研究者逐个询问实验对象："横线与三条竖线中哪一条长度相等？"第一个实验对象回答："与最长的那条竖线相等。"第二个、第三个实验对象也做出了相同的回答。第四个实验对象从一开始就觉得横线与中间那条竖线等长，可随着前面一个个回答者做出回答，他开始出现动摇，并最终在轮到自己回答时，违心地做出了与前面三个实验对象一致的回答："与最长的那条竖线相等。"实际上，前三个实验对象都是研究者的同谋，他们故意做出与事实不一致的回答。此实验研究的实际目的是考察最后回答问题的那些实验对象是否会屈从于群体一致性的规范和压力。

在实验室实验中，实验背景和变量都相对容易控制，实验环境可以被较好地"封闭"，实验者能够比较清楚确切地观察到自变量对因变量的影响。这是实验室实验的主要优点。但实验室实验在实验内容上局限性比较大，即许多社会科学研究者感兴趣的内容常常无法在小小的实验室中被人工制造出来。与此相联系的另一个缺点是，实验室实验的结果在推广性、普遍性和概括性上往往较差。原因之一是较多的实验室实验都是以大（中）学生为实验对象，而他们与社会中的普通居民之间存在着许多差别。原因之二是实验室的环境与现实的社会生活环境之间的差别也很大。与此相反，实地实验中，研究者可以在真实的社会生活背景中观察到人们自然的反应。但同时研究者却又常常难以对众多有可能影响因变量的实验背景、实验条件进行控制，难以孤立出自变量的独立影响。他所能做的工作仅仅是观察发生了什么事情，即仅仅是对他无法控制的现象所产生的可能的影响进行测量。

2. 标准实验与准实验

从前面的介绍中我们得知，实验设计必须具有一些必备的条件，比如随机指派实验对象以形成两个或多个相同的组、前测和后测、实验环境的封闭、实验刺激的控制和操纵等。这样的实验通常称作标准实验。然而，对于社会科学研究者来说，进行类似于自然科学中或者心理学中常见的诸如实验室实验那样十分严格、十分完备的标准实验的可能性不大。社会科学研究的对象和内容常常在许多方面限制了这种严格的实验设计在现实社会中的应用。比如，他们有时不能完全控制对自变量的操纵，有时只能进行后测，有时又不能将被试随机分配到不同的实验条件中。总之，他们常常无法对实验环境进行高度的控制。

上述各种缺乏实验设计中一个或多个"条件"或"部分"的实验，被称作准实验设计（quasi-experimental designs）。这一概念是 D. T. 坎贝尔和 J. C. 斯坦利于 1966 年首创的。"准"是"类似于""接近于""几乎是"或者"半"的意思（有的著作直接将其译为半实验）。坎贝尔和斯坦利指出，通过仔细地选择被试群体和测量方法，我们可以建立"在产生正确因果推论的能力上与真实实验相近的研究设计"。因此，准实验设计是在更好的实验设计无法实行的时候所使用的有实用价值的设计。

从变量分析的角度来看，准实验设计可以说是处在以相关分析为特征的调查研究与以因果分析为特征的实验研究之间。准实验设计有以下几种常见类型：

（1）具有不等同组的仅有后测的设计。这种设计有一个具有实验刺激和仅有后测的实验组，一个仅有后测的控制组，但实验组与控制组之间并不具有相同性或相似性，即两组不等同，同时对实验刺激缺乏控制，如图 6 - 3 所示。

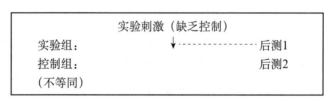

图 6 - 3　具有不等同组且仅有后测的设计示意图

（2）具有前测和后测的单组设计。这种设计仅有一个实验组，有前测和后测，也有实验刺激，但是无控制组，如图 6 - 4 所示。

图 6 - 4　具有前测和后测的单组设计示意图

社会科学研究方法

（3）仅有后测的单组设计。这种设计比单组设计的组成部分更少，只有实验刺激和对实验组的后测。可以说，这是最简单的准实验设计，如图 6-5 所示。

```
┌─────────────────────────────────────────────────┐
│                      实验刺激                        │
│  实验组：          ↓------------后测1                 │
└─────────────────────────────────────────────────┘
```

**图 6-5　仅有后测的单组设计示意图**

3. 单盲实验与双盲实验

单盲实验（single-blind experiment）是指实验刺激对于实验对象来说是未知的，即实验组和控制组谁被给予了实验刺激，只有研究者知道，实验对象是不知道的。而双盲实验（double-blind experiments）则是指实验刺激对于实验对象和研究者来说都是未知的，即究竟是实验组还是控制组被给予了实验刺激，参与实验的双方（指实验对象和研究者）都不知道，实验刺激是由研究者和实验对象以外的第三者任意分派和给定的。为什么要采用双盲实验呢？先让我们来看看这样一个例子。

心理学家罗森塔尔为了研究教师的期待对学生表现的影响，在一所小学一至五年级的学生中进行了一项实验。他先对全体学生进行了语言能力和思维推理能力的测验，以了解学生的基础。然后，他随机地从每个年级的学生中抽出 20％的学生作为教师期待的对象。他告诉教师说，这 20％的学生有可能比其他学生学得更好（即更有发展潜力）。其实，这 20％的学生与其他 80％的学生的能力和发展潜力相当。当教师对全体学生进行了八个月的教学之后，研究者又对全体学生进行了一次测验。结果发现，受教师期待的这 20％的学生，其成绩全都显著地提高了，教师对他们的评语也比其他学生好。这一实验表明了教师的期待对学生发展所具有的作用和效果。[①]

再来看看另一个例子。在新药的早期实验中，研究者虽然可以按经典实验设计的方式，采取用实验组和控制组进行比较的方法来控制和排除偏

---

① 时蓉华. 社会心理学. 上海：上海人民出版社，1986：59.

误，即给予实验组新药，而不给予控制组新药。通过将两组病人的治疗效果进行对比，可以得出这种新药的效果。但是，即使采用这种控制和比较，仍然有产生偏误的可能。因为它没有控制住某种心理因素的影响。研究者发现，被给予新药这种心理影响（宽慰效果）对病人的影响常常是非常积极的，它导致要评价新药本身的效果十分困难。病人病情好转既有可能是吃了新药的结果，也有可能是病人知道吃了新药而感觉有效，自己的心理因素起了作用，是精神上乐观和愉快的结果。因此，为了控制这种宽慰效果的影响，真正得出新药的效果，研究者首先采用"单盲设计"，即采用给控制组吃"宽心丸"（一种无毒无害无任何作用的面粉团）的方法。这样，两组病人并不知道他们所吃的究竟是新药，还是"宽心丸"，因而他们受到的心理影响是一样的。此时再将两组病人的结果进行对比，就可以得出新药的效果了。

然而，不幸的是，即使研究者采用了"宽心丸"的办法，还是可能会有偏误产生。这就是上面所谈到的研究者的期待对实验结果的影响问题。在一般的实验中，研究者是清楚实验组与控制组在接受实验刺激这方面的区别的。比如在新药效果实验中，研究者知道，实验组所服用的是新药，而控制组服用的是"宽心丸"。这种清楚往往会导致研究者在实验中自觉不自觉地去"发现"或者"期望"新药具有某种"效果"，就像教师自觉不自觉地"看到"那 20％的学生"特别聪明"一样。在新药效果实验中，它会导致研究者自觉不自觉地"看到"实验组的病人"病情好转"。

这些实验结果启示我们：当实验者知道哪些对象是实验组成员、哪些对象是控制组成员时，他们对研究结果和结论的期待也可能影响到实验的进行、影响到行为的测量、影响到对结果的解释。因此，必须排除这种期待的影响。正是出于这种考虑，研究者又进一步设计了一种研究新药效果的"双盲实验"。在这种双盲实验中，作为实验对象的病人和作为实验参与者（或观察者）的医务人员都不知道（双盲）谁被给予了新药，谁被给予了"宽心丸"。这样，医务人员对病人服药以及服"宽心丸"这两种结果的观察就会更加客观，因而对新药实际效果的解释也就会更准确、更科学。这种"双盲"的实验设计能使研究者进一步从其他一些变量中孤立出新药的效果来。

## 第三节 基本实验设计

### 一、经典实验设计

经典实验设计（the classical experiment design）也称古典实验设计，是最基本也最为标准的实验设计。由于经典实验设计中包含了实验设计的全部要素〔实验组、控制组、前测、后测、自变量（实验刺激）、因变量和随机指派〕，故有的著作称它为"双组前后测模式"。其具体图示如图 6-6 所示。

```
实验组：    前测1 ········· 实验刺激 ········· 后测1
控制组：    前测2 ···································· 后测2
```

**图 6-6    经典实验设计示意图**

经典实验设计的实施步骤如下：（1）随机指派实验对象到实验组和控制组；（2）对两个组的对象同时进行第一次测量，即前测；（3）对实验组给予实验刺激，但不对控制组实施这种刺激；（4）对两个组的对象同时进行第二次测量，即后测；（5）比较和分析两个组前后两次测量结果之间的差别，得出实验刺激的影响。

实验刺激的影响＝实验组差分－控制组差分

＝（后测1－前测1）－（后测2－前测2）

经典实验设计之所以要增加控制组，是因为前测实际上也是一种刺激，也会导致后测改变。如果没有控制组，那么，我们就无法说明在对实验组的全部影响中，究竟有多少是真正的影响，多少是前测因素的影响。加上了控制组后，控制组差分所代表的就是这种前测因素的影响。因为控制组并没有被给予实验刺激，唯一的刺激就是前测。这样，用实验组差分减去控制组差分，实际上即等于从总的影响中减去前测因素的影响，所剩下的自然就是实验刺激，即自变量的影响了。

如果实验组差分（的绝对值）比控制组差分（的绝对值）大，则说明实验刺激对因变量有影响；如果实验组差分与控制组差分相等，则实验刺激的影响为零，即自变量对因变量不起任何作用。

我们用一个例子来说明经典实验设计。假定我们要验证这样一个假设：观看电影将使大学生减少对老年人的偏见。首先，我们从学校中随机抽选出若干名大学生，按姓氏笔画将他们排序，然后采用随机指派的方法，将序号为单数的一半学生分到实验组，序号为偶数的另一半学生分到控制组。接着，我们在保证无特殊事件会影响到这两组学生的两周中实施这一实验。我们先用一组涉及对老年人态度的量表对两组学生同时进行一次态度测验，分别得到实验组和控制组的前测态度得分（记为 $Be$ 和 $Bc$）。一周后，我们为实验组的学生放映一场反映老年人生活、困难、需求，以及老年人对社会和家庭的贡献等内容的电影；但控制组的学生不看这场电影。又过了一周，我们再次对这两组学生进行第二次量表测验，分别得到实验组和控制组的后测态度得分（记为 $Ae$ 和 $Ac$）。偏见量表上的得分越高表明对老年人的偏见越大，两次测量得到下列结果。（尽管两个组前测的实际得分可能会由于随机误差而略有差别，这里为方便起见，假定二者相同，都为 85 分。）

$Be=85$，$Ae=45$，$Bc=85$，$Ac=75$，

则 $Ae-Be=45-85=-40$，$Ac-Bc=75-85=-10$，

那么，

$$观看电影所产生的影响=(Ae-Be)-(Ac-Bc)$$
$$=-40-(-10)=-30$$

即观看电影将明显减少大学生对老年人的偏见。

## 二、更为复杂的实验设计

### 1. 索罗门三组设计

从上文所列举的例子中，我们可以看到，前测作为一种刺激，同样对实验对象有一定影响。这一点可以通过控制组差分发现，即就算不给予实

验刺激，第二次测量时，实验对象的偏见也会略有下降。这也正是需要控制组的一个原因，它可以帮我们排除包含在实验组总的差分中的前测的影响。然而，除了前测的影响外，前测和实验刺激之间还会产生某种"交互作用"（interaction effect），即二者互相作用所产生的另一种额外的影响。比如，大学生们从回答前测关于老年人的态度量表中的问题，到看一场有关老年人经历、困难、贡献的电影，他们或许会将二者联系起来，意识到实验的目的可能会与对老年人的偏见有关，因而在后测中做出某种不太真实的回答，以表现出尽可能少的偏见。也就是说，上例的"－30分"中，可能还会包含一部分由前测和实验刺激的交互作用所产生的影响。因此，我们还必须设法排除这种影响，以得出实验刺激真正的效果来。

索罗门三组设计正是针对这一问题的一种实验设计。它是在经典实验设计的基础上，再增加一个控制组后形成的。这个控制组没有前测，只有实验刺激和后测，如图 6-7 所示。

```
实验组：    前测e --------实验刺激---------后测e
控制组1：   前测1 -------------------------后测1
控制组2：              实验刺激---------后测2
```

**图 6-7 索罗门三组实验设计示意图**

由于第二个控制组有实验刺激，而无前测，因而这个组中因变量的任何变化只能归因于实验刺激。但是在实际计算实验刺激的影响时，还需要一个条件，即控制组 2 的前测得分。根据上文所述，我们可以将实验组与控制组 1 的前测平均数作为控制组 2 的前测得分。有了控制组 2，我们还能计算出前测与实验刺激交互作用所形成的影响。

还是以前面的实验为例，假定实验组与控制组的前测均为 85 分，实验组的后测为 45 分，控制组 1 的后测为 75 分，而控制组 2 的后测为 60 分。那么，前测的影响为 10 分（75－85＝－10）。由于这三个组都是采用随机指派的方法构成的，根据概率抽样的原理，三组成员之间的差别很小。因此，我们可以用实验组和控制组 1 的前测得分的平均值来作为控制组 2 的前测得分。这样，控制组 2 的前后测差分就是实验刺激的影响。即有：

$$实验刺激的影响＝后测2－前测2＝60－85＝－25$$

即观看电影可以减少 25 分的偏见程度。那么，实验组原来总共得出的 40 分差分中，前测的影响为 10 分，实验刺激的影响为 25 分，剩下的 5 分就是前测和实验刺激交互作用的影响了。实际上，简单变换一下，就有：

$$交互作用的影响＝实验组总的影响－（前测的影响＋实验刺激影响）$$
$$＝(45－85)－[(75－85)＋(60－85)]$$
$$＝－40－(－10－25)$$
$$＝－5$$

### 2. 索罗门四组设计

尽管三组设计已考虑了多种因素的影响，但实际上仍存在缺陷。因为除了前测、实验刺激，以及二者的交互作用这些出现在实验内部结构中的因素外，还存在实验外部因素的影响。即控制组 1 的差分（75－85）并不完全代表前测的影响，它可能还包括我们所不知道的外部因素的影响；同样，控制组 2 的差分（60－85）也并不完全代表实验刺激的影响，它可能还包括外部因素的影响。正是为了进一步从实验组总的差分中再排除掉这种外部因素的影响，索罗门设计了更为复杂的四组实验设计。这种设计是在三组设计的基础上，再增加一个控制组，该控制组既无前测也无实验刺激，只有一个后测，如图 6-8 所示。

```
实验组：    前测e --------实验刺激----------后测e
控制组1：   前测-----------------------------后测1
控制组2：            实验刺激----------后测2
控制组3：                          后测3
```

**图 6-8  索罗门四组实验设计示意图**

由于控制组 3 既无前测也无实验刺激，所以在控制组 3 中所发现的与前测相比的任何变化就只能是因为受到了实验以外的因素的影响。假设在上面的例子中，增加控制组 3 且后测得分为 83。同样用实验组和控制组

1 的前测平均数 85 作为控制组 3 的前测得分，这样，外部因素的影响就是 83－85＝－2。那么，实验刺激的实际影响为（60－85）－（83－85）＝－23，而不是－25。

从理论上说，四组实验设计应该是最为理想的实验设计，它具有很多的优点，离研究者希望达到的目标最近。但是这种理想的设计实际上包含着许多潜在的假定和前提：假定可以找到足够的实验对象，假定实验环境等其他条件保持不变……这些假定和前提在实践中往往会被逐一打破：寻找实验对象的困难，缺少足够的实验场所或实验设备，实验的时间不够，实验的经费有限，等等，都会使得研究者放弃或退却。

## 第四节　影响实验正确性的因素

实验研究在建立变量之间的因果关系方面优于其他几种研究方式。但它的这一主要优点却是以其在必备条件、操作程序、环境控制等方面的各种限制为代价的。在实际的社会科学研究中，除了霍桑效应那样的带有方法论意义的影响因素外，实验的正确性还受到某些特定因素的影响。其中比较突出的问题有以下几个方面。

### 一、重大事件的影响

由于大多数实验设计需要进行前测和后测，并且常常是对实验对象在实验刺激前后的态度、观念、价值和行为进行测量，而前测和后测之间又往往会相隔相当长一段时间，短则一周、半月，长则半年、一年，因此，出现在前、后测结果上的差异除了体现实验刺激外，还有可能是发生在这一段时间中的某些重大事件的影响的结果。比如，假设我们在进行一项涉及城市居民对城市摆摊经营管理方面的认识和态度的实验，"淄博烧烤"刚好火遍全国。那么，在实验后测中实验对象对城市摆摊经营管理方面的看法和认识上的得分显然会受到这一重大事件的影响。用实验的语言来说，就是除了原来的实验刺激以外，重大事件也成了另一个新的"实验刺激"，其情景如图 6-9 所示。

**图 6-9　重大事件对实验的影响**

这一情况启示我们：在出现某些与实验内容关系密切的重大事件时，实验对象在态度、观念、价值及行为上所发生的变化，不一定全部是实验刺激所致，很可能是实验刺激与其他因素共同作用的结果。

### 二、实验对象的成长所造成的影响

实验对象的成长指的是在实验的前测和后测之间，实验对象在生理上、心理上的成长、成熟及其所带来的变化。这种变化也会对实验结果造成一定的影响，在一些特定的实验中，这种影响会相当大。

比如，在初中阶段，学生们往往会在对异性同学的认识、态度以及在处理与异性同学之间的关系方面处于一种迷惑和矛盾的状态，学校常常通过开设青春期教育课程来帮助和指导学生进行正确的调适。假设为了评价某一青春期教育课程的效果，我们进行了一项实验。一个学年的青春期课程教学也许会对初中生正确认识和处理与异性同学之间的关系、采取正确的态度和行为产生明显的影响，但是，学生在这方面的变化也可以部分地归因于学生在这一年中自身青春期发育所带来的变化的影响。也就是说，即便不开设青春期教育课程，学生们在一年后也会由于自己认识的提高而改变他们原来的态度和行为。因此，我们在实验中还要注意排除这种实验对象成长所带来的影响。

从形式上看，实验对象成长的影响与重大事件的影响有比较大的不同。如果我们把重大事件的影响看作一种外部影响的话，那么，实验对象的成长就可以被看作一种内部的影响，即实验对象自身变化所造成的影响。其情景如图 6-10 所示。

图 6 - 10　实验对象的成长对实验的影响

### 三、初试-复试效应的影响

实验中的前测和后测还具有一个突出的特点：它们的形式、内容完全一样。这是实验方法的基本逻辑所要求的。然而，也正是由于实验方法具有这一特点，容易产生初试-复试的影响问题。

很多参加过不止一次英语托福考试（TOEFL）的人都有这样的经历：后一次考试的成绩往往比前一次高。除了实际英语水平的提高外，每考一次，考生都对考试的形式、内容、重点和答题方法等更加熟悉，参加考试时的心情也更加放松。同样的经历和现象在实验过程中也会出现。比如，用实验来研究直播带货对人们消费观念和行为的影响，在实验开始时，我们先用问卷或量表对人们的消费观念和行为进行调查和测量。然后，我们在相当集中的一段时间内（一周或者一个月），让实验对象观看一系列的直播带货节目。最后，我们再对实验对象进行同样的调查或测量。在这样做的过程中，除了直播带货节目所产生的影响外，实验对象还会变得更加熟悉问卷内容、更加清楚问题的含义、更加明了调查的目标，特别是更加明白他们作为实验对象的角色，这些变化所产生的影响显然也是不可忽视、不可低估的。

### 四、实验对象选择和缺损的影响

实验对象作为实验不可缺少的一个部分，也可能本身便具有一些影响实验正确性的因素。这种情况首先存在于对实验对象的选择上。实验的特定目标、特定逻辑、特定方式决定了，实验对象的选择通常不是像调查研究那样从某一总体中随机抽取，而大多是采取下列三种方式之一：自愿参加、征募参加、强制参加（征募参加指的是用类似于招工的方式以一定的报酬来招聘实验对象；强制参加指的是使用学生、犯人等"被控制的群体"作为实验对象）。问题的严重性在于这三种方式所得到的实验对象都不能很好地代表一般公众。这是因为，自愿参加者往往比一般人更热衷于科学研究，具有比一般人高得多的社会参与意识和较强的冒险精神；被招聘者则往往具有在经济上处于比较紧张的状况的特点；至于研究者容易控制的学生或犯人，他们与一般人之间的差别和不同就更是显而易见的了。

其次，与实验对象有关并影响到实验正确性的另一个因素是实验对象的缺损问题。由于实验需要进行前测和后测，而且前后两次测量的对象都必须是同一群人。所以，有的实验对象在完成前测以后就自己主动退出实验，或者在后测开始时，有的实验对象由于调动、搬迁、死亡等原因而无法接受测量，都将给实验结果蒙上一层阴影。因为，这些缺失者，尤其是那些中途自动退出的人，与留下来的人在一些重要方面是有差异的。他们可能对研究的意义更不关心，也可能是研究的题目或研究的内容对他们来说更为敏感，使他们感到不安，还可能是他们的文化程度、表达能力等不如其他人。

# 【思考与实践】

1. 将各种准实验设计与经典实验设计进行比较，探讨它们之间的差别及其意义。

2. 在教育学、心理学、管理学等杂志上，找两篇实验研究报告，分析它们的自变量和因变量是什么，同时分析研究者是如何将实验刺激引入实验的。

3. 分析上述两篇实验研究是如何选取实验对象的，又是如何将实验对象分配到实验组和控制组的。

4. 结合你所感兴趣的研究领域，谈谈实验研究方式所受到的限制。

5. 将实验研究方式的基本逻辑与调查研究方式的基本逻辑进行对比，分析二者在社会科学研究中的地位和作用。

# 第 **7** 章

# 调查研究

调查研究简称调查或社会调查，是社会科学研究中一种最常见的研究方式。这种方式几乎在各门社会科学中都得到了最普遍的运用，导致一些人甚至误以为调查研究就是社会科学研究方法的全部。的确，调查研究以其特定的方式满足了社会科学研究者探讨各种社会行为、社会现象和社会问题的需要。同时，定量研究的诸多内容也十分集中地体现在调查研究的方式之中，比如抽样、操作化、测量、统计分析等。因此，掌握调查研究对于社会科学研究者来说显得尤为重要。

## 第一节  调查研究的概念与应用领域

### 一、调查研究的概念

调查研究（survey research）指的是一种采用自填式问卷或结构式访问的方法，系统地、直接地从一个取自总体的样本那里收集资料，并通过对资料的统计分析来认识社会现象及其规律的社会科学研究方式。调查研究有以下几个主要特征：

（1）要求从调查总体中抽取一定规模的随机样本；这种随机抽取的、有相当规模的样本往往是其他研究方式所不具有的一种特征。

（2）资料收集需要采用特定的工具，即调查问卷，且有一套系统的、特定的程序要求。

（3）研究所得到的是巨大的量化资料，且必须在计算机及其软件的辅助下完成资料的统计分析，才能得出研究的结论。

可以说，正是这三个方面的特征，使得调查研究的方式与其他几种研究方式相区别；也正是这三个方面的特征，使得调查研究成为社会科学研究中广泛使用的、强有力的研究方式。

**二、调查研究的应用领域**

调查研究这种研究方式被广泛地应用于社会生活的各个领域，形成了调查研究的某些重要类型。其中最主要的如下：

（1）社会生活状况调查，通常是对某一时期、某一社区或某一社会群体的社会生活状况所进行的调查。它的着眼点主要在于了解人们日常社会生活各个方面的基本内容，以综合地反映一个时期、一个地区或一个群体中人们总的社会生活状况，比如对某市离退休老人生活状况的调查研究、对某市居民生活质量的调查研究等。

（2）社会问题调查，即针对社会中所存在的各种社会问题进行系统的调查、了解，找出问题的症结，为解决社会问题提供参考意见。就像医生给病人看病一样，对各种社会问题进行"社会诊断"。比如青少年犯罪调查、离婚问题调查、吸毒问题调查、老年社会保障问题调查、独生子女教育问题调查等。

（3）市场调查（market research），即为了解市场规模、拓展商品的销路，更好地为企业的生产和利润服务，而围绕某类产品或某种商品的市场占有率、顾客的购买情况、商标的宣传效果等进行的调查。它是随着商品经济的发展而逐渐普及的。目前我国这类调查研究有很多，比如化妆品市场调查、饮料市场调查、服装市场调查、家电市场调查等。

（4）民意调查（public opinion survey），也称舆论调查，即对社会中民众的意见、态度、意识等主观意向进行的调查。最典型的民意调查是美国的总统选举民意测验。此外，像各种民意测验机构对社会热点问题进行的民意调查，以及各种大众传播机构对其读者、听众和观众进行的调查等，都属于这一类调查。

（5）学术性调查，即广泛应用于社会学、政治学、人口学、教育学、传播学等社会科学领域中的调查。这类调查的目标，往往不是针对某一具体的社会现象和社会问题得出结论，而是致力于对某类社会现象所具有的一般规律或普遍法则进行探索和研究。

### 三、调查研究的题材

人类社会现象的丰富性和人们社会行为的多样性，决定了调查研究题材的丰富性和多样性。但概括地说，调查研究的题材主要可分为下述三大类：

（1）某一人群的社会背景，即有关人们各种社会特征的资料。这种资料既包括某些人口统计方面的内容，比如性别、年龄、职业、婚姻状况、文化程度等，也包括人们生活环境方面的内容，比如家庭构成、居住形式、社区特点等。这类题材客观性很强，在调查研究中收集这方面的资料往往比较容易，较少出现问题。并且，几乎所有的调查研究都或多或少地包含这一题材中的内容。

（2）某一人群的社会行为和活动，即有关人们"做了什么"以及他们"怎样做"等方面的资料。比如，人们每天几点钟上班、每周看几次电视、在家中谁辅导孩子学习等。这类题材也是客观性、事实性的，通常构成了大部分调查研究的主体内容。

（3）某一人群的意见和态度，即有关人们"想些什么""如何想的"或"有什么看法""持什么态度"等方面的资料。比如，人们怎么看待离婚现象、人们对住房制度改革有什么意见、人们选择对象的标准是什么等。这类题材属于观念性、主观性的，它是构成各种民意测验、舆论调查、社会心理调查的主要内容。在其他一些类型的调查研究中，它往往也是十分重要的一部分。

### 四、调查研究的优缺点

1. 调查研究的主要优点

首先，调查研究的方式可以兼顾到描述和解释两种目的。它既可以用来描述某一总体的概况、特征，以及进行总体中各个部分之间的比较，同时它也可以用来解释不同变量之间的关系。其次，调查研究具有比较严格、规范的操作程序，这使得其研究结果具有较高的信度，即描述和概括事物的精确度较高。再次，调查研究可以迅速地、高效地提供有关某一总体的丰富的资料和详细的信息，在了解和掌握不断变动的社会现象方面具有很大的优越性。最后，调查研究所具有的定量特征和通过样本推断总体的特征，使得其应用范围十分广泛，受到广大社会科学研究人员、政府决策部门人员、市场研究人员以及大众传媒从业人员的高度重视。

2. 调查研究的主要弱点

尽管调查研究具有众多的优点，但它也并不是万能的。与其他几种研究方式一样，它也存在着力所不能及之处。比如，在探讨和分析变量之间的因果关系方面，它不及实验研究的方式那么有力。在对事物理解和解释的深入性方面，以及在研究所具有的效度方面，它远不及实地研究的方式。在研究的无反应性方面，它不及定量文献研究的方式。特别是调查研究收集资料所采用的自填问卷或结构访问，无形中都限制了被调查者对问题的回答，使所得的资料比较表面化、简单化，很难深入被调查者的思想深处，很难感受到他们思想和行为的整体生活背景。

## 第二节　问卷设计

问卷（questionnaires）是调查研究中用来收集资料的工具，它在形式上是一份精心设计的问题表格，用途则是用来测量人们的行为、态度和社会特征。

## 一、问卷的结构

尽管实际调查中所用的问卷各不相同，但它们往往都包含这样几个部分：封面信、指导语、问题及答案、编码等。

### 1. 封面信

封面信（cover letter），即一封致被调查者的短信。它的作用在于向被调查者介绍和说明调查的目的、调查单位或调查者的身份、调查的大概内容、调查对象的选取方法和对结果保密的措施等。封面信的语言要简明、中肯，篇幅不宜长，短短一两百字最好。虽然封面信的篇幅短小，但在问卷调查过程中却有着特殊的作用。调查者能否让被调查者接受调查，并使他们认真地填写问卷，在很大程度上取决于封面信的质量。特别是对于采用邮寄填答法进行的社会调查来说，封面信的影响就更大了。因为有关调查的一切情况，都得靠封面信来说明和解释。在封面信中，我们应该说明哪些方面的内容呢？

（1）要说明调查者的身份，即说明"我是谁"。比如，"我们是武汉市委政策研究室的工作人员，为了……"当然，调查者的身份也可以通过落款来说明，比如落款为天津市委政策研究室"物价问题调查组"。但是，落款只写"婚姻家庭调查组""物价问题调查组"，而不注明具体单位，是不妥的。因为被调查者看到这样的署名，仍不知你们是哪里的、是些什么人，这样就会增加他们的疑虑和戒备心理。所以，在这方面，调查者应该"襟怀坦荡"，大大方方，让被调查者越清楚越好。如果落款处不便注明单位、组织，则最好能附上单位的地址、电话号码和联系人的姓名等，以便消除被调查者的疑虑，体现调查的正式性。

（2）要说明调查的大致内容，即"调查什么"。但要注意的是，一方面，对调查内容的介绍不能欺骗被调查者，不能在封面信中说调查甲类问题，而问卷中却调查乙类问题。另一方面，对调查内容的说明，既不能含含糊糊，甚至完全不谈，也不能过于详细地去谈。通常的做法是用一两句话概括地、笼统地指出调查的大致范围。比如"我们正在我市居民中进行物价改革方面的调查"，或者"我们这次调查主要想了解全市人民对我市交通问题的看法"等。

（3）要说明调查的主要目的，即"为什么调查"。对于调查的目的，应尽可能说明其对于整个社会，尤其是对于包括被调查者在内的人民群众的实际意义，而不能只谈"为了进行科学研究"等。比如，"我们这次调查的目的，是摸清我市目前市场物价的现状和存在的问题，以便为市政府制定物价改革的有关政策提供科学的依据，更好地为我市居民的日常生活服务"。

（4）要说明调查对象的选取方法和对调查结果保密的措施。对于来访和调查，一般人们或多或少总存在一定的戒心。为了消除被调查者的这种戒心，应该在封面信中简明扼要地做一点说明。比如，"我们按照科学的方法挑选了一部分居民作为全市居民的代表，您是其中的一位。本调查以不记名方式进行，并且，根据国家的相关法律法规，我们将对统计资料保密。所有个人资料均以统计方式出现"。另外，还应该明确地说明"本次调查不用填写姓名和单位，答案无对错之分，请您不必有任何顾虑"。在信的结尾处，一定要真诚地感谢被调查者的合作与帮助。

2. 指导语

指导语即用来指导被调查者填答问卷的各种解释和说明，其作用和仪器的使用说明相似。有些问卷的填答方法比较简单，指导语很少，常常只在封面信中用一两句话说明即可。比如，"请根据自己的实际情况在合适的答案号码上画圈或者在空白处直接填写"。在邮寄填答法的封面信中，除了上述填答方法的指导语外，往往还要加上类似于"为了减少您的麻烦，我们为您准备了一个写好地址、贴好邮票的信封。您填完调查表后，只需将它放进信封，封好口，投入邮筒。请一定在 9 月 25 日之前填好寄出"这样的指导语。还有的指导语分散在某些较复杂的调查问题后，对填答要求、方式和方法进行说明。有些比较复杂的问卷的指导语则集中在封面信之后，并标有"填答说明"的标题，其作用是对填表的方法、要求、注意事项等做一个总的说明。

3. 问题及答案

这是问卷的主体，也是问卷设计的主要内容。从形式上看，问题可分为开放式与封闭式两大类。所谓开放式问题（open-ended question），就是那种只提出问题，但不为被调查者提供具体答案，由被调查者根据自己的情况自由填答的问题。而封闭式问题（closed-ended question）则是在提出问题的同时，还给出若干个答案，要求被调查者根据实际情况进行选择。开放式问题的主要优点，是允许被调查者充分、自由地发表自己的意见，因而所得资料丰富生动；缺点是资料难以被编码和统计分析，对被调查者的知识水平和文字表达能力有一定要求，填答所花费的时间和精力较多，还可能产生一些无用的资料。封闭式问题的主要优点是填答方便，省时省力，资料易于做统计分析；缺点是资料失去了自发性和表现力，回答中的一些偏误也不易被发现。根据开放式问题与封闭式问题的不同特点，在大规模的正式调查中，主要采用由封闭式问题构成的问卷。

4. 编码及其他资料

在以封闭式问题为主的问卷中，为了将被调查者的回答转换成数字，输入计算机进行处理和定量分析，需要对回答结果进行编码（coding），即赋予每一个问题及答案一个数字作为它的代码。编码既可以在问卷设计的同时就设计好，也可以等调查完成后再进行。前者称为预编码（precoding），后者称为后编码（postcoding）。在实际调查中，人们大多采用预编码，因此，编码也就成了问卷的一个部分。编码一般放在问卷每一页的最右边，有时还可用一条竖线将它与问题及答案部分分开。下面就是编码的一个例子。

| | |
|---|---|
| （1）您的年龄：　　　岁 | 1～2 |
| （2）您的性别：①男 □　②女 □ | 3 |
| （3）您的文化程度：①小学以下 □　②初中 □<br>③高中或中专 □　④大专以上 □ | 4 |
| （4）您每月的收入：　　　元 | 5～9 |

对于第一个问题来说，一般人们的年龄往往在100岁以内，故编码中给出两栏，序号为1～2。第二、第三个问题都只能选择一个答案，且答案数目小于10，故分别只给一栏。第四个问题的答案往往处于100 000之

内，故给五栏。

除了编码以外，有的问卷还需要在封面印上问卷编号、调查员编号、审核员编号、调查日期、被调查者住地、被调查者合作情况等有关内容。

### 二、问卷设计的步骤

#### 1. 探索性工作

要设计一份调查问卷，第一步并不是马上动手去罗列调查的问题，而是要先做一定的探索性工作，即先摸摸底，熟悉和了解一些基本的情况，以便对各种问题的提法和可能的回答有一个初步的认识。做这种探索性工作的常见方式，是设计者围绕所要调查的问题，自然地、随便地与各种对象交谈，并留心观察他们的特征、行为和态度。通过交谈，常常可以避免在设计问卷时设置含糊的问题，也可以避免设计出不符合客观实际的回答来。

#### 2. 设计问卷初稿

经过了探索性工作，我们就可以动手设计问卷初稿了。具体做法是：先根据研究假设或所需资料的内容，画出整个问卷的各个部分及前后顺序的框图；然后具体地设计出每一个部分中的问题及答案，并安排好这些问题的顺序；再根据被调查者阅读和填写问卷是否方便等，对所有问题进行检查、调整和补充；最后，将调整后的结果打印成问卷初稿。

#### 3. 试用

问卷初稿设计好后，不能直接将它用于正式调查，而必须对问卷初稿进行试用和修改。试用这一步在问卷设计的过程中至关重要，对于大型调查来说更是不能不做。试用问卷初稿的具体方法有两种，一种叫客观检验法，另一种叫主观评价法。客观检验法的具体做法是：首先将问卷初稿打印若干份；然后采取非随机抽样的方法选取一个小样本，用这些问卷初稿对他们进行调查；最后认真检查和分析试调查的结果，从中发现问题和缺陷并进行修改。主观评价法是将设计好的问卷初稿打印若干份，分别送给该研究领域的专家、研究者以及典型的被调查者，请他们直接阅读和分析问卷初稿，并给出他们的评价和看法，特别是指出不妥之处。

4. 修改定稿并印制

根据上述方法找出问卷初稿中所存在的问题后，逐一对问卷初稿中的问题进行认真分析和修改，最后定稿印制。在对修改后的问卷进行印制的过程中，同样要十分小心和仔细。无论是版面安排上的不妥，还是文字上、符号上的印刷错误，都将直接影响到最终的调查结果。只有经过了试用和修改，并对校样反复检查，才能把问卷送去印刷，用于正式调查。

### 三、问题及答案的设计

1. 问题的形式

（1）填空式。即在问题后画一短横线，让回答者直接在空白处填写。填空式一般只用于那些对回答者来说既容易回答又容易填写，通常只需填写数字的问题，比如年龄、家庭人口、收入等。

    例 1  请问您家有几口人？__口

    例 2  您的年龄多大？__周岁

    例 3  您有几个孩子？__个

    例 4  您每天上班在路上需要多少时间？__分钟

（2）是否式。即问题的答案只有是和不是（或其他肯定形式和否定形式）两种。回答者根据自己的情况选择其一。例如：

    例 5  您是共青团员吗？   是  □   不是  □

    例 6  您是否住在本市？   是  □   不是  □

    例 7  您家有电视机吗？   有  □   没有  □

    例 8  您是否赞成民主选举厂长？   赞成  □   不赞成   □

是否式这一问题形式在民意测验所用的问卷中是用得最多的一种。其优点是答案简单明确，可以严格地把回答者分成两类不同的群体；但其弱点是，对于有些问题它所得到的信息量太少。如例 8 中，两种极端的回答类型并不能使研究者了解和分析回答者中客观存在的不同的态度层次。

（3）单项选择式。即给出的答案至少在两个以上，回答者根据自己的情况选择其中之一。这是各种调查问卷中采用得最多的一种问题形式。

例 9　您的文化程度是：（请在合适的答案号码上打√）

①小学以下　②初中　　　③高中或中专　　　④大专以上

例 10　您的婚姻状况是：（请在合适的答案后的方框中打√）

①未婚□　　②已婚□　　③离婚□　　　　④丧偶□

例 11　您最喜欢看的电视节目是：（请在合适的答案后的括号里打√）

①新闻节目（　　）　②电视剧（　　）　③体育节目（　　）

④广告节目（　　）　⑤其他（请写明）（　　）

（4）多项选择式。即给出的答案至少在两个以上，回答者根据自己的实际情况选择多个答案。

例 12　你们家有下列哪些物品？（有几种勾几种）

①洗衣机　　②电冰箱　　③电视机　　④空调

⑤电脑　　　⑥微波炉　　⑦热水器　　⑧小汽车

（5）表格式。即一种将同一类型的若干个问题集中在一起，构成一个问题表格的表达方式。

例 13　你觉得下列污染在你所在的城市是否严重？（请在每一行适当的格中打√）

|  | 很严重 | 比较严重 | 不太严重 | 不严重 | 不知道 |
|---|---|---|---|---|---|
| 1. 灰尘 |  |  |  |  |  |
| 2. 噪声 |  |  |  |  |  |
| 3. 污水 |  |  |  |  |  |

表格式的问题整齐、醒目。但是应当注意，这种形式虽然具有简单、集中的优点，但容易产生呆板、单调的感觉。在一份问卷中，这种形式的问题不宜用得太多。

2. 答案的设计

由于社会调查中的大多数问卷主要由封闭式问题构成，而答案又是封闭式问题非常重要的一部分，因此答案设计的好坏直接影响着调查成功与否。对于答案的设计，除了要与所提的问题协调一致以外，还要特别注意做到使答案具有穷尽性和互斥性。

所谓答案的穷尽性，指的是答案包括了所有可能的情况，即对于任何一个被调查者来说，问题的答案中总有一个是符合他的情况的。如果有某个被调查者的情况不被包括在问题所列的答案中，那么这一问题的答案就不是穷尽的，或者说是有所遗漏的。所谓答案的互斥性，指的是答案互相之间不能交叉重叠或相互包含，即对于每个被调查者来说，最多只能有一个答案适合他的情况。如果一个被调查者可以同时选择某一个问题的两个或更多的答案，那么这一问题的答案就一定不是互斥的。

### 四、问题的语言及提问方式

语言是问卷设计的基本材料，要设计出含义清楚、简明易懂的问题，必须注意问题的语言。问题措辞的基本原则是简短、明确、通俗、易懂。在问卷设计中，对问题的语言表达和提问方式有下列常用的规则：

（1）问题的语言要尽量简单。无论是设计问题还是设计答案，所用语言的第一标准应该是简单。要尽可能使用简单明了、通俗易懂的语言，而不要使用一些复杂的、抽象的概念以及专业术语，比如"核心家庭""社会分层"等。

（2）问题的陈述要尽可能简短。问题的陈述越长，就越容易有含糊不清的地方，被调查者们对其的理解就越有可能不一致；而问题越短小，产生这种含糊不清的可能性就越小。陈述问题时，最好不要用长句子，要使问题尽可能清晰、简短，使被调查者能很快看完，很容易看懂，一看就明白。那种啰唆的、繁杂的问题只会引起被调查者的反感，只会影响调查的顺利进行。

（3）问题要避免带有双重（或多重）含义。双重（或多重）含义指的是在一个问题中，同时询问了两件（或几件）事情，或者说，在一句话中同时问了两个（或几个）问题。比如，问题"您的父母退休了吗？"就是一个带有双重含义的问题。它实际上同时询问了"您的父亲退休了吗？"和"您的母亲退休了吗？"这两件事情，一题两问，会使得那些父母中只有一个退休的被调查者无法回答。

（4）问题不能带有倾向性，即问题的提法和语言不能使被调查者意识到应该填什么，或者感到问卷另一头的人希望他填什么。也就是说，问题的提法不能对被调查者形成某种暗示或诱导，应保持中立的提问方式，使用中性的语言。比如，同样是询问人们是否抽烟，问题"你抽烟吗？"和问题"你不抽烟，是吗？"就有所不同。前者是人们日常生活中习惯的问法，而后者则带有一种希望被调查者回答"是的，我不抽烟"的倾向。此外，在问题中引用或列举某些权威的话，或者运用贬义或褒义的词语，都会使问题带有倾向性，都会对被调查者形成暗示或诱导。

（5）不要用否定形式提问。在日常生活中，除了某些特殊情况外，人们往往习惯于肯定形式的提问，而不习惯于否定形式的提问。比如说，习惯于"您是否赞成物价改革？"而不习惯于"您是否赞成物价不改革？"当以否定形式提出问题时，由于人们不习惯，许多人常常会漏掉问题中的"不"字，并在这种理解的基础上来进行回答，这样的答案恰恰与他们的意愿相反。而这种误答的情形在问卷结果中常常难以被发现。因此，在问卷设计中不要用否定式提问。

（6）不要问被调查者不知道的问题。也就是说，我们所问的问题都应该是被调查者能够回答的，或者说，被调查者确实具有回答这些问题的知识储备。如果向被调查者询问一个他们一无所知的问题，那么被调查者是无法回答的。比如，如果我们提出的问题是"您对我国的社会保障制度是否满意？"那么，普通公民中的大部分人将无法回答。因为他们并不知道什么叫社会保障制度，也不知道我国的社会保障制度是怎样的。

（7）不要直接询问敏感性问题。对于某些个人隐私或人们对顶头上司的看法这样的问题，人们往往具有一种本能的自我防卫心理。因此，如果直接提问，将会引起很高的拒答率。所以对这些问题最好采取某种间接询问的形式，并且语言要特别委婉。

**五、问题的数量与顺序**

1. 问题的数量

一份问卷应该包括多少个问题？这要依据调查的内容，样本的性质，分析的方法，拥有的人力、财力、时间等各种因素来决定，没有固定的标准。但一般来说，问题不宜太多，问卷不宜太长。通常以被调查者在 20 分钟以内完成为宜，最多不要超过 30 分钟。问卷太长往往会使被调查者产生心理上的厌倦情绪或畏难情绪，影响问卷的质量和回收率。当然，若是研究经费和人员相当充足，能够采取结构式访问的方式，并付给每一位被调查者一份报酬，问卷本身的质量比较高，调查的内容又是被调查者熟悉的、关心的、感兴趣的事物的话，那么，此时问卷长一点也无妨。反之，当调查的内容是被调查者不熟悉、不关心、没有兴趣的事物，采用的是自填式问卷的方式，调查者的经费又相当有限，除了两句感谢的话和一点纪念品以外，不可能给被调查者更多的东西，而只可能占用被调查者的休息和娱乐时间，那么此时的问卷一定不能长，一定要尽可能简短。此外，对于在公共场所进行的调查，以及通过电话进行的调查，问卷中的问题数量就要更少一些。回答问卷的时间应控制在 5 分钟之内，最长不能超过 10 分钟。

### 2. 问题的顺序

问卷中问题的前后顺序及相互间的联系，既会影响被调查者对问题的回答结果，又会影响调查的顺利进行。如何安排问卷中问题的次序呢？一般来说，有以下常用的规则：

（1）把简单易答的问题放在前面，把复杂难答的问题放在后面。问卷最开头的几个问题一定要相当简单，回答起来一定要非常容易，这样可以给被调查者一种轻松的、方便的感觉，以便于他们继续填答下去。如果一开始填写，被调查者就感到很费力，很难填写，那么他们的情绪和积极性就会受到影响。

（2）把被调查者熟悉的问题放在前面，把他们感到生疏的问题放在后面。这是因为，任何人对自己熟悉的事物总能谈些看法，说出些所以然来；而对不熟悉的事物往往难以开口，说不出什么来。如果以被调查者熟悉的内容开头，就不至于使调查一开始就卡住，无法进行。

（3）把能引起被调查者兴趣的问题放在前面，把容易引起他们紧张或产生顾虑的问题放在后面。如果开头的一批问题能够吸引被调查者的注意力，引起他们对填答问卷的兴趣，那么调查便可以较顺利地进行；相反，如果开头部分的问题比较敏感，一开始就直接触及人们的心灵深处，触及有关伦理、道德、政治态度、个人私生活等方面的问题，那么，往往很容易导致被调查者产生强烈的自我防卫心理。被调查者的这种自我防卫心理将会引起他们对问卷调查的反感，有碍他们与调查者的合作，阻碍调查的顺利进行。

（4）一般先问行为方面的问题，再问态度、意见、看法方面的问题。这是由于行为方面的问题涉及的只是客观的、具体的事实，因此往往比较容易回答；而态度、意见方面的问题则主要涉及被调查者的主观想法，多为思想上的东西、内心深处的东西、更不易在陌生人面前表露的东西。如果一开始就问这方面的问题，常常会引起被调查者心理上的戒备情绪和反感情绪，引起较高的拒答率。

（5）个人背景资料一般放在开头，但有时也可以放在结尾。这是因为，个人背景资料是事实性的，也十分容易回答，同时它们通常都是社会调查中最常用、最主要的自变量，如果一份资料缺少这些变量，实际上也就成了废卷。因此，只要调查的内容不涉及比较敏感的问题，调查者也在封面信中对问卷进行了较好的说明和解释，这一部分问题最好放在问卷的开头。但是，由于个人背景资料是除被调查者姓名以外的体现主要个人特征（比如年龄、性别、文化程度、婚姻状况、职业等）的内容，也较敏感，所以不宜放在开头，适合放在结尾。

## 第三节　调查资料的收集方法

从大的方面来划分，调查研究中的资料收集方法主要有两种基本类型：其一是自填问卷法；其二是结构访问法。自填问卷法（self-administered questionnaires）指的是研究者将调查问卷发送给（或者邮寄给）被调查者，由被调查者自己阅读和填答，然后再由研究者收回的方法。结构访问法（structured interview）则是指研究者依据结构式的调查问卷，向被调查者逐一提出问题，并根据被调查者的回答在问卷上选择合适的答案的方法。这两个大的类型又可根据具体实施方法的不同，进一步划分出不同的子类型。自填问卷法可分为个别发送法、集中填答法、邮寄填答法和网络调查法；结构访问法可分为当面访问法、电话访问法等。我们可以用图 7-1 来说明。

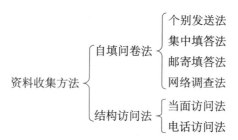

**图 7-1　调查研究中的资料收集方法**

　　每一种具体的资料收集方法在操作程序上互不相同，分别具有不同的特点，同时也适用于不同的调查对象和不同的调查问题。研究者应该对各种不同的资料收集方法都十分了解和熟悉，以便在具体的调查问题中根据实际情况灵活运用，达到最好的调查效果。

## 一、自填问卷法

### 1. 个别发送法

　　个别发送法是自填问卷法这一大类中最常用的一种。它的具体做法是，研究者将问卷印制好以后，派调查员依据所抽取的样本，将问卷逐个发送到被调查者手中，同时讲明调查的意义和要求，请他们合作填答，并约定收取的时间、地点和方式。如约定三天后仍由调查员上门收取，或三天内被调查者将其自行投入设在某处的回收箱（类似信箱、投票箱）内等。当然，在有些情况下，比如调查的内容不涉及敏感的问题或上下级关系时，也可以由某种行政组织系统代为发放和回收。

　　个别发送法既不像邮寄填答法那样与被调查者完全不见面，又不像结构访问法那样与每一个被调查者都交谈相当长的一段时间，而是介于二者之间，较好地处理了调查的质量与数量之间的关系。个别发送法在操作上的这种特点使它具有以上两大类方法的许多优点，同时避免了两大类方法的许多缺点。比如，它比较节省时间、经费和人力；调查员可以向被调查者进行解释和说明；可以保证比较高的回收率；调查具有一定的匿名性；可以减少调查员所带来的某些偏差；被调查者有比较充分的时间对问卷进行阅读和思考，可以在方便的时候进行填答；等等。

当然，个别发送法同样存在一些不足，比如调查的范围依然受到一定的限制，不如邮寄填答法那样广泛；问卷的填答质量依然不能完全得到保证等。只是总的来说，个别发送法的优点相对多一些，而缺点相对少一些。因此，可以认为，个别发送法是一般的调查研究中最应该选用和推广的资料收集方法。

2. 邮寄填答法

邮寄填答法的一般做法是，研究者把印制好的问卷装入信封，通过邮局寄给被调查者，待被调查者填答后再将问卷寄回调查机构或研究者。在寄给被调查者问卷时，一般应该同时附上已写好回邮地址和收信人（或收信单位）且贴好足够邮资的信封，以便于被调查者将填答好的问卷顺利寄回。这种方法在西方一些国家中使用比较普遍，目前在我国采用这种方法来收集调查资料的还比较少。

邮寄填答法不光可以省掉一大笔调查员的报酬和差旅费，还可以不受空间距离和障碍的限制，因此特别省时、省力、省钱，可以说是调查研究中最方便、最便宜、代价最小的资料收集方法。然而，邮寄填答法的可行性以及它的实际效果往往很差。因为邮寄填答法除了具有自填问卷法的缺点以外，还具有两条特别令人头痛的弱点：一是它需要有被调查者的地址甚至姓名。然而，对于许多调查研究来说，并不存在一份现成的和完整的样本成员的名单（一份包括所有被调查者的姓名、地址及邮政编码的名单），因此，邮寄调查的问卷无法被全部寄出。二是问卷的回收率难以保证，这是邮寄填答法的一个致命弱点。许多主、客观因素会导致被调查者放弃填写调查问卷，阻碍调查问卷寄回到研究者手中。

当今社会中网络和智能手机的发展，使人们很少通过邮寄信件来进行联系和交流，这也影响到通过邮寄的方式来开展调查。

3. 集中填答法

在条件允许的情况下，我们也可以采取集中填答法来收集调查资料。集中填答法的具体做法如下：先通过某种形式将被调查者集中起来，由研究者统一讲解调查的主要目的、要求、问卷的填答方法等事项；然后请被调查者当场填答问卷；填答完毕后再统一将问卷收回。收回问卷的方式可以采用投入问卷回收箱的办法，以消除集中填答法所带来的某些心理顾虑。

集中填答法除了具备一些与个别发送法和邮寄填答法相似的优点外，还比个别发送法更为节省调查时间、人力和费用，比邮寄填答法更能保证问卷填答的质量和回收率。而其最主要的局限是，许多调查研究的样本根本不可能集中。而一旦被调查者不能集中，这种方法的优点自然也就不复存在。同时，将众多的被调查者集中在一起，有时会形成某种不利于个人表达特定看法的"团体压力"或"相互作用"，这也是我们在运用集中填答法时需要注意的一个方面。

4. 网络调查法

随着计算机技术和国际互联网的迅速发展，社会调查中又多了一种新的收集资料的方法，这就是网络调查法。网络调查法（internet survey，也称基于互联网的调查即 web-based survey，或者在线调查即 online survey）指的是研究者利用互联网向特定对象发送调查问卷，也通过互联网将被调查者填答好的问卷收回的调查方法。常见的开展网络调查的方式有两种：

第一种方式是将调查问卷直接链接在网站的网页上。任何一个上网者只要点击该网站的网页，调查问卷就会跳出来，供上网者自由填答。当上网者填答完毕后，这份问卷的数据就自动存入了网站事先设计好的数据库中。当调查结束时，所有上网者的回答记录就形成了该调查的数据库。这种方式的网络调查虽然十分便利，但是由于它实际上是一种无特定调查样本和被调查者的调查方式，同时上网者是否填答问卷也完全处于一种放任的或完全自愿的状态，因此其调查对象的性质、调查的回收率、调查的质量等均得不到很好的保证，其结果往往具有较大偏差。比如，经常泡在网上的上网者就比有事才上网的上网者更有可能被调查到，好事者也比不太爱管闲事者、遇事不爱掺和者更有可能被调查到。所以，这种调查方式较少被学术研究者利用，较多为非学术研究的大众媒介所采用。

第二种方式也是将问卷链接在特定的网页上，但不面向所有上网者自由浏览，而是针对研究者所选定的特定对象和样本。一般情况下，这种方式的做法是先确定调查总体，抽取被调查者的样本，并收集他们的电子邮箱地址。然后分别给样本中的被调查者发电子邮件，说明调查目的、调查要求，告知调查方法，并附上调查问卷的链接。被调查者点击链接后就会进入调查问卷页面并直接在网上填答。填答结束后，问卷的数据也自动存入了事先设计好的数据库中。全部调查结束后，所有填答好的问卷资料自动生成数据库文件。

网络调查法的最大优点是方便快捷，节省费用。一方面它省去了打印、印制、寄送纸质问卷的时间和费用，省去了挑选、培训调查员的时间，以及支付调查员的报酬等；另一方面也省去了数据录入的时间和费用。同时，填答好的问卷会很快地被处理成数据库文件，大大减少了录入误差。

网络调查法的不足主要体现在被调查者的范围有一定的局限上，即它只能调查那些有上网条件同时也会上网的对象。换句话说，对于那些从不和网络打交道、从不接触网络的对象，我们就很难利用网络调查法去收集资料。此外，进行网络调查还需要特定的计算机技术和网络技术的支持（包括网上问卷的设计，填答方式的设计，填答结果的记录、汇总和转换等）。当然，随着计算机技术和网络技术的进一步发展，这方面的进展也会越来越快。目前已有专门的机构开始从事这种网络调查平台的建设、网络调查软件的开发和应用业务。相信今后网络调查法的应用会越来越普遍。

在现实中，一些大学生读者可能使用过问卷星一类的在线调查工具。需要注意的是，尽管问卷星等在线调查工具可以帮助用户创建问卷，分享问卷并开展调查，还可以方便地获取问卷资料进行统计分析。但是，由于问卷星这类在线工具主要解决的是问卷制作、数据回收汇总等问题，而并不解决被调查者的随机抽取问题，调查依然要由研究者自己通过电子邮件、微信、短信等媒介将问卷的链接发送给被调查者才能开展。因此，如果这一环节不能保证做到有明确界定的总体、不能保证被调查者的随机抽取，那么，调查得到的结果同样是没有什么用处的。

## 二、结构访问法

### 1. 当面访问法

当面访问法的基本做法如下：研究者先选择和培训一组调查员，由这组调查员携带调查问卷分赴各个调查地点，按照调查方案和调查计划的要求，对所抽取的被调查者进行访谈，并按照问卷的格式和要求来记录被调查者的回答。在访问中，调查员严格依据调查问卷提出问题，并严格按照问卷中问题的顺序来提问，调查员不能随意改变问题的顺序和提法，也不能随意对问题做出解释。答案的记录也完全按问卷的要求和规定进行。

当面访问法是一种以口头语言为中介、调查员与被调查者进行面对面的交往和互动的方法。研究者与被调查者之间直接的相互作用和相互影响，贯穿资料收集过程的始终，相对于自填问卷法主要依靠问卷的特征，当面访问法则主要依靠调查员。正是这种差别，使得这种方法具有许多不同于自填问卷法的特点。

当面访问法的主要优点是：

（1）调查资料的质量较好。一方面，调查员当面提出问题，当面听取回答，可以减少被调查者由于对问题理解不清或误解而造成的误答。另一方面，由于调查员当面提问，被调查者当场回答，避免了自填式问卷调查中常常出现的由他人代填或由几个人共同商量着填答的情况。同时，这种当面提问、当面回答的方式也在一定程度上减少了被调查者做出欺骗性回答的概率，提高了调查结果的真实性。

（2）被调查者的适用范围广。由于当面访问法主要依赖于口头语言，因而对被调查者在书面语言的阅读、理解和表达能力上没有什么要求。因此，它适用的被调查者的范围十分广泛，既可用于文化水平比较高的被调查者，也可用于文化水平比较低的被调查者。

当面访问法的主要缺点是：

（1）调查员与被调查者之间的互动有时会影响到调查的结果。由于访问过程的双方都是有知觉、有感情、有思想、有反应的人，因此，双方在访问过程中往往难以做到完全客观，这样就会导致一些访问偏差，影响到访问资料的质量和访问的效果。

（2）匿名性比较差。对于一些涉及人们的隐私（如个人婚姻、私生活）、社会禁忌、人与人之间的利害关系等敏感性内容的调查研究来说，很多被调查者的思想压力可能很大，顾虑可能比较多。这显然会直接影响到他们回答问题的态度和所提供的答案的真实性及可靠性，甚至导致拒访。

（3）当面访问调查的费用高，时间长，代价大。当面访问法必须派出一批调查员，而调查员必须事先进行培训。当面访问法中调查员的培训费用、工作报酬和差旅费等，远比个别发送法、集中填答法、邮寄填答法高。同时，当面访问法所花费的时间也大大长于自填问卷调查。这样它在客观上就限制了调查样本的规模和调查的空间范围。

（4）对调查员的要求更高。调查员对调查资料的质量、对调查结果的质量影响更大。因此，调查员具有比较高的访问技巧和比较强的应变能力，是成功地完成访问调查的必不可少的条件。

2. 电话访问法

电话访问法（telephone interview）是指调查员通过打电话的方式与被调查者联系，并在电话中对被调查者进行调查访问的方法。这种访问方法是随着社会现代化的发展，特别是随着普通居民中的电话普及率越来越高而逐步发展起来的。

电话访问的一般做法如下：第一，根据调查目的的要求设计好电话访问的问卷，并将问卷按照"计算机辅助电话访问系统"的格式录入计算机；第二，在系统中设计好随机抽取电话号码的计算机程序；第三，挑选和培训一组电话调查员，这是电话访问中十分关键的一环；第四，调查员实际开展电话访问。研究者在主机上监控和管理所有调查员的访问进展，及时解决各种特殊问题。当电话访问结束后，所有被调查者的数据都已录入了计算机，通过汇总后可以直接用 SPSS 统计软件进行统计分析。

对电话调查员的培训也与对面访调查员的培训有所不同。它的重点不在于如何训练敲门，如何进入访问，如何控制访问过程，而在于训练调查员如何在电话中与各种不同的陌生人交谈，如何应付访问中出现的各种"意外"情况，如何尽快地设法解决电话访问过程中可能出现的各种问题。

电话访问的主要优点是十分迅速。一项几百人的调查，采用电话访问的方式进行，顺利的话，一天时间就可以完成访问，而且所得资料也已经输入计算机，成为 SPSS 格式的数据，可以马上动手进行统计分析。同时，电话访问的方式相对简便易行，也比较省钱，特别是对于内容比较简单的调查，电话访问的效果更好。当被调查者是某些专业人员时，电话访问也往往更为合适。此外，电话访问还有一个很大的优点，就是十分便于对调查员进行监督和控制，它使得电话访问的质量比当面访问更容易得到保证。

当然，电话访问存在一些不足的地方。最主要的不足是被调查者的选取及代表性方面的问题。理论上说，电话访问的结果只能推论到有电话的对象这一总体。而在实践中，电话访问必然会遇到如何抽样的问题。如果说，总体中每一个成员都有一部电话，而且每部电话的号码都集中在一本电话号码簿上，那么抽样将是十分简单的。但现实情况是，一方面，电话号码簿上的号码并非正好构成我们所希望调查的总体（比如，我们希望调查的是全市居民家庭，而电话号码簿上却是各种社会组织、单位的办公电话）；另一方面，许多属于我们调查总体的号码没有出现在号码簿上，这样我们就无法抽到他们。因此，在运用电话访问开展调查时，研究者一定要对总体及样本的情况有清楚的认识，尽可能做到使抽样具有科学性与代表性。

电话访问的另一个不足是调查的时间不能太长，通常情况下控制在 5 分钟以内比较合适，最好不超过 10 分钟。因此，访问时间的不充分性客观上制约了电话访问这种方式所收集的资料的广度和深度。当调查的内容较多、问题比较复杂、问卷较长时，采用电话访问就不太合适了。所以，在实际社会调查中，电话访问通常比较多地被运用在市场调查和舆论调查方面。

调查的组织与实施

由于调查研究以大规模的样本为前提，因此，整个调查资料的收集工作需要得到很好的组织和实施。概括地说，一项具体调查在资料收集阶段的组织与实施工作主要包括下述几个方面：（1）调查员的挑选；（2）培训调查员；（3）调查过程的管理与质量监控；（4）调查的回收率。

**一、调查员的挑选**

从前面的介绍中可以看到，无论是自填问卷法还是结构访问法，常常少不了调查员的参与。换句话说，调查员往往是调查研究中资料收集工作的主要承担者。因此，挑选调查员也是研究者在调查研究中的一项重要任务。

1. 调查员的一般条件

（1）诚实与认真。诚实主要指不弄虚作假，要客观地、实事求是地对待调查的结果。认真则是要求不马虎、不敷衍。

（2）兴趣与能力。调查工作本身并不一定会使每位调查员都感到有趣，重要的是调查员要培养自己对调查工作的兴趣，如果不培养一定的兴趣，完全被动消极地去干，效果往往不好。此外，无论是观察能力、表达能力，还是交往能力，都是一个优秀调查员所不可缺少的。

（3）勤奋负责。调查工作的艰苦性，要求调查员具有不怕困难、不怕吃苦的精神，同时还要有努力完成调查任务的高度责任心。

（4）谦虚耐心。这是对调查员工作态度的要求。谦虚体现在尊重被调查者，耐心则体现为在访问中要耐心听完被调查者的回答，即便他说得不恰当，也要耐心向被调查者解释问题的含义，不能表现出不耐烦的态度。

2. 调查员的特殊条件

特殊条件主要是依据研究的主题、社区的性质、被调查者的特点来考虑的。比如从研究主题来考虑，调查有关婚姻、家庭、生育等问题时选择女性调查员更合适。又如从被调查者的特点来考虑，当被调查者为青年时，应尽量选择青年调查员；而当被调查者主要为年龄较大、资历较深、影响力较大的人时，则应选择年龄较大的调查员。也就是说，调查员在年龄、职业、社会地位等背景条件上与被调查者越接近越好。再如从社区的角度来考虑，所选择的调查员最好是当地的、同民族的、同宗教的人，这样的调查员由于熟悉被访地区的风俗习惯、文化传统、语言特点等，往往能够很顺利地开展调查。除了性别、年龄和地区几个方面外，受教育程度也是一个十分重要的条件。一般来说，受教育程度越高的调查员，理解问题、表达问题的能力也高些，应用各种调查技巧的能力也强些。但这不是绝对的，比如受教育程度高但缺乏社会生活经验的调查员，往往不如那些受教育程度稍低但社会生活经验丰富的调查员。国内一些研究机构的学者在进行城市居民家庭调查时，挑选年龄在 40 岁左右，有高中文化程度，热心、负责的下岗女工和 50 多岁、身体健康的中小学退休教师作为调查员，取得了较好的效果。

## 二、培训调查员

调查访问往往要求调查员同时集以下三种角色于一身：一是听众角色；二是教师或指导者的角色；三是资料收集者或记录者的角色。友好的、善解人意的、值得信任的听众角色有利于被调查者如实地回答调查问题；指导被调查者放松、自如、自然地进行回答，则是教师角色的主要任务；至于资料收集，实际上是调查员最根本的工作任务。在对调查员进行培训时，首先应该使其明白这三种角色的性质和要求。在具体做法上，对调查员的培训常常包括下列步骤和内容：

（1）研究者要向全体调查员介绍该项调查研究的计划、内容、目的、方法及其与调查项目有关的其他情况，以便调查员对该项工作有一个整体性的了解。同时，还要就调查访问的步骤、要求、时间安排、工作量、报酬等具体问题进行说明。

（2）介绍和传授一些基本的和关键的调查访问技术。比如，如何敲门，如何自我介绍，如何取得被调查者的信任，如何尽快与被调查者建立良好的合作关系，如何客观地提出问题，如何记录回答等。同时，要组织调查员集中学习调查员须知、调查问卷、调查员手册等材料，特别是要逐字逐句、逐条逐项地弄清楚调查问卷的全部内容、提问方式、填写方法、注意事项等。

（3）要进行模拟调查或访问实习。最好是在一个小范围内，让每个调查员都按正式调查的要求和步骤，从头到尾实际操作一遍。然后认真总结模拟调查或访问实习中存在的问题，并通过讨论或讲解解决这些问题。

（4）要学习和掌握监督和管理的办法及规定，以保证正式调查工作的顺利开展。这包括组织管理措施、指导监督措施、复核检查措施、总结交流制度等。

### 三、调查过程的管理与质量监控

在调查的实施阶段，除了要求调查员严格按照调查计划的要求和进度安排开展调查工作外，作为实地调查管理者、指导者和质量监控者的研究者必须对这一阶段中各个方面的工作进行全面的、及时的把握。其主要任务包括以下几个方面：

（1）合理组建调查队伍。要使整个调查过程有条不紊，要使调查员保质保量地按照研究者的计划开展调查工作，必须对调查员进行合理的组织。通常的做法是，在挑选好调查员以后，要建立起相应的调查小组，小组的规模以 4～6 人为宜，并注意男女比例的搭配，尽可能做到小组中男女各半。每个小组指定一名小组长。调查任务的布置和实施最好以小组为单位，而不是以单个的调查员为单位。

（2）建立监督和管理的办法及规定。为了保证调查工作的顺利开展和调查资料的质量，在组建调查队伍的同时，要制定好并向调查员宣布调查工作的各种程序规定和管理制度。具体而言，这种程序规定和管理制度包括调查进度控制措施、调查小组管理办法、调查指导和监督措施、资料复核与检查措施、调查小结与交流制度等。各种规定要明确而具体。比如，调查进度控制措施中就要规定每人每天的调查数量（主要是规定每天最多不能超过多少），调查小结与交流制度要明确规定是每天还是隔天进行一次调查总结和情况交流等。

（3）实地抽样的管理和监控。调查设计时，研究者可能已经设计好抽样方案，一些调查中也可能已经抽出调查的样本。但在许多情况下，实际样本的抽取或多或少地要由调查员在实地进行。比如，对城市居民进行入户调查时，调查前的抽样工作可以比较容易推进到居委会一级，可是从居委会中抽取居民户则是比较困难的一个环节。在得不到居民户口登记表的情况下，通常只能由调查员根据事先设计的抽样方案和方法（比如街区抽样方法、楼房抽样方法、门牌抽样方法等）在实地进行抽样。这是一件十分复杂的工作。要保证实地抽样的质量，除了在进入实地前的调查员培训中使每个调查员明白具体的抽样规则和方法外，还要加强在实地的具体指导。特别是在抽取最初的被调查者时，研究者要一个小组一个小组地进行示范，并在每天的总结会上集中讲解遇到不同情况时的具体做法。

（4）实地访问的管理和监控。当实地调查工作开始后，调查员的分布往往比较散，并且多为单个调查员独立工作。研究者应该积极主动地从各个方面了解每一位调查员的工作情况，及时解决他们所遇到的各种问题。特别是在调查的开始阶段，研究者要深入调查实地，参与发送问卷或结构访谈的工作，最好能亲自做一两份访谈，以了解和体验实际调查中可能出现和遇到的问题。特别是了解和体验普通调查员容易犯的错误和容易出现的遗漏、偏差等，以便及时进行指导和提醒。最好能分别陪同和观察每一位调查员进行一次调查，以掌握其调查能力、调查质量。同时，每天调查结束后，研究者要及时开会进行小结，针对调查员在实地普遍遇到和出现的问题进行统一指导和要求。

（5）问卷回收和实地审核的管理与监控。无论是自填问卷调查还是结构访问调查，最好在调查问卷收回的当天就进行问卷资料的审核。要求每位调查员在收回或完成一份问卷后，及时浏览和检查问卷填答情况，发现问题，及时回访核实，并在检查合格的问卷上面签上调查员的姓名和时间。同时，要求每个小组的组长再次对调查问卷进行清理和检查，并签上组长的名字及时间。研究者本人也应随时抽查收回的问卷，及时发现填答或访谈中存在的问题，并在实地进行回访补救。

#### 四、调查的回收率

1. 回收率的概念和计算方法

调查的回收率（response rates）也称调查的应答率或回答率，是实际调查的样本数与计划调查的样本数之比。换句话说，就是社会调查过程中研究者成功完成调查的个案数占计划完成的样本总个案数的百分比。在自填问卷调查中，它常常被称为问卷回收率；而在结构访问调查中，它又常常被称为访问回答率。

回收率的计算方法如下：

$$回收率 = \frac{实际完成调查的个案数}{计划完成的样本总个案数} \times 100\%$$

比如，一项调查从总体中抽取了 400 名被调查者作为样本，研究者采用自填问卷的方法收集资料，发出问卷 400 份，实际收回问卷 380 份。那么，根据上述公式计算，该项调查的回收率如下：

$$(380/400) \times 100\% = 95\%$$

实际调查中，由于收回的问卷里还可能会有一部分不合格的问卷，所以，调查的有效回收率，指的是通过对问卷的审核，剔除那些填答不全或明显乱填的废卷后所剩下的问卷数，即有效问卷数占样本总个案数的百分比如下：

$$有效回收率 = \frac{实际完成调查的有效个案数}{计划完成的样本总个案数} \times 100\%$$

比如，通过审核发现上述调查中所收回的 380 份问卷里有 20 份不合格的废卷，将这些废卷剔除后，该项调查的有效回收率就只有：

$$[(380-20)/400] \times 100\% = (360/400) \times 100\% = 90\%$$

由于最终进入数据分析的问卷数目是有效问卷数，因而一般情况下研究者在研究报告中向读者报告的应该是有效问卷数和有效回收率。

2. 回收率的意义

对于社会调查而言，回收率最常见同时也最基本的方法论意义在于，它是决定和影响调查样本代表性的重要因素。调查研究中，研究者虽然可以通过科学的抽样设计，达到从总体中抽取具有代表性的样本的目的。然而，这种抽样得到的样本的代表性并不能最终反映调查结果的代表性。因为抽样所得样本对总体的代表性是一种处于调查开始之前的衡量指标。在正式进行调查的过程中，会有许多因素导致样本中部分个案的缺失或失效，使得最终完成调查的样本只是抽样样本中的一个部分。而由于"未回答者通常与问卷的回答者有着相当的差别，他们通常是一些由于受教育程度低而看不懂问卷的人、一些年事已高而无法回答问卷的人，或者是一些流动性较大而无法找到的人"①，所以，当调查的回收率较低（即未回答者的数量较大）时，调查结果的总体代表性就会受到明显的影响和破坏。

我们可以用简单的图示（见图7－2）来说明回收率过低所带来的问题。假设某总体中两性人口的比例和分布如图中的左边方框。其中横线阴影部分为男性人口，空白部分为女性人口。现有三种不同的抽样方式（分别用图中间的小方框1、2、3代表），得到三种代表性不同的样本（显然样本2的代表性最大）。如果样本的回收率很低时，那么即使抽出的是很有代表性的样本（如样本2），也难以保证对总体的代表性。假设回收率只有30％时，就可能出现类似图中小方框a、b、c的多种情形（图中垂直条纹部分表示实际回收的样本）。有的也许仍然能较好地代表总体（如a），有的则不大能代表总体（如b），有的则完全歪曲了总体（如c）。这些都说明，抽样方式决定的是所抽的样本有没有代表性的问题，而回收率则是告诉我们实际调查的样本与所抽取的样本之间会不会存在很大差异。

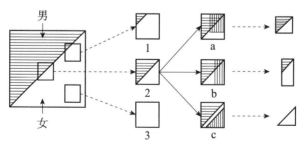

图7－2　抽样回收率过低的后果示意图

① Nachmias，C F，Nachmias D. Research Methods in the Social Sciences. 6th ed. New York：Worth Publishers，2000：208.

# 【思考与实践】

1. 问卷的封面信中应说明哪些内容？试就第 3 章练习中你所选定的调查课题设计一份问卷的封面信。

2. 根据前面章节的练习中你所得到的操作化指标，设计若干个可以在实际问卷中使用的问题。

3. 问卷设计中，对问题的表达和提问的方式有哪些常用的规则？为什么要尽量简单？

4. 安排问卷中问卷的顺序时，应按照什么样的规则？说明这样做的理由何在。

5. 找几份实际社会调查中所用的问卷，结合本章的内容，对这些问卷进行分析和评价。

6. 结合实际说明自填问卷法和结构访问法各有什么优缺点。

7. 试比较个别发送法、邮寄填答法、集中填答法各自的优缺点，并说明在实际应用中应注意什么。

8. 邮寄填答法最主要的缺点是什么？为了尽可能提高邮寄问卷的回收率和填答质量，研究者应注意哪些方面的问题？

9. 举例说明挑选调查员时应考虑的一般条件和特殊条件。

10. 从社会科学期刊中选择三篇调查研究报告，分析它们所采用的资料收集方法。

# 第 **8** 章

# 定量文献研究

前述的两种研究方式以及后面的实地研究、个案研究方式都有一个共同的特点：它们都要接触研究对象，都要直接从社会成员那里收集第一手资料。本章所要介绍的定量文献研究则与它们有一个显著的不同：它不用接触研究对象，也不是直接从社会成员那里获取研究所需要的资料，而是去收集和分析现存的，以文字、数字、图片、符号、音像以及其他信息形式存在的文献资料。所以，有的方法书中又将它们称为"非接触性研究"或"无反应性研究"。由于定量文献研究与其他类型的研究所用的资料不同、资料来源不同，因而其在具体的操作程序上也有所不同。本章主要介绍内容分析、二次分析、现存统计资料分析这三种定量文献研究方式。其中内容分析较多地在传播学、政治学、社会学中运用，二次分析较多地在社会学、政治学中运用，而现存统计资料分析则较多地在经济学、人口学等学科中运用。

## 第一节 文献与定量文献研究

### 一、文献及其类型

所谓文献（literature），其原意主要指包含各种信息的书面材料或文字材料。随着社会的发展，信息传播的载体也越来越多样化。因而，我们可以将文献定义为包含我们希望加以研究的现象的任何信息形式。根据文献具体形式和来源的不同，我们可以将其分为个人文献、大众传播媒介文献和官方统计资料三大类。

1. 个人文献

个人文献是指当事人亲自所写的第一手文献，主要包括信件、日记、回忆录和自传等。其中，日记是人们从纯粹的个人目的出发，自觉自愿写下的，其内容常常是人们内心思想的自然流露，而且它常常会按时间顺序持续相当长的一段时期。因此，日记对于研究人们的思想、感情，理解人们的行为、性格，无疑具有一定的价值。但是由于日记属于个人隐私，不经主人允许，其他人不能随意翻阅，所以，这也给利用日记进行研究带来了很大困难，日记这一文献资料的利用所受的局限很大。回忆录是作者对于自己在某一时期的一些特殊经历的描述，对于研究过去发生的某一事件、运动和社会变迁来说，有较高的价值。自传是对作者从小时候直至目前的生活历史，按时间顺序给出的连续性记述。美国社会学家托马斯和兹纳涅茨基所做的波兰农民的研究，就利用了一个 27 岁年轻人应研究者的要求所写的自传。

信件也常常被作为一种描述事件或者描述人们对某种事物个人感情的资料使用。比如，研究者可让儿童或青少年以写信的形式反映他们的苦恼，从中可以分析各级学校教育及家庭教育等方面存在的问题。当然，利用信件来进行社会科学研究的做法，同样会受到现实情景的限制。人们在信件中对于事件的描述往往是经过不正常的压缩的，并且往往是从特定角度来描述的。有人仔细地评析了托马斯和兹纳涅茨基利用信件所做的波兰农民的研究，也提出了一系列批评。

2. 大众传播媒介文献

这是利用文献进行定量研究时用得较多的资料来源。从报刊的版面、封面、标题，到刊登的文章、消息、报告等，都可以是人们进行社会科学研究尤其是采用内容分析方法进行研究所用的材料。报刊中的新闻报道常常成为人们分析某一事件或运动的依据。还有广播中的各种节目，电视中的各种栏目，以及各种广告、电影中的人物、主题等，都是社会科学研究经常利用的文献来源。而随着现代社会中计算机技术、互联网技术和智能手机等方面的快速发展，出现在网络中的各种电子信息越来越多，社会中的人们对网络及移动通信的利用也越来越多。可以说，互联网这一新的大众传播媒介不仅汇聚了报纸、杂志、广播、电视等传统大众媒介上的各种信息，还创造出了许多新的信息传播方式和新的人际交流方式，成为现代社会中非常重要的信息来源。社会科学研究者不仅可以采取内容分析的方法研究这些文献，还可以利用最近出现的大数据分析方法，从这些网络电子信息中得出有关人们行为和社会变化趋势的各种结论。

3. 官方统计资料

这是定量文献研究中另一个重要的资料来源。无论是全国人口普查资料，还是由国家统计部门、各级政府部门、各种专业机构编制的统计报表、统计报告等，都是社会科学学者，特别是经济学、人口学学者研究社会现象的极有价值的资料。这种资料往往提供了一个地区、一个部门或者全国的有关概况，对于研究者从总体上认识社会现象，分析各种因素之间的关系、掌握事物的发展规律和趋势等，有着不可替代的作用。比如国家统计局编写的《中国统计年鉴》《中国人口统计年鉴》《中国城市统计年鉴》，中国人口情报资料中心编写的《中国人口资料手册》，国家计划生育委员会编写的《中国计划生育年鉴》等，都是社会科学研究中常常用到的官方统计资料。

## 二、定量文献研究及其类型

定量文献研究（quantitative study using documents）就是通过定量地收集和分析现存的，以文字、数字、符号、画面等形式出现的文献资料，来探讨和分析各种社会行为、社会关系及其他社会现象的研究方式。如同考古学家通过考察化石和文物来了解远古的社会形态，历史学家通过研究各种文字记录来了解过去的社会结构和历史事件一样，社会科学研究者也充分地利用各种形式的文献资料，来探讨和分析各种社会的结构、关系、群体、组织、文化、价值及其变迁。

根据研究的具体方法和所用文献类型的不同，可以将定量文献研究划分为内容分析、二次分析和现存统计资料分析三种类型。这三种类型的研究的基本特征和内在逻辑都是相似的。只是在具体应用上，它们各自的侧重点有所不同。内容分析主要用于对各种大众传媒信息，尤其是对报纸、杂志、广播、电视和网络中的信息进行分析，其适用面也最为广泛；二次分析主要是对其他研究者先前所收集的原始数据资料进行的再次分析和研究；现存统计资料分析则主要集中于对那些由国家和各级政府部门所编制的统计数据进行的分析和研究。

## 第二节 内容分析

### 一、内容分析的概念与例子

1. 内容分析的概念

内容分析（content analysis）指的是对各种信息传播形式的显性内容进行客观的、系统的和定量的描述与分析的研究技术。所谓"各种信息传播形式"指的是诸如书籍、杂志、报纸、诗歌、歌曲、绘画、电视节目、演说、信件、照片、广告等各种书面材料、宣传品和艺术品；所谓"显性内容"，是指这些信息传播形式外在的东西，比如它们的文字、颜色和实物本身，而不是这些文字、颜色和实物的含义；"进行客观的、系统的"描述，意味着内容分析是一种规范的方法，它要求研究者根据预先确定的计划，采取一定的规则，按照一定的步骤来进行；而"定量的"描述则说明了内容分析方法的基本性质，它意味着内容分析的基本目标是将一种非数量表示的文献转换成用数量表示的资料，以便进行定量的分析。

内容分析是 20 世纪开始兴起的一种新的文献研究方法。它通过考察人们所写的文章、书籍、日记、信件，所拍的电影、电视及照片，所创作的歌曲、图画等，来研究人们的行为、态度和特征，进而研究和说明社会结构及文化变迁。内容分析方法假定从这些传播材料中发现的行为模式、价值观念和态度，反映出并影响着创造和接受这些材料的人们的行为、态度和价值观。因此，除信息本身的内容外，内容分析还被用来研究信息发出者的动机，以及信息传播的效果或影响。

内容分析法产生的客观基础，是随着现代社会发展而日益增加的信息传播工具和急剧扩大的信息内容。20 世纪 30 年代以来，不仅以印刷文字为主的各种出版物大量增加，以图像、声音等形式出现的新的信息载体也越来越普及。许多研究者，尤其是传播学研究者，开始尝试利用内容分析的方法，对各种大众媒介所承载的信息进行系统的分析，以发现社会和文化变化的历史趋势。在这些研究者中，由精神科医生改行从事大众传播研究的政治学家拉斯韦尔是早期的代表人物之一。在第二次世界大战期间，拉斯韦尔在美国国会图书馆组织了一项研究，名为"战争时期通讯研究"。他和他的助手们大规模地收集并分析德国的报纸资料，从中了解到许多宝贵的德国内部情况。虽然这项研究所用的时间不长，但取得了辉煌的成果，他们所运用的方法也得到了社会的普遍承认。在拉斯韦尔的推动下，内容分析法逐渐成为一种超出传播学范围，为社会学、政治学等众多社会科学研究者所广泛使用的研究方法。

2. 内容分析的一个例子

20 世纪 60 年代对美国来说是一个骚乱的年代。方克豪瑟通过对期刊的内容分析来研究这一时期美国社会所面临的重大问题。他从美国 1960 年至 1970 年的期刊中，选出三种最著名的周刊，把这三种期刊在 10 年中出版的全部刊物作为分析样本，总数为 1 716 份。然后，他按照《读者指南》的编目，把每一类条目下的文章篇数记下来进行统计分析。表 8-1 是他的统计结果与盖洛普民意调查结果的对照。[①]

表 8-1　　　　新闻杂志对 60 年代各类问题的报道及盖洛普民意调查
关于各类问题重要性的排列顺序

| 问题类别 | 文章篇数 | 排列顺序 | 盖洛普民意调查关于问题重要性的排列顺序 |
|---|---|---|---|
| 越南战争 | 861 | 1 | 1 |
| 种族关系（及城市骚乱） | 687 | 2 | 2 |

---

① Babbie E. The Practice of Social Research. 4th ed. Belmont：Wadsworth Publishing Company，1986：278.

续表

| 问题类别 | 文章篇数 | 排列顺序 | 盖洛普民意调查关于问题重要性的排列顺序 |
|---|---|---|---|
| 校园动乱 | 267 | 3 | 4 |
| 通货膨胀 | 234 | 4 | 5 |
| 电视及传播媒介 | 218 | 5 | 12* |
| 犯罪 | 203 | 6 | 3 |
| 吸毒 | 173 | 7 | 9 |
| 环境与污染 | 109 | 8 | 6 |
| 吸烟 | 99 | 9 | 12* |
| 贫困 | 74 | 10 | 7 |
| 性（道德堕落） | 62 | 11 | 8 |
| 女权 | 47 | 12 | 12* |
| 科学与社会 | 37 | 13 | 12* |
| 人口 | 36 | 14 | 12* |

注：新闻报道的排列顺序与盖洛普民意调查关于各类问题重要性的排列顺序的相关系数为 0.78（$p=0.001$）。

*这些项目在盖洛普民意调查中未被列入"重大问题"，故记为相同的顺序数。

从表 8-1 中我们不难看出二者的结果十分相近，它表明这两种不同的研究方式所得到的结果具有较大的一致性。

## 二、内容分析的程序

在具体操作程序上，内容分析通常可以分为以下几个步骤：

第一，选定研究的分析单位（比如，流行歌曲、报纸新闻、报刊人物、妇女形象等）。

第二，界定研究总体的范围（比如，20 世纪 60 年代的流行歌曲、1960 年至 1970 年的期刊、1950 年至 1990 年 40 年中的《中国妇女》杂志等）。

第三，抽取样本（比如，抽取 1966 年夏季两个月中发表在四种杂志上的歌曲、抽取 1960 年至 1970 年三种最著名周刊在这 10 年中的全部刊物等）。

第四，确定编码体系（比如，歌曲的主题、新闻杂志报道的问题类别、报刊人物的社会特征、优秀妇女的特征与事迹等）。

第五，阅读样本文献并按编码体系进行编码和录入，形成数据库。

第六，对数据进行统计分析并得出结果。

从以上步骤可以看出，除了资料的来源以及获取资料的方法不一样外，内容分析的方法在其他方面基本上与调查研究相同或相似。内容分析同样需要抽取有代表性的样本，同样需要利用某种工具、按照某种程序来测量和收集资料，同样通过对资料的统计分析得出结果。这里我们着重介绍内容分析中的两个关键环节。

1. 内容分析的抽样

在对某种文献进行内容分析时，首先遇到的问题就是抽取样本。像以人为对象的研究一样，以文献为对象的研究中也常常需要通过抽取有代表性的样本的方法，来达到研究全部对象的目的。内容分析的抽样常常在杂志、报纸、电视节目、广告或其他类似文献的标题或期号中进行，还有一些则是在作者、书籍、章节、段落、句子、短语、词汇等层次上进行的。我们在第5章中介绍的几种基本的抽样方法，都可以在内容分析中运用。

内容分析中的抽样通常分为三个主要的阶段，涉及三个不同性质的总体，在每一总体中所采用的抽样方式也常常是不同的。首先是对媒介的抽样。例如，从所有报纸中抽取若干种报纸，从所有杂志中抽取若干种杂志，从所有的电视台中抽取若干个电视台等。其次是期号的抽样，即从期刊或报纸的所有期号中抽取若干期号，或从电视台的所有时段中抽取不同的时段，或是从所有栏目中抽取不同的栏目等。最后是内容的抽样，即从所抽中的期号、时段或栏目中抽取所分析的具体内容。

2. 内容分析的编码

内容分析的另一个关键环节是对样本中的信息进行编码，即根据特定的概念框架，对信息——无论是口头的、文字的、画面的或是其他形式的——做分类记录。与编码工作有关的问题有两个：一是要选择编码的单位；二是要制定一份编码单。

选择编码单位，即选择具体的观察和点算单位。要注意把它与研究的分析单位加以区别。分析单位是研究所要描述和解释的对象。它既可以是内容分析中的编码单位，也可以不是。比如，如果我们想了解电视广告对男女角色的刻画是否有所不同，在这一研究中，电视广告就既是编码单位，又是分析单位。但是，如果我们想了解那些在娱乐栏目中插播的广告与那些在新闻栏目中插播的广告在刻画男女角色方面的差异，或者中央台的广告与地方台的广告在刻画男女角色方面的差异，那么，此时的编码单位仍然是广告，分析单位却不是广告而是电视栏目或电视台了，即不同的电视栏目或不同的电视台才是这一研究所要描述和解释的对象。

编码单是对文献材料进行观察和记录的工具，在某种程度上，它同结构式观察所用的记录单十分相似，作用相当于调查研究中所用的问卷。它的形成和结构将依赖于编码单位的选择。比如，如果编码单位是短篇小说的中心人物，研究者就必须为每一个人物准备一份统一制定的编码单；如果编码单位是一部完整的电影，研究者必须为样本中的每一部电影都准备一份编码单。

一旦选定了编码单位，研究者就要为它们制定分类或赋予数值。分类的基本要求同问卷中的答案编制要求一样，有两条原则：一是每一事实或材料——无论是小说的中心人物还是书籍中的单词、报纸杂志中的文章等其他类似的东西——都必须是互斥的，即所制定的各种类别必须是互不相交的。一个被归为"男性"的人物，就不可能被归为"女性"；被列入"政治"类的文章，就不能被列入"知识"类中。另外这些种类又必须是穷尽的，即样本中每一种情况都可以被归到某一类中。表 8-2 就是一份用于研究杂志里短篇小说中人物的编码单节选。

表 8-2　　　　　　　　　　人物编码单（节选）

| 小说标题：　　　　　　　　　　小说编号： |
| --- |
| 人物的姓名： |
| 人物的描述： |

| | |
| --- | --- |
| 1 居住国 | 3 民族 |
| ①中国 | ①汉族 |
| ②外国 | ②少数民族 |
| ③不详 | ③其他 |
| 2 国籍 | ④不详 |
| 4 性别 | 6 年龄 |
| ①男性 | ①儿童 |
| ②女性 | ②少年 |
| 5 角色 | ③青年 |
| ①主要英雄人物 | ④中年 |
| ②主要反面人物 | ⑤老年 |
| ③一般人物 | ⑥年龄变化 |
| ④小角色 | ⑦不详 |

第三节 二次分析

## 一、二次分析的含义

定量文献研究中另一个重要的资料来源，就是现存的、前人所积累的各种原始数据资料。研究者可以对那些由其他研究者以前为着其他目的所收集的原始数据进行一种新的分析。正是利用这种方法，一位社会科学家为解释某个问题而收集的资料，常常可以被另一位社会科学家用来解释和回答另一个问题。这种研究方式就叫作二次分析。具体地说，二次分析（secondary analysis）也称第二手分析，指的是对那些由其他人原先为着别的目的收集和分析过的原始数据资料所进行的新的分析。这种新的分析主要有两种类型，分别为着两种不同的研究目的：一种是从别人为研究某一问题而收集的资料中，分析与该问题不同的新的问题，即把同一种数据资料用于对不同问题的分析和研究。另一种则是用新的方法和技术去分析别人的资料，以对别人的研究结果进行检验，即用不同的分析方法处理同一种资料，看看是否能得出同样的结论。

二次分析所用的资料是别的研究者或研究机构通过实地调查所得到的原始数据。由于电子计算机在社会科学研究中的普及和应用，社会科学研究者分享各种实地调查和统计所得的大量数据资料成为可能，二次分析的方法也越来越多地为社会科学研究者所使用。

## 二、二次分析的方法

### 1. 选择研究的问题

由于数据资料是先于研究的，所以，研究者在二次分析中，对于研究问题的选择和确立有两种方式。一种是在取得资料之前就明确了要研究什么问题，然后去寻找合适的数据资料。另一种则是先发现了一组使人特别感兴趣的数据资料，然后再构想出一个能利用这些资料来进行研究的问题。对于前者来说，必须把注意力集中到你的研究问题上，以便使所选择的数据资料准确地契合研究问题。对于后者来说，则要对研究问题保持一种开放的态度。在研究问题与数据资料的关系上，要使问题去适应资料，而不是相反。这主要是因为数据资料是已定的、无法变动的，而研究问题则是可以随时调整的。

2. 寻找合适的资料

由于二次分析所用的都是原始调查或统计得到的数据资料，因此我们应该对这种资料的主要来源有所了解。在美国等西方国家，有许多专门从事调查研究的机构、各种不同规模的数据库，因而，资料来源较广。比如，"全国民意研究中心"（NORC）根据其每年对美国的调查所形成的综合社会调查（GSS），其他一些大学和科研机构、政府机构的调查研究中心所收集的数据资料等。在我国，这样的数据资料库也在逐步发展中。从目前情况看，可利用的有北京大学的"中国家庭追踪调查"（CFPS）、中国人民大学的"中国综合社会调查"（CGSS）、中国社会科学院的"中国社会状况综合调查"（CSS）等。

对于二次分析来说，除了在相关调查机构的网站上寻找数据资料外，通过阅读那些运用相关数据库所做的研究，也是研究者寻找和发现潜在的、具有吸引力的资料来源的很好的途径。因为有那么多公开发表的研究都来源于大型调查数据资料，你可以通过查阅过去一段时期的研究期刊得到有关大型调查数据资料的情况。当发现一组对你似乎十分有吸引力的数据资料时，你可以仔细地阅读论文的资料部分对资料的内容、收集方法等的描述。如果是在一本著作中发现这组资料的，那么，书中一般都有介绍资料的收集方法和过程的专门章节。此外，在书后的附录中，还可以找到诸如问卷等详细的信息。当你认为这组数据对研究确实有用时，你可与原始资料的收集者联系，尝试向他索取原始数据和了解具体细节。有了这些原始资料，你就可以从中选择所需要的数据，进行你的研究和分析。

3. 对资料的处理和分析

得到所需要的数据资料后，往往要对这些资料进行一些加工，才能使其更好地为自己的研究服务。首先，必须从资料中寻找或重新定义你所要研究的变量。其次，根据研究目标，你也可以只取样本中的一个部分作为分析的对象，比如只取男性样本的资料，或只取 20 岁以上的样本等。但是，在这样做的时候，你必须重新考虑抽样设计，看看这种抽取部分样本的做法对样本本身的性质有什么影响，这一子样本的代表性又如何等。总之，作为一个二次分析研究者，你可以重新创造出许多适合你的研究的资料。但必须时刻注意，不要把资料用于它所不适合的目的。

二次分析的最主要同时也是最大量的工作，就是对资料的重新分析。在这种分析中，各种统计分析方法和技术都同样适用。如果把二次分析的方法与调查研究的方法进行比较，可以更清楚地认识这种方法的实质。调查研究往往是研究者根据自己的研究目的去实地收集第一手资料，也可以说他们是先"创造"出资料，然后再对这些资料进行分析。而二次分析则是研究者自己不去进行实地调查，不去"创造"第一手资料，只是根据自己的研究目标在别人已"创造"出的各种原始资料堆中去"寻找"合适的资料进行分析，即只是把别人已"创造"好的资料拿来为自己所用。

### 三、美国综合社会调查简介①

在美国，有一项专门为方便全体社会科学的学者和学生使用而设计的全国性抽样调查——综合社会调查（General Social Survey，GSS）。它由芝加哥大学的"全国民意研究中心"（National Opinion Research Center，NORC）负责具体实施，从 1972 年到 1993 年，基本上每年进行一次。调查样本规模在 1 372～1 860 之间。由于调查经费紧张，从 1994 年开始改为双年调查一次，样本规模则相应地增加了大约一倍，在 2 765～2 992 之间。从 1972 年到 2002 年，这一数据库包括了将近 44 000 个回答者的资料，调查的回答率一直保持在 77％左右。最低的 2000 年和 2002 年是 70％，最高的 1993 年是 82％。表 8 - 3 是 GSS 的样本规模和回答率统计

---

① Dorsten L E, Hotchkiss L. Research Methods and Society. Phoenix：Pearson Education Inc.，2005.

（最初几年无回答率统计）。

表 8-3　　　　　　　　不同年份 GSS 的样本规模和回答率

| 年份 | 样本规模 | 回答率（%） |
|------|---------|-----------|
| 1972 | 1 613 | N/A |
| 1973 | 1 504 | N/A |
| 1974 | 1 484 | N/A |
| 1975 | 1 490 | 76 |
| 1976 | 1 499 | 75 |
| 1977 | 1 530 | 77 |
| 1978 | 1 532 | 74 |
| 1980 | 1 468 | 76 |
| 1982 | 1 860 | 78 |
| 1983 | 1 599 | 79 |
| 1984 | 1 473 | 79 |
| 1985 | 1 534 | 79 |
| 1986 | 1 470 | 76 |
| 1987 | 1 819 | 75 |
| 1988 | 1 481 | 77 |
| 1989 | 1 537 | 78 |
| 1990 | 1 372 | 74 |
| 1991 | 1 517 | 78 |
| 1993 | 1 606 | 82 |
| 1994 | 2 992 | 78 |
| 1996 | 2 904 | 76 |
| 1998 | 2 832 | 76 |
| 2000 | 2 817 | 70 |
| 2002 | 2 765 | 70 |
| 合计 | 43 698 | |

资料来源：Dorsten L E，Hotchkiss L. Research Methods and Society. Phoenix：Pearson Education Inc.，2005：350.

根据芝加哥大学全国民意研究中心的统计，从 1972 年到 2002 年，至少有 7 000 份利用 GSS 资料撰写的研究报告。此外，GSS 的数据资料还经常被用在大学本科生和研究生的教学中，也经常被新闻媒体利用。

GSS 调查采用入户访问的方式进行。每次调查的样本都是单独抽取的，研究者虽然无法研究个体随着时间发生的变迁，但却可以利用 GSS 中重复变量的资料研究总体的趋势。1972 年调查刚启动时，调查问卷的内容很短，仅仅由 20 个问题组成。从 1973 年开始，这一调查得到了美国国家科学基金的资助，调查内容开始变得详细起来，问卷变成了由上百个问题组成。每份问卷的平均访问时间大约为 90 分钟。

GSS 调查中每年都重复的变量包括基本的人口和分层变量，比如年龄、性别、种族、婚姻状况、教育程度、职业、行业、收入、每周工作小时、就业状态、居住地区、地理的流动、国籍、家庭户构成等。此外，每年的调查都会有一些关于社会或政治的主题，比如政党认同、艾滋病、种族关系、宗教、军事、对当局的态度，对诸如堕胎、妇女权利、少数族裔等社会问题的态度，以及消费行为等。1985 年开始，GSS 调查设置了一系列主题模块。这些模块不会出现在每一次的调查中，但会周期性地重复。这种主题模块的例子包括政治参与、宗教、群体关系与冲突、市民责任、工作与就业、文化、多元文化主义等。

GSS 有专门的网站：http：//webapp. icpsr. umich. edu/GSS。网站上包括在线的编码簿，编码簿中包含每一个问题的表述、每一个取值的意义、变量编码的取值范围、单变量频数分布，以及几个解释资料收集和编码细节的附录。网站允许有选择地下载某些变量的数据，同时也提供有限的在线数据分析。许多社会科学专业的博士候选人用来写作博士论文的数据资料，都来自类似 GSS 这样的数据库。所以，博士研究生进入选题阶段以后的一项很重要的工作，就是在大量的数据资料库中寻找合适的数据资料。

**四、中国社会状况综合调查**[①]

中国社会状况综合调查（Chinese Social Survey，CSS）是中国社会科学院社会学研究所于 2005 年发起的一项全国范围内的大型连续性抽样调查项目。调查从 2006 年正式开始，基本每两年调查一次。CSS 旨在通过

---

① 简介由"中国社会状况综合调查"项目组提供，谨致谢意！

对全国公众的劳动就业、家庭及社会生活、社会态度等方面的长期纵贯调查，来获取转型时期中国社会变迁的数据资料，从而为社会科学研究和政府决策提供翔实而科学的基础信息。

2006 年、2008 年和 2011 年的三期 CSS 以第五次人口普查分区县市资料为基础形成抽样框，调查样本规模在 7 000～7 200 之间。2013 年起，CSS 基于第六次人口普查分区县市资料更新抽样框，并稳定地隔年实施一次调查，调查区域覆盖了全国 31 个省/自治区/直辖市，包括了 151 个区/市/县，604 个村/居委会，样本量也增加到 10 100～10 300 之间，其研究结果可推论全国年满 18～69 周岁的住户人口。以 2019 年 CSS 为例，该年度共回收有效样本 10 283 个，采集变量 2 607 个，形成 26 807 781 个数据项，应答率为 73.4%，问卷平均访问时间在 70 分钟以上。截至 2021 年底，已完成了八期调查，应答率在 60% 以上，最低的是 2011 年的 61.5%，最高的是 2006 年的 82.3%。

CSS 调查采用多阶段分层混合抽样，根据十年一次的普查数据形成抽样框，被抽中的村/居委会在这十年间基本固定，但每期调查抽取的最终访问户和访问对象并不固定。虽然 CSS 并非固定样本的追踪调查，但历次调查都有相对固定的调查指标，可以支持时间序列的趋势分析，记录和研究社会变迁规律。

CSS 的问卷在设计上分为固定模块、更替模块和热点模块。固定模块指每期调查均需采集的基本信息，包括性别、年龄、婚姻、户口、民族、宗教信仰、受教育程度、政治身份、就业状态、职业、行业、收入、劳动时间、家庭户构成、家庭居住状况和家庭收支等方面的信息。更替模块覆盖教育经历、职业流动、社会保障、生活压力、农业经营、社会经济地位认同、社会群体冲突、社会问题认知、社会安全感、社会公平感、政府满意度评价、社会价值观、消费与媒介接触、社会支持、民族关系评价、健康情况、个人幸福感、社会宽容、社会参与、政治效能感等多个主题。热点模块则根据调查年热点社会议题确定，如城镇化、社会治理、中国梦、惩治腐败、生育意愿、志愿服务等主题。CSS 调查汇聚了社会学、经济学、政治学、教育学、法学、廉政学、社会心理学、传播学等多个学科关注的议题。

在调查实施方面，CSS采用地图地址抽样和入户调查的访问方式，由经过严格培训的访问员对被抽中的家庭进行访问。最初几期CSS采用手工绘制地图抽样和纸版问卷入户的访问方式，2019年起，CSS已实现了全流程电子化访问，使用"中国社会科学院计算机辅助住宅抽样系统"（CASS-Computer Assisted Residential Sampling，CASS-CARS）采集抽样数据并完成抽样，使用"中国社会科学院计算机辅助调查面访系统"（CASS-Computer Assisted Personal Interviewing，CASS-CAPI）采集访问数据。这两大系统的开发和应用，为CSS调查流程中各环节的实现提供了相对便捷、智能的技术支持。在访问期间，CSS运用两大系统，通过数据核查、电话回访、录音核查、入户回访、入户陪访、GPS定位核查等多种方式对调查质量进行严格控制，确保回收数据真实、准确。

CSS项目组还征集、整理深入调查一线的督导们的调查实践思考，择优编辑出版了《仗卷走天涯：全国大型社会调查之督导笔记》系列书籍。与课堂上的问卷调查专业书籍不同，这是一本关于入户调查的辅助读物。通过阅读学习督导们的调查经历，可了解CSS的调查流程，也能体会他们如何把从课堂上学到的入户调查知识点转化为具体的实践行动和专业思考。此外，项目组还组织使用CSS数据的有奖征文活动，为获奖者颁发奖金和证书。

自2008年CSS数据向国内用户开放以来，截至2021年全国已有近500家单位、超3 000名用户申请和使用CSS数据。CSS的数据资料常用于大学本科生和研究生教学，并为各个层级学生撰写研究论文提供了第一手数据资料。同时，CSS也为政府各决策部门提供了真实有力的数据参考。目前，历年收集的CSS数据已陆续免费向社会公众开放，用户可以访问"中国社会质量基础数据库"网站（http：//csqr. cass. cn）、"中国社会状况综合调查"网站（http：//css. cssn. cn）或"中国社会状况综合调查CSS"微信公众号，申请获得需要的数据和资料。

## 五、二次分析的优缺点

二次分析首先具有省时、省钱、省力的特点。它可以使研究者从复杂、辛苦的收集原始数据的工作中，以及单调、枯燥的数据登录、输入等工作中解脱出来，集中更多的时间和精力来分析资料。二次分析的另一个突出优点是特别适合于比较研究和趋势研究。比如，我们可以通过对不同的研究者在不同的地区分别收集的资料进行二次分析，来对比不同地区的情况。或者把不同的研究者对不同的群体进行调查所取得的资料进行二次分析，来对比不同群体的情况。还可以把其他研究者在不同时期对于同一问题所做的若干次研究的资料聚集在一起进行二次分析，以便研究事物发展的趋势等。

二次分析的主要缺点在于其所用资料的准确性或适用性不足。也就是说，一方面某个研究者为其特殊的目的所收集的数据资料，不一定正好与另一个研究者的研究旨趣相符；另一方面，二次分析研究者所需要的数据资料则有可能在现有研究数据中完全找不到。最常见的情形是，二次分析研究者往往发现原始研究中的某个问题"基本上"是在测量他所感兴趣的某个变量。但他更希望这个问题的提法稍微有点不同，或者接着问一个相关联的问题，那样就能更准确地测量他想测量的东西。实际上，这样的资料对于二次分析研究者来说，效度是较低的，即原始问题所测量的并不正好是二次分析研究者所希望测量的变量。

## 第四节　现存统计资料分析

### 一、现存统计资料分析的概念

在社会科学研究中，特别是在经济学、人口学中，人们也常常运用各种现存的统计资料来进行自己的研究。这种现存的统计资料，既可以为研究提供历史背景材料，又可以成为研究本身的数据和资料的一种来源。后一种情况下的研究就被称作现存统计资料分析（analyzing existing statistics）。

现存统计资料分析与二次分析有一个相似点，那就是它们所用的资料都是别人已收集好的，只是二次分析所用的是原始数据资料，而现存统计资料分析所用的则是那种以频数、百分比等统计形式出现的聚集资料。毫无疑问，我国最有价值的统计资料是由国家统计局编辑的《中国统计年鉴》，以及诸如《2020 年第七次全国人口普查主要数据》《中国社会统计资料》《中国人口统计年鉴》《中国城市统计年鉴》《中国教育统计年鉴》这样的分类统计资料。国际范围内的统计资料主要由联合国提供，它的《人口统计年鉴》每年都提供各国重大的统计资料，比如出生率、死亡率、人口自然增长率等有关人口的统计资料，其他出版物也提供各种分类的统计资料。此外，一些专门的研究机构，也可以提供体量庞大的统计资料。研究者利用这些统计资料同样能进行社会科学研究。

在利用现存统计资料时，应注意三个问题：一是应该对统计资料的内容、对象、范围、特点等都具有清楚明确的认识，这是正确运用现存统计资料进行研究的前提。二是对于各种统计指标、比率和数字的实际含义，它们的计算方法等应十分清楚，不能含含糊糊，否则就会出现错用资料的情况。即当我们阅读或使用某个统计数字时，总是应该问一问这个数字所代表的实际内容是什么。三是要注意现存统计资料通常是聚集资料（集合性资料），它们所描述的对象通常是群体而不是个体，在利用现存统计资料时注意避免犯层次谬误。

## 二、现存统计资料分析的主要步骤

### 1. 选择合适的资料

许多研究常常要求大量与此相适应的聚集资料，比如，任何涉及全国范围内某种社会现象的趋势研究，都要求这种资料。这在人口学、经济学中特别明显。如果你所研究的问题与某种聚集资料相适应，那么，你必须仔细地考虑能够用来回答这一问题的统计证据的类型。要从各种调查统计部门所编制的现存统计资料中，选择最适合你的研究问题、最有代表性和最有说服力的证据。

### 2. 比较与分析资料

由于聚集资料都是在一定的基础之上建立起来的，所以，把它们分解开来通常是不可能的。比如，当你发现了某一时期的就业率资料时，只要该资料本身没有区分性别，那么，你就不可能将这一资料分解成男性就业率与女性就业率。我们通常所能做的，是对各种统计数据进行多种角度、多种层次的比较，特别是比较那些基于较小的单位，比如说以省、市为单位的合计资料中的信息。比如，我们可以比较改革开放前十年中沿海开放城市与内地城市的就业率，或经济较发达的省与经济较落后的省的就业率等。同时，现成统计资料往往时间跨度很大，且每一年统计数据的内容和格式都基本相同，因而特别便于进行纵向的比较。总之，我们只能在现有统计资料本身的结构中去比较，在不同的比较中去发现、发掘和利用，特别是从不同的角度来利用。

3. 说明资料来源

现存统计资料分析中的一个很重要的工作，就是要说明所用的现存统计资料的来源，并使这种资料能够被理解。研究者必须对所用资料的各种注释、总体基础和测量指标的确切类型等都有明确的认识，一定要准确地记下资料的来源和出处。因为现存统计资料分析人员所用的都是别人已整理好的资料。不明确这些资料的收集方法、指标含义、总体范围和某些特定的说明，往往就不能很好地使用这些资料；而不确切地说明资料的来源、出处，别人就会对你的证据的可靠性和准确性产生疑问。

## 三、现存统计资料分析的例子

我们通过两个实际的例子来说明现存统计资料分析的具体方法。

第一个例子是法国社会学家涂尔干对自杀的研究。[①] 涂尔干一百多年前对自杀现象的经典研究，是想探索哪些因素与人们的自杀有关，或者说他想回答哪些因素会影响到人们自杀。显然，对自杀现象进行实验研究是不可能的；进行调查研究也行不通，因为研究者无法向死人做调查；进行实地研究也做不到，因为研究者无法事先确定哪些人将会自杀并参与那些将要自杀的人的生活。但在现实生活中，有关自杀的统计资料却是可得

---

① 巴比. 社会研究方法. 北京：华夏出版社，2000：407 - 410.

的，于是涂尔干选择对这些统计资料进行分析。

人们自杀的原因是多种多样的，研究者可以按照某些标准（即共同的原因）对这些自杀案例进行分类，比如失恋、受辱、经济上的失败或其他个人方面的问题所导致的自杀等。然而，涂尔干探讨自杀问题时，头脑中所思考的问题与这些原因有些不同。他怀疑仅从个人心理方面来解释是不够的，他希望发现环境特别是社会条件对自杀的影响。

首先，他仔细查阅和比较了各国关于自杀的统计资料。他查阅的记录越多，各种不同的模型就越是明显地展现在他面前。其次，他细心比较了各种统计结果相互之间的一致性与差异性。这样，他一方面注意到了自杀率的相对稳定性，好几个国家的资料都显示，自杀率年复一年几乎总是相同的。另一方面，他又发现夏季自杀的发生率比其他季节高得多。这一点启示他，也许温度与自杀有关。于是，他从观察到的差异中提出了解释因果关系的假设，然后按照演绎推理的逻辑思路，从假设中推出应有的经验结果，即如果温度真的与自杀有关，或者说如果温度的不同真的会导致自杀率不同的话，那么就应该有下列现实：南欧国家的自杀率应比北欧国家高。他又进一步查阅相关自杀统计资料，试图检验这一假设，发现情况并非如此。自杀率最高的既不是南欧国家，也不是北欧国家，而是一些中纬度国家。因此，温度似乎不是自杀的原因。这一假设没有被证实。

第二个例子是美国西伊利诺伊州立大学唐盛明教授关于青少年离家自立门户的研究。[①] 他从一本每年出版的《当代人口报告》中，发现两张"15岁以上人口婚姻状况表"，一份表格是按年龄、性别与种族分别进行统计的，另一份表格则是按家庭情况进行统计的。由于这两份表格的人口总数相符，他决定用它们来研究美国白人与黑人青年的居住情况。

首先，他把每一个15岁以上的人分入三个可能的范畴之一："已婚""与父母共同居住"和"单身独居"。因为美国绝大多数的家庭是只包括父母与未婚子女的核心家庭，因此，"已婚"和"与父母共同居住"基本上

① 唐盛明. 社会科学研究方法新解. 上海：上海社会科学院出版社，2003：99-101.

就成了两个互不相容的范畴。在上述表格中，"已婚"一栏有单独的统计数据，"与父母共同居住"和"单身独居"这两个范畴则需要通过栏目合并的方法计算。离婚者和寡居者的居住情况一般不同于已婚者，因此根据实际情况，他们或者被归入"与父母共同居住"，或者被归入"单身独居"。同居者最终分手的可能性大于最终结婚的可能性，因此，他们被归入"单身独居"一类。

研究者关注的是青年的情况，因此他只对统计资料中 15～34 岁的人口的居住情况进行了分析。他把 15～34 岁人口分为两个组，即 15～24 岁组和 25～34 岁组。然后，他给白人和黑人的两个年龄组分别列表，根据性别与上述的三个范畴，分别计算出 1976—1992 年中这三个范畴的相对百分比。对每一年度而言，"已婚""与父母共同居住"和"单身独居"这三个范畴的总计百分比为 100％，根据每个范畴的百分比在历年中的变化，研究者可以观察到美国白人青年和黑人青年居住情况的变化趋势。

研究结果显示：1976—1992 年，15～24 岁的白人青年结婚的百分比逐年下降，1976 年是 23.8％，1992 年则是 16％；单身独居的百分比则呈逐年上升的趋势，从 1976 年的 8.1％，上升到 1992 年的 14.6％。同年龄段的黑人青年在结婚与单身独居这两个范畴中具有相同的趋势，但是，与父母共同居住的黑人青年的百分比大大高于白人青年。

对 25～34 岁的白人青年与黑人青年来说，结婚百分比逐年下降，单身独居的百分比逐年上升的趋势依然存在。但是，对于这个年龄段的黑人青年而言，与父母共同居住的百分比出现了不同寻常的增长：男性的增长率从 1976 年的 15.5％上升至 1992 年的 34.9％；女性的增长率更高，从 1976 年的 25.7％上升至 1992 年的 45.4％。

研究者在利用统计数据对这一问题开展研究时，主要进行了两项工作：一是把居住状况转化为一个包含三个范畴的变量；二是查阅了《当代人口报告》1976—1992 年刊登的相关表格的每一期，然后根据上述三个范畴分别列表。从这个意义上说，研究者是利用了现有统计资料的特点做了一次跨年度的纵向比较研究。

第五节　定量文献研究的特点

**一、定量文献研究的优点**

（1）无反应性。定量文献研究不会打扰研究对象，也不会对这些研究对象产生影响。由于各种形式的定量文献研究都不需要直接同人打交道，而是利用和分析那些业已存在的文字材料、数据资料和其他形式的信息材料，所以，在整个研究过程中，研究对象不会因受到研究者的影响而发生变化。虽然这种方法在收集资料过程中有可能受到研究者主观偏见的影响，但收集资料方法本身却不会使正在收集的资料发生变化。

（2）费用低，省钱省时。尽管进行一项文献分析的费用会依据所分析的文献的类型、文献散布的广度、获取文献方式的难易程度等方面的差别而有所不同，但是，一般来说，它比进行一项大规模调查、一项严格的实验或一项深入的实地研究所需要的费用要少得多。因为它所用的资料往往只需要通过借阅、复印等形式就可得到。一个社会科学研究者总可以在没有足够的经费、时间和人力的情况下，采用内容分析的方法开展研究。因为它既不需要大批的调查员，也不需要特定的设备和仪器，研究者独自一人就可以进行，只要可以查阅和收集到相应的文献资料。

（3）可以研究那些无法接触的研究对象。比如，如果我们要研究某一历史时期中的人们或事件，而这些人们早已离开人世，这些事件也早已成为历史。此时，采用其他的社会科学研究方法，比如调查、实验、参与观察等，显然是不可能的。而文献研究却可以帮我们达到这一目的，只要我们能找到足够多的与这些人或事件有关的文献材料。例如，在1968年，美国社会学家兰兹等人打算研究工业革命前美国的婚姻与家庭。可是，生活在那个时期（1700年前后）的人们没有一个还活着，因而无法采用调查访问的方法去收集资料。于是他们采用了文献研究的方法，对美国独立前十三州时代的杂志进行了分析。尽管他们所用的资料存在某些问题，但这却是要达到其研究目的的唯一可行的途径。

（4）适于做纵贯分析。由于调查、实验、观察等方法所研究的都是现时的情景，因而往往难以用来进行纵贯研究或趋势研究。定量文献研究在这方面则有着它特别的优势。随着时间的流逝，各个不同历史时期的社会现象和社会生活，或多或少总会以各种不同的文献形式被记录下来。因此，如果我们要研究不同历史时期（比如 20 世纪 50 年代、60 年代、70 年代、80 年代直至 90 年代）我国人民的婚姻观念的特点和发展趋势，最好的方法就是利用这 50 年来的各种有关婚姻观念的文献资料进行分析和研究。当然我们也可以去访问或调查在不同时期结婚的人们，但是，对较早时期的对象（比如 40 年代结婚的人们）开展调查的过程中，则可能会遇到年龄大、文化程度低、身体不好等众多客观困难，从而达不到理想效果。

（5）保险系数相对比较大。假如研究者进行一项调查，或进行一项实验时，由于设计不周密或准备不充分导致结果不理想，那么，如果他重做一遍，则要花费双倍的时间和经费。而如果一项实地研究做坏了，要重做一遍也许根本就不可能。因为你所研究的事件和环境已经改变，或者已不复存在了。但在内容分析中，弥补过失比其他研究要容易得多。你只需对你所用的资料重新进行编码或进行统计处理即可，不用一切都从头开始。

**二、定量文献研究的缺点**

（1）许多文献的质量往往难以保证。无论是个人的日记、信件，还是报纸上的各种报道文章，甚至官方的统计资料，都常常隐含着由个人的偏见、作者的主观意图以及形成文献过程中的客观限制形成的各种偏误，从而影响到文献资料的准确性、全面性和客观性，影响到文献资料的质量。这是因为，社会科学研究所用的文献资料通常都是由其他人为着他们自己特定的目的而编制的，而不是为社会科学研究的目的而编制的。因此，他们的主观意图，他们的个人偏见，还有他们所遇到的客观限制，都不可避免地会影响到他们对文献内容的取舍和对文献形式的安排。

（2）有的资料是不易获得的。由于许多文献都不是公开的和可以随意获得的，因此对于某些特定的社会科学研究来说，往往很难得到足够的文献资料。比如，个人的日记、私人的信件往往属于个人隐私，一般不会公之于众。此外，某些政府机构和社会组织的文件、决议、记录、统计数字等，也常常属于这些机构和组织的内部机密，研究者通常很难得到。在我国目前的现实生活中，大量社会科学研究者和社会调查机构产生的数量很大的原始调查数据，通常也只是被长期搁置在初始研究者的磁盘中和电脑里，不仅其他的研究者得不到，就连初始研究者自己也很少再去理会它们。

（3）许多文献资料由于缺乏标准化的形式，而难以被编码和分析。有些文献，比如报纸杂志，经常以一种标准的形式出现，因而编码和分析起来就比较容易，既可以进行纵向的对比研究，又可以同其他报纸杂志进行横向的对比研究。但是，许多其他文献特别是个人文献，却不具备这种标准的形式。它们撰写目的的不同，内容或对象的不同，长度、语言等表达形式的不同等，都给研究者的编码和分析带来了很大的困难。同时，这样的文献也往往难以进行对比分析。

（4）效度和信度存在一定的问题。研究者对文献资料进行编码的结果是否的确反映了他所希望测量的概念或所希望研究的变量呢？很多时候并非如此。因此，效度是内容分析的一个常见问题。另外，在许多情况下，文献研究中的编码主要依据研究者对文献中的隐性内容所进行的主观鉴别、判断和评价。由于缺乏相对客观的标准，因此这一过程中又常常存在着编码的信度问题，特别是当编码人员不止一人时，这种问题更容易出现。

# 【思考与实践】

1. 定量文献研究区别于其他几种研究方式的本质特征是什么？

2. 如果要用内容分析的方法研究电视广告中的性别偏见，如何进行抽样？如何进行编码？

3. 找一个诸如 QQ 音乐、网易云音乐这样的网站，用内容分析的方法对其中的流行音乐歌词进行研究。

4. 利用教师提供的原始数据，进行一次二次分析的实践。

5. 根据教师提供的人口学方面的研究报告，看看作者是如何利用全国人口普查资料的。

6. 从社会科学刊物中，找出几篇定量文献研究的研究报告，总结并陈述它们所采取的具体方法。

# 第 **9** 章

# 实地研究

实地研究是定性研究方式中最重要的方式之一。无论是其所具有的方法论背景、研究目标，还是其研究的策略、资料收集方法，以及资料分析方法等，都与前面介绍的几种定量研究方式有着较大的差别。实地研究被较多地运用在人类学、社会学、教育学、政治学等学科中。本章将对实地研究的类型、实施过程，以及实地研究中两种基本的资料收集方法进行介绍。

## 第一节　实地研究及其类型

### 一、实地研究的概念

实地研究（field research）是一种深入研究现象的生活背景，以参与观察和无结构访谈的方式收集资料，并通过对这些资料的定性分析来理解和解释现象的社会科学研究方式。"参与观察"首先强调"参与"，即研究者必须深入其中，深入他所研究的对象所处的真实社会生活。"观察"也并不只是狭义的"用眼睛看"，而是指广义的"了解"，包括看、听、问、想，甚至还有体验、感受、理解等。实地研究中用来收集资料的主要方式有观察和访谈两种。它们包括非正式的、随着生活环境和事件自然进行的各种观察、旁听和闲谈，也包括正式的采访、座谈和参观等。

这种来源于人类学，并被人类学家用于研究非本族文化和相对原始的部落群体的实地研究方式，已被社会科学家们用来研究本族文化和现代社会。早期的实地研究大多被西方社会学家用于研究城市下层阶级居住区的生活，或用于研究城市中的流浪汉、贫民、黑人等下层群体。现在研究者们则采用这种方式研究社会中的各种个人、群体、组织或社区。国内也已有学者采用实地研究来研究北京这样的大都市里由外来农民形成的"特殊的村庄"。

实地研究是一种定性研究方式，也是一种理论建构型的研究方式。实地研究方式的基本特征是强调"实地"，即研究者一定要深入研究对象的社会生活环境，且要在其中生活相当长一段时间，靠观察、询问、感受和领悟去理解所研究的现象。其基本的逻辑结构是，研究者在确定了所要研究的问题或现象后，不带任何假设地进入现象或对象所存在或生活的背景，通过参与观察收集各种定性资料，在对资料进行初步的分析和归纳后，又开始进一步的观察和进一步的归纳，通过多次循环，逐步达到对现象和过程的理论概括和解释。

## 二、实地研究的两个例子

### 1. 《街角社会》

美国著名社会学家 W. F. 怀特的《街角社会》，被称为以参与观察方式进行研究的一个经典实例。1936 年，怀特获得了哈佛大学的一笔奖学金，他可以用这笔钱在三年的时间里进行一项他所感兴趣的研究。由于他当时对社会改革很感兴趣，所以他决定用这笔钱去研究波士顿的一个贫民区。他选择了一个叫作"科纳威里"的意大利贫民区，因为这个地区与他头脑中的贫民区的印象最为接近。

为了进入这个地区开展研究，他曾经有过几次失败的尝试。最后，他终于得到了诺顿大街福利委员会一位社会工作者的帮助。这位社会工作者安排他与当地青年帮派中一个叫多克的头头会面。经过坦率的交谈，多克同意为怀特在这个意大利社区中做保证人，即让怀特作为"多克的朋友"去参与和观察社区中的各种活动和人们之间的各种关系。

怀特经常同帮派的青年人聚在一起玩滚木球的游戏、打棒球、玩纸牌，也经常同他们一起谈论赌博、赛马、性以及其他的事情。他在科纳威里生活了三年半，其中有一年半的时间是同一个意大利家庭住在一起，并学会了说意大利语。在长期的观察中，怀特收集了丰富生动的资料，得出了有关群体结构与个体表现之间关系的一系列结论。关于他的研究，怀特写道：

> 当我开始在科纳威里游逛时，我发现需要对我自己和我的研究做出解释。因为只要我和多克在一起，有他担保，就没有人问我是谁，或者我在干什么。但是，当我独自巡回于其他群体，甚至在诺顿帮中间时，他们显然对我十分好奇。

> 不久，我发现人们在这样议论我：我正在写一本关于科纳威里的书。这似乎是过于含糊的解释，可这就足够了。我发现，我能否为这个地区所接受，取决于我所发展的私人关系，而远不是取决于我所能做出的解释。写一本关于科纳威里的书是不是件坏事，完全取决于人们对我个人的看法。如果我是好人，那么我的研究也是好的；如果我不好，那么就没有什么解释能够使他们相信写这本书是件好事。[①]

2. 《中镇》

美国著名的社会学家林德夫妇在 20 世纪 20 年代对美国中镇的研究，可以说是社区研究的一个典范。研究者在该镇生活了一年多时间，对该镇的六个主要生活活动方面进行了广泛深入的考察。这六个方面如下：谋生、建立家庭、培养孩子、度过闲暇、宗教活动、社区活动。研究者所运用的各种技术包括：（1）参与当地生活。"小组成员住在公寓里或是私人家里，以各种可能的方式了解城镇生活，和镇里人交朋友，像镇里其他居民那样进入当地人的各种联系中，并承担相应的义务。""小组成员今晚和一个大制造厂的工头一起进餐，明晚又和一个劳工领导或一个日班工人一

---

① 怀特.街角社会：一个意大利贫民区的社会结构.黄育馥，译.北京：商务印书馆，1994：330.

起进餐；一周一周地参加教堂仪式、学生集会和班级活动、法院开庭审讯、政治集会、工人会议、市民俱乐部午餐、玩牌场等。"（2）查阅文献资料。"人口普查数据、城市和乡村的记录材料、法庭卷宗、学校档案记载、州两年一次的报告和年鉴等，只要能得到的，都可以使用。"（3）访谈。"这包括从与公共汽车售票员、守门人、理发师、正式午餐或俱乐部的临时服务员所进行的最为偶然的谈话，到与个人，特别是与那些能够用生活用语提供信息的个人进行的认真计划好的访谈。"①

## 第二节　实地研究的过程

从实施的程序上看，实地研究通常可分为以下几个主要的阶段：（1）选择研究背景；（2）获准进入；（3）取得信任和建立友善关系；（4）收集资料；（5）整理和分析资料；（6）报告研究结果。我们这里先集中探讨前面三个阶段的内容。资料收集阶段的内容将在本章的后两节分别进行介绍，而资料的整理、分析及结果表达部分的内容，则放到本书最后两章中进行探讨。

### 一、选择研究背景

实地研究必须深入实地。因此，"实地"的选择是进行实地研究的第一步。在客观条件许可时，我们应尽量选择那些既与所研究的问题或现象密切相关，又容易进入、容易观察的背景。对于非参与观察来说，这种理想的背景就是那些不易为我们所观察的对象注意到和感觉到的地方。比如，如果我们要以非参与的方式观察大城市中人们对交通规则的遵守情况，我们就可以选择繁华的十字路口旁一幢有着十分容易观察整个路口，但本身不被人注意的窗口的三层楼房。而对于参与观察来说，则应选择那种能够使研究者自然地进入、自然地参与其中、容易被当地社区接受，且

---

① 张新梅.《中镇》的研究方法.社会学与社会调查，1992（3）.

能较快熟悉所观察社区的背景。

在研究背景的选择方面，有一个与研究者熟悉程度有关的问题。研究者应该选择自己熟悉的地区吗？抑或应该选择他不熟悉的地区？不同的研究者对此看法不同。持赞成观点的人认为，研究者对其所研究的地区越熟悉，做研究越方便，就越有利于接近、理解和分析所研究的现象。比如，周敏谈到她之所以选择纽约的唐人街作为其研究背景，原因之一是"研究纽约唐人街对我来说最为方便，不仅因为我们都是华人，还因为我的许多亲戚朋友早已移居于此，这密切的社会关系为我的研究工作提供了方便。唐人街是我自己的社区。我对唐人街的感情，以及我本人作为移民的经历，都与许多中国移民一样，这使我感到这个社区特别亲切。我在唐人街进行实地研究期间，基本上能按计划采访，访谈对象都把我看作自己的女儿、姐妹或知心朋友"①。

而持相反观点的人则认为，如果选择研究者所熟悉的背景，特别是研究者具有某种直接经历的背景，他将会在克服自己对现实所具有的特定看法和特定感情方面遭遇到困难。要研究者做到像看待一种新的、他所不熟悉的背景那样来看待自己早已熟悉的背景，并且能够从中发现许多值得探讨和研究的现象与问题，以及不带有某种个人的偏见，并不是一件十分容易的事情。此外，选择研究者不熟悉的背景，有利于研究者对事物保持敏锐的感觉；但在观察熟悉的事物时，研究者往往会由于司空见惯和习以为常而失去这种敏锐的观察力。

## 二、获准进入

获准进入是实地研究中非常重要也十分关键的一个环节。正式的、合法的身份以及单位或组织的介绍信，并不是保证获准进入的充分条件。研究者要想参与研究对象的实际社会生活，还常常需要某些"关键人物"或"中间人"的帮助。这些关键人物或中间人就生活在研究对象所生活的社区，或者就工作在研究对象所工作的单位，他们既认识研究者（是研究者

---

① 周敏. 唐人街：深具社会经济潜质的华人社区. 北京：商务印书馆，1995：6.

的朋友、亲戚更好），同时又认识研究者所希望研究的那些研究对象。总之，他们能够十分便利地将研究者"带入"研究对象的生活世界。折晓叶在描述她关于村庄的研究时列举了两次不同的进入方式："1992 年第一次进入村庄多少是由官方介绍去的，我们的身份是考察者，村里的接待很正式，按礼仪安排会谈和参观。那一次结识了村书记兼董事长潘强恩和他的助手们。第二次进入则以一面之交的'熟人'身份，经过自己联系，得到村书记的首肯后，又由他的朋友也是我的同学的当地'挂职干部'送我进村。"[①] 当研究者所要进入的实地是相对特殊的群体和社区时，这种"关键人物"的作用就显得更为重要。比如，怀特当年进入波士顿的意大利贫民区时，如果没有街头帮派首领多克的帮忙，他或许还会有更多次进入失败的记录。

### 三、取得信任和建立友善关系

获准进入在一定意义上只是完成了进入实地的表面程序，或者说只是获得了在所研究的群体或社区中的"公开身份"，它离真正进入社区的生活，进入所研究的群体还有相当的距离。正如折晓叶在谈到自己进入所研究的村庄后的感受时所说的："作为陌生人的感觉，时常让我觉得难以真正进入这个村庄的社区生活，其中首先的障碍，是与村里人之间在穿着、相貌、语言、心理和身份上的距离，这可以从他们对你探究、猜测、冷漠的目光中，从与你谈话时的尴尬中感觉到。"[②]

因此，尽快取得当地人的信任，尽快与他们建立友善的关系，是进入实地后研究者面临的首要任务。"这在实地研究中可能是最为困难而又最费时间的任务了。的确，这可能是会引起损伤的一步，但要获得有效的资料，则是必不可少的一步。"[③] 在一定意义上，研究者能否取得研究对象的信任，能否与研究对象建立起友善的关系，决定着他的实地研究的前途和命运。因为，如果研究者在研究对象的眼里始终是"外来人"，人们始

---

① 折晓叶. 村庄的再造：一个超级村庄的社会变迁. 北京：中国社会科学出版社，1997：23-24.
② 同①.
③ 贝利. 现代社会研究方法. 许真，译. 上海：上海人民出版社，1986：347.

终对他抱有戒备心甚至充满敌意，那么，研究者要从这些研究对象那里得到真实的资料的可能性是很小的。即使人们知道你是谁，也知道你来做研究，只要你和他们之间达不到某种程度的熟悉和信任，相互之间没有建立起友善的关系，你的观察和访谈就难以顺利开展。

当然，研究者对此也不应过分着急。因为这种信任的取得、这种关系的建立，需要一个过程，需要有一定的时间，也需要一定的机会。只有经过一段时间的共同生活，人们才会慢慢习惯你的出现，习惯你的参与，慢慢从心理上接受你。而在这种参与生活的过程中，常常会出现一些自然的契机，这些契机将成为一种转折点，使得研究者逐渐从当地人的"他群体"，进入他们的"我群体"里。

### 四、实地研究中的记录

参与观察的记录通常是先看在眼里，然后再记录在本子上。一般必须在当晚进行回忆和记录。白天观察时，研究者应该尽可能多地记住他所观察到的行为、现象、人物和事件，记住关键人物说的关键话语。并且只要可能，在白天就要找机会草草地记下几句能提示自己回忆的词语、原话、句子或其他记忆线索，哪怕只是只言片语。到了晚上，再对白天的观察进行回忆并详细记录下来。

访谈的记录可以分两种情况：一种是比较正式的、事先约好的访谈，另一种是非正式的、偶然的、闲聊式的、非常随便的访谈。正式访谈的记录我们将在本章第四节中详细介绍。当进行闲聊式的非正式访谈时，研究者既无法事先做准备，通常也不能实时做记录。所以对这种访谈中有价值资料的记录应予以特别注意。其关键点是，在闲聊时，要注意随时加深头脑中对那些有价值的谈话内容的印象，特别是对一两句有重要参考价值的原话的印象。最好当时就在自己的头脑中反复记两遍，并在尽可能短的时间内进行追记。与参与观察的记录相似，每天晚上一定要对当天白天与各种对象谈话、闲聊时所得到的资料进行回忆和记录，千万不要拖到第二天，因为第二天又会有新的谈话和闲聊，并且会相对淡忘前一天的谈话情景和内容。

无论是做现场观察记录，还是做访谈记录，还有一点应注意：最好做到"不引人注目地记录"，即记录的动作要小，记录的速度要快，记录的时间要尽可能短。因为研究者的记录行为本身也是一种刺激物，它会影响和改变研究对象的行为表现。

在实地研究中做观察记录或访谈记录时，应该注意同时记录下研究者本人的思想、感情、评价、认识、猜想、理解等主观内容。因为在实地研究的过程中，研究者思想感情的卷入是十分自然的事情。正是这种卷入导引着研究者去理解研究对象真实的思想感情，也使他能够分析和解释研究对象的行为。这就是"设身处地""投入理解"的实际意义。但与此同时我们也要记住：研究者思想感情的卷入实际上是一把双刃剑，它也会导致研究者的某种认识偏见。因此，研究者应像记录研究对象的行为表现、思想感情那样，记录下自己的感觉和思想感情。当然，研究者本人的思想感情应与研究对象的内容分开记录。

## 第三节　观察法

### 一、观察的概念及其类型

对社会现象的研究同对自然现象的研究一样，都离不开观察。观察方法可以说是一切科学研究的基本方法之一。在社会科学研究中，我们所说的观察（observation）指的是带着明确的目的，用自己的感官和辅助工具去直接地、有针对性地了解正在发生、发展和变化着的现象。它与日常生活中人们对各种事物的观察有所不同，要求观察者的活动具有系统性、计划性和目的性，而且要求观察者对所观察到的事实做出实质性的和规律性的解释。

按照观察中研究者所处的位置或所采取的角色，我们可以将观察区分为局外观察和参与观察。同样，我们也可以根据观察地点的不同将观察分为实验室观察和实地观察。还可以根据观察方式的结构程度将其区分为结构观察和无结构观察。

1. 实验室观察与实地观察

实验室观察（laboratory observation）是指在备有各种观察设施的实

验室内对研究对象进行的观察。这种观察方式在心理学、教育学、管理学和社会工作研究中经常使用。在实验室中，研究者一般是借助一种单面镜来进行观察。镜子里面的人看到的是一块不透明的黑板，而镜子外面的人看到的是一块普通的透明玻璃。里面的人看不到外面，而外面的人却可以看到里面。这样就使得被观察者意识不到有人在观察他，而观察者却可以看得一清二楚。同时，实验室的各个不同方向都装有隐蔽的摄像头，研究者可以根据需要拍摄室内的各种活动。由于实验室观察有一定的条件要求，且观察的范围和对象受到一定的局限，所以其他一些社会科学研究采用此法的很少。

实地观察（field observation）是指在现实生活场景中所进行的观察。实地研究者在研究中采用的主要就是这种类型的观察。实地观察与实验室观察的差异除了地点或场景不同外，还体现在实地观察通常是一种直接的、不借助其他工具或仪器的观察。从实际情况看，大部分的实地观察还是一种参与式的无结构观察，尽管它也可以是结构式的。

2. 局外观察与参与观察

局外观察也称非参与观察（non-participant observation），即观察者处在被观察的群体或现象之外，完全不参与其活动，尽可能不对群体或环境产生影响。形象地说，局外观察就是"冷眼旁观"或"坐山观虎斗"。最理想的局外观察是观察者隐蔽起来观察，使被观察者一点也意识不到有研究者在场，正在观察他们。这种观察方法常用来研究儿童的行为，或用于研究公共场合及公众闲暇活动中人们的行为，如对剧院、书店、图书馆、体育场、商场、超市等处人们的活动进行的观察。在一项研究的最初阶段，人们有时也采用这种观察方法去了解最基本的情况，以帮助形成问题的焦点或者研究的假设。

参与观察（participant observation）是研究者深入研究对象的生活背景，在实际参与研究对象日常社会生活的过程中所进行的观察。它是一种无结构观察。这种方法是人类学家研究原始的非本族文化时最常用的一种方法。比如，英国著名人类学家马林诺夫斯基在新几内亚附近的特罗布里恩群岛两度进行考察。他生活在土著人中间，讲当地土语，可以得心应手地记录各种内容，并以敏锐而客观的眼光观察各种反应。在此基础上，他提出了社会人类学发展过程中具有基本意义与动力的各种理论性见解，其中包括性与婚姻家庭生活、原始法规与习俗、巫术与宗教等。这是运用参与观察的著名研究。参与观察法的研究者通常不是从对研究主题的先验印象和一整套测量工具开始，而是经常在收集资料的过程中形成他们的概括和方法论，他们依靠的是研究对象对其"文化"的阐释。研究者开始是带着问题到实地去，寻求资料和"理论性的解答"。

3. 结构观察与无结构观察

结构观察（constructed observation）指的是按照一定的程序、采用明确的观察提纲或观察记录表格对现象进行的观察。它与结构访谈的形式有点相似。通常，结构观察多采取局外观察的方式进行，其观察内容是固定的，观察记录表也类似于结构式问卷，观察者根据统一的要求，对每一个观察对象进行统一的观察和记录，因而其结果可以用来进行定量分析。表9-1是一份对书店的人们进行结构观察所用的观察记录表。有人通过对多个对象的观察发现，女性顾客比男性顾客在书店行为中更具有目的性。

表9-1　　　　　　　　　　　书店观察表

| |
|---|
| 1. 观察开始时间：__时__分　观察结束时间：__时__分 |
| 2. 个人细节：男□　女□<br>　　　　　　　已婚□　未婚□　不知道□ |
| 3. 年龄估计：10多岁□　20多岁□<br>　　　　　　　30多岁□　40多岁□<br>　　　　　　　50多岁□　60岁以上□ |
| 4. 职业或身份：不知道□ |
| 5. 单独一人□　同__个同伴　同谁：_____ |
| 6. 买了几本书：__本　一本也没买□ |
| 7. 进书店时的最初行为：_____ |
| 8. 同售货员的接触情况：_____　　　一个也没接触□ |
| 9. 同其他顾客交谈情况：_____　　　一个也没交谈□ |
| 10. 翻阅书籍情况：翻阅了几本：_____<br>　　共看了多长时间：_____　　　没有翻阅□ |
| 11. 其他情况描述：_____ |
| 12. 根据上述观察判断对象的目的性程度，并在下列线段的适当地方标出。<br>　　　　-3　-2　-1　0　1　2　3<br>　有目的的　　　　　　　　　　　随便浏览的 |

而无结构观察（non-constructed observation）则指的是没有任何统一的、固定不变的观察内容和观察表格，完全依据现象发生、发展和变化的过程所进行的自然观察。它与无结构访谈的特征类似。并且，无结构观察多采用参与观察的方式进行，其观察的结果也不具有统一的形式，观察所得资料通常只能进行定性分析。这种无结构观察是实地研究中最主要的观察方式。

### 二、参与观察中观察者的两种角色

由于局外观察不参与背景中的活动，不涉及研究者身份，所以不存在观察者的现场角色问题。只有参与观察才存在研究者的现场角色问题，才存在对研究者的真实身份是否应当为观察群体所知晓的考虑和选择。参与观察者的现场角色划分的关键因素就是研究者的身份是否公开。正是根据这一标准，我们可将参与观察者的现场角色分为两种：公开的观察者以及隐蔽的观察者。二者在现场的身份不同，涉入背景及群体的程度不同，受到的观察限制不同，获得的资料和体验不同，应用的范围也不同。

公开的观察者的角色是指研究者的身份对于所研究的群体来说是公开的，同时，研究者又为这一群体所接受，允许他参与他们的成员关系和群体活动，使研究者能够进行观察和研究。这种方式的典型例子是美国社会学家怀特所做的"街角社会"研究。在这个研究中，他成了当地一个青少年帮派的朋友，但又没失掉他研究者的身份，即那个青少年帮派的成员知道他是一个研究者，但仍然接纳他从事观察和研究。利博关于黑人流浪者的研究也是这种观察方式的例子。他采用的也是公开观察者的角色，即当地的黑人流浪者都知道利博是一个研究者。许多研究原始部落的社会人类学家经常同这些部落的成员共同生活一段时间，他们所采用的往往也是这种角色。

隐蔽观察者的角色，是指研究者将自己的真实身份隐藏起来，而以所观察社区或群体中真实成员的身份参与其中并进行观察。这是一种要求研究者采取虚伪角色的形式。比如，一位美国社会学家把自己装扮成流浪汉，混迹于纽约街头的流浪者队伍，10天中忍饥挨饿，露宿街头。他抑制住强烈的自尊心，忍受收容所和招工处的冷眼，通过大量的观察和亲身的体验，写出了极其生动的研究报告。也有的社会学家，通过取得当局的同意装扮成一个犯人，进入监狱与其他犯人一起生活，因而犯人对他毫无戒心。他通过观察和交谈，对犯人的心理、犯罪的原因等有了更深刻的认识。

　　显然，公开的观察者所具有的一个最大优点就是研究者不用伪装自己，能够正常地进行观察和询问他所关心的问题，受到的限制较少。其主要缺点是由于被观察的人们十分现实地感觉到他们正在被观察，所以，他们的行为、活动往往会因受到影响而表现得非正常。而隐蔽的观察者的优点，则是既能生活在研究对象的生活环境之中，又能隐蔽地进行观察和了解研究对象的行为表现。因此，这种观察所得到的人们的表现比较真实自然。但这种方法的最大问题是伦理道德问题，即研究者有没有为了研究而欺骗研究对象的权利。如美国社会学研究生哈姆弗瑞斯在 1970 年出版的观察研究同性恋现象的《茶室交易》一书，就引起了一场较大的伦理问题争论。

　　在整个观察的体系中，隐蔽的观察者角色和公开的观察者角色，只是相对于参与观察来说的一种更小的划分。有关观察的整体划分及其相互之间的具体关系，详见图 9-1。

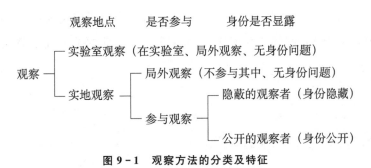

**图 9-1  观察方法的分类及特征**


### 三、参与观察法的特点

1. 参与观察法的优点

与其他研究技术相比，参与观察法导致研究者把他自己的看法和观点强加于他试图理解的那个社会世界的可能性最小，他常常是在"没有先入为主"的情况下进行这种探讨的。因此，参与观察法为获得社会现实的真实图像提供了最好的方法。而调查研究要求研究者事先决定好一组要求被调查者回答的问题，并事先准备相应的答案，这样做有可能使研究者把他自己关于所研究现象或行为的特定猜想、判断、看法和观点，强加给社会世界。正因为如此，利博特别担心他所希望观察的现实遭到歪曲。他从一开始进行研究起，就特意不在一些有关的问题上做出明确的假设。他只是尽量地听和看。当观察者深入实地、完全参与被观察者的实际生活，边同他们一起生活，边进行自己的观察时，他往往能够直接地、真切地感受被观察者的思想感情和行为动机，特别有利于观察者"设身处地"地"理解"被观察者。

2. 参与观察法的缺点

参与观察法的缺点就像批评者所概括的：其所得到的资料往往缺乏信度。作为一种研究方法，它的程序是不明确的，它的观察是不系统的，它的资料是难以用数量表示的，它的研究结果也是无法重复的。同时，参与观察在很大的程度上依赖于观察者的敏感性、领悟能力和互动技巧。在参与观察的整个过程中，主观因素的作用和影响很大，很难有比较客观的评价标准。特别是，研究者在参与观察中参与得越深，体验得越深，其在主观情感、看问题的角度、思考的模式等方面受到的影响也就越大，他在看待、分析和解释人们的行为时丧失客观性、中立性的可能性也就越大，程度也就越深。

## 第四节　无结构访谈

在实地研究中，访谈是与观察同样重要的资料收集方法。实地研究中的访谈与我们在调查研究中介绍的结构访谈的方法有较大的差别。实地研究中的访谈通常是一种无结构访谈，有时甚至只是一般的、随意的闲聊。

## 一、无结构访谈的含义及分类

无结构访谈（unstructured interview）又称深度访谈或者自由访谈，它与结构访谈相反，并不依据事先设计的问卷和固定的程序，而是只有一个访谈的主题或范围，由访谈员与被访者围绕这个主题或范围进行比较自由的交谈。无结构访谈适合于并主要应用于实地研究和个案研究。它的主要作用在于通过深入细致的访谈获得丰富生动的定性资料，并通过研究者主观的、洞察性的分析归纳和概括出某种结论。

根据访谈的性质，可以将实地研究中的无结构访谈细分为正式访谈与非正式访谈两种。正式访谈（formal interview）指的是研究者事先有计划、有准备、有安排、有预约的访谈。而非正式访谈（informal interview）则指的是研究者在实地参与研究对象社会生活的过程中，随时碰上的、无事先准备的、更接近一般闲聊的交谈。比如，在左邻右舍、街头巷尾、集贸市场、餐馆商店等日常生活地点与偶然碰上的当地人所进行的交谈，就属于这种非正式的访谈。"村里人喜欢的早茶、饭局、看戏听唱、朋友聚会、走街串巷，都是随意谈话的极好场合。这些谈话中凡有价值的内容，都在当晚凭回忆记录下来。"[①] 这种非正式的访谈无法事先预料和计划，交谈的进程不能由研究者严格控制，交谈内容也不能完全按研究者的研究目标进行选择，只能随具体的谈话情景、谈话对象而定。所以一般情况下研究者只能因势利导，见机行事。正式的访谈则通常需要按事先拟好的提纲进行，这种提纲中列出了一些根据研究文献和研究者个人经验认为应该了解的各种方面的问题。但提纲通常只起到某种提示作用，访谈的实际进程仍有相当大的灵活性和变化性。

根据被访者的数量，无结构访谈又可分为个别访谈与集体访谈两种。个别访谈与结构访谈中的当面访谈有很多相同之处，比如，它们都是由一个访谈员同一个被访者单独交谈。但是二者仍有着本质的区别：无结构的个别访谈不依据问卷表，只围绕访谈的主题灵活地询问和交谈；而结构式

①　折晓叶．村庄的再造：一个超级村庄的社会变迁．北京：中国社会科学出版社，1997：24.

的当面访谈则完全依据问卷表，严格按程序、按要求进行提问和记录。集体访谈则是将若干个被访者集中在一起进行访谈，我们将在后面专门介绍。

调查中的结构访谈要求在访谈过程、访谈内容、访谈方式等方面都尽可能统一，做到标准化。这样做一方面是为了避免访谈中各种个人因素特别是个人主观因素影响访谈过程，从而增加访谈过程的客观性和资料的可信度；另一方面是为了使得访谈资料便于进行统计处理和定量分析。但结构访谈缺乏弹性，缺乏灵活性，无法使研究者了解更加具体、更加详细的资料，也无法对所访谈的问题进行更为深入的讨论。与此相反，无结构访谈的最大长处就是弹性大，灵活性强，有利于充分发挥访谈双方的主动性和创造性。与结构访谈相比，无结构访谈的最大特点是深入、细致。但是，这种访谈方法对访谈员的要求比结构访谈更高，而且特别耗费时间，使得访谈的规模受到较大的限制。通过这种访谈方法得到的资料也难以进行统计处理和定量分析。这些都是无结构访谈所存在的缺陷，我们在运用时应该有所注意。

**二、进行无结构访谈的要点**

对于实地研究中正式的无结构访谈来说，应该注意以下几个方面：

（1）访谈前，要对访谈的主要目标和所要了解的主要内容有一个明确的认识。只有在访谈前做到心中有数，才能在访谈中主动地掌握和引导好整个访谈的进程。一种可取的方法是，事先精心准备好一组"主题标题"或"内容提示"，以保证每次具体的访谈都能覆盖访谈的主要内容。这组"主题标题"或"内容提示"一般采用简练明确的词语或短小的句子的形式，抄写在一张卡片上，或者写在笔记本上，用以作为在访谈过程中指导提问和检查遗漏的依据。当然，这组"主题标题"不是一成不变、不可更改的，相反，它们通常需要研究者根据在实际访谈过程中所认识到的问题，对原先考虑不足的内容进行适当的增删。

（2）访谈前最好能对被访者的各方面情况和特征，比如年龄、性别、职业、文化程度、家庭背景、兴趣爱好等，尽可能详细地进行了解。这样做的好处如下：一方面便于访谈员根据实际情况采取适当的角色姿态，尽可能缩小访谈员与被访者之间的地位差别和心理距离，尽可能增加二者之间的共同语言，以建立起融洽轻松的访谈关系；另一方面可以使访谈员对被访者在访谈过程中所谈的各种情况，有一个更为准确、更为客观的理解。特别是在对一些不易交谈、不易表达的内容和一些不善表达的被访者进行理解时，这种事前的了解就更具有明显的作用。

（3）访谈的时间和地点的确定应该以被访者方便为主要原则。在访谈前，访谈员应该事先与被访者取得联系，向被访者说明访谈目的和内容，并和被访者就访谈的地点、次数、时间长短及保密原则达成协议。见面时，一定要向被访者表示某种歉意，比如"对不起，打扰了您的工作"或者"对不起，影响了您的休息"，而不要以为有了正式的介绍信，或者事先经过了被访者的上级机关和领导的允许，被访者接受访谈就是理所当然的。因为，对于任何一个具体的被访者来说，他并没有以牺牲个人的工作、学习、休息和娱乐时间来接受你的访谈、向你提供各种情况的义务；对于每一个访谈员来说，他也没有为自己工作的需要而占用别人工作或休息时间的权利。因此，在一开始与被访者接触时，切不可忘记向被访者十分客气、十分诚恳、十分谦虚地表达出对这种打扰的歉意。

（4）访谈时，开场白一定要说好，其标准是简明扼要、意图明确、重点突出，主要解释你是什么人、想干什么、为什么要进行这次访谈等，目的是消除被访者在陌生人面前所自然产生的各种疑虑和戒备心理。接着，就要清楚明白、通俗易懂地告诉被访者，你希望他谈些什么方面的问题。需要注意的是，一开始不能把你想了解的全部问题都一一列举出来，而只能给出一个总的内容范围和一两个十分容易交谈的话题。因为即使你把全部问题都列举出来，被访者也不可能全部记住；即使他可以把问题全部记住，也不可能有条有理地、一个接一个地从头谈到尾。这一阶段的主要目的是调动被访者积极回答问题的情绪，帮助他们做好回答问题的心理准备，建立起轻松、融洽的访谈关系，引导被访者开始回答第一批问题。

（5）开始访谈是一种真正的艺术，全部资料的可靠性在很大程度上取决于访谈员在这方面的表现。为了创造有利于访谈的气氛，除对访谈对象表示礼貌外，在进入正题之前，还可以先谈谈被访者身边较熟悉的事情，以消除拘束感，比如他的住房、家庭、子女、个人爱好等，然后逐步把话题引向访谈的内容。开始提出的问题除了应该在内容上比较简单以外，访谈员提问的速度也应相对慢一点，使被访者有一个逐步适应的过程。

（6）在被访者回答问题的过程中，访谈员要专心听，并认真记笔记。这样可以给被访者一种正式感、受尊重感和谈话有价值感。在这一过程中最关键的因素是，访谈员的目光要恰当地同被访者保持接触。所谓恰当，指的是既不能埋头记笔记，而忽视了通过目光同被访者进行交流，又不能长时间把目光停留在被访者脸上，因为这样往往会造成被访者的紧张感、不自在感，影响到他的谈话。要使自己的目光在笔记本和被访者这两者之间自然地往来，随时让被访者感到你在十分认真、十分专注地听取他的谈话、他的意见和看法。

（7）掌握正确的记录方法。访谈记录关系到访谈资料的客观性、准确性和全面性程度。在实践中无结构访谈的记录方式有两种。一种叫当场记录，另一种叫事后记录。事后记录是指访谈结束后，靠回忆进行追记的方法。它的优点是既不会影响访谈时访谈员与被访者之间的互动，又有较好地消除被访者心理压力和紧张感的作用。但其缺点是所追记的资料往往很不全面，遗漏之处很多，且所记内容也不确切。当场记录即边访谈边记录，它是访谈员采用得较多的一种形式。

在当场记录中，不必把被访者说的每一句话、每一个字都记下来。应该有重点、有选择地进行记录。主要做法如下：对于被访者讲述的事件、列举的实例，特别是事件或实例中的时间、地点、人物、状况、性质等，要尽量完整地记录；对于被访者关于某一问题所表示的观点、对某一现象的主要态度、主要见解等，要准确地记录，并且最好能记下他的原话，而不要用自己的话去"概括"或"归纳"；对于被访者在回答中的一些过渡性语言、承接性语言、重复性语言、口头语等，则不要记。记录时，对不同问题的回答，以及对不同的事件、不同的方面、不同的内容等的回答，都要在形式上明显地区分开，各自形成单独的一段，而不要不分层次、不分段落、不留空隙地从头记到尾。

　　当场记录的最理想方法当然是进行访谈现场录音，但这一定要事先征得被访者的同意。如果被访者不介意，访谈员在访谈时就可以全身心地关注访谈主题，关注被访者的回答，而不用分心去记录。访谈结束后，要及时根据录音对资料进行整理，因为此时整理还可以回想起访谈时的情景，特别是访谈员当时的感受和认识。时间一长，访谈员的自我感受可能就会被淡忘。

### 三、访谈控制的方法

　　访谈控制是访谈过程中最重要、最难掌握的工作任务，也是整个访谈过程中最关键的环节之一。一般来说，提问控制和表情与动作控制是两项主要的控制手段。提问控制包括以下几个方面：

　　（1）对内容转换的控制。当访谈的内容从一个方面转到另一个方面时，访谈员要有意识地帮助被访者进行这种转换，而不能在被访者没有任何心理准备的情况下突然转换话题。转换控制的方法是先顺着被访者所谈内容进行简要归纳，让被访者在这一方面的思路上画上句号，然后再提出新的问题。

　　（2）对问题的重述和追问。当感觉到被访者对问题含义不理解、不清楚，或有误解时，可通过重复问题来帮助他们理解；当对被访者的回答有疑问时，也可通过复述其回答和追问来确证；当感到被访者回答不全时，可通过停顿不语或追问来诱导被访者继续谈下去。

　　（3）掌握好发问和插话的时机，通过适时的插话和提问来巧妙地掌握和控制访谈的进程。由于被访者是互不相同、各有特点的，因此，对于同样的问题，他们的反应会不同，回答会不同，表达的方式也会不同。有的也许能较好地领会访谈员的要求，有的则可能会形成一些误解；有的也许能较好地按访谈员的要求叙述，有的则会跑题。为了使每一种情况下的访谈都取得成功，访谈员必须牢牢掌握和控制访谈的方向、范围和进展情况。而且，不能将这一切过于明显地表露出来，只能以某种被访者不易察觉的方式自然地进行。在被访者叙述的过程中，除十分重要的细节外，一般不要插问，插话也不要过多，以免打断被访者的思路。

表情与动作控制是指访谈员通过自己的各种表情与动作，来表达一定的思想、感情，从而达到对访谈过程的控制。比较重要的几个方面如下：

（1）用动作中断被访者的谈话，如通过送水或点烟的动作打断被访者扯远的话题。

（2）要露出礼貌、虚心、诚恳、耐心的表情。

（3）要对被访者的谈话表示关注，即使当被访者偏了题，或者语言表达效果较差时也应如此。

（4）访谈员的表情要适合被访者的回答，要对被访者回答的喜怒哀乐表示出同感。

（5）要恰当地用眼，专心地用耳。即既不能只顾低头记笔记，忽视被访者的存在，也不能一直盯着被访者。眼睛要在这二者中找一个适当的位置。倾听被访者回答时一定要专心，不能随随便便，以免影响被访者谈话的情绪。

（6）在访谈结束准备离开时，一定要诚挚地向被访者表示感谢。

**四、集体访谈**

集体访谈也称座谈会，它是将若干个被访者集中起来，同时进行访谈的方法。集体访谈的最大特点是，访谈中不仅存在着访谈员与被访者之间的社会互动，同时还存在着不同的被访者之间的社会互动。集体访谈所收集的资料将同时受到这两种社会互动的影响。因此，要成功地组织好集体访谈，访谈员就不仅要掌握好与被访者之间的互动，而且要组织和引导好被访者之间的互动。这就要求访谈员有更熟练的访谈技巧及组织会议的能力，正确地面对多个被访者。可以说，在一定意义上，集体访谈是比个别访谈层次更高、难度更大的访谈方法。

参加集体访谈的人数是进行集体访谈前首先必须解决的问题。人数多了，则集体访谈难以掌控；人数少了，又达不到集体访谈的效果。根据长期实践的经验，一次集体访谈的参加人数通常以5～7人为宜，最多不要超过10人。同时，应该注意对参加集体访谈的被访者的选择。一般的原则如下：（1）要有代表性；（2）要十分了解情况；（3）要敢于发言；（4）相互之间应有共同语言。

集体访谈具有一些不同于个别访谈的特点：第一，由于集体访谈是访谈员与被访者之间、被访者互相之间的多层次互动与交流，因此，它所获得的信息往往比个别访谈所获得的信息更为广泛、更为全面。而且，由于能够互相启发、互相补充、互相核对、互相修正，所以，集体访谈所获得的资料往往也更为完整、更为准确。第二，由于集体访谈能够同时访谈若干个不同的被访者，因此可以大大地节约人力、时间，相对较快地获得有关社会现象的情况。但是，集体访谈存在着一个十分突出的问题，那就是容易产生和形成某种"团体压力"和"从众行为"。它往往使得参加集体访谈的被访者在其他被访者的面前有意或无意地隐瞒或改变真实情况，使自己的回答和看法顺从、接近或符合多数人的意见，而不愿或不敢表示不同的意见。因此，访谈员应该对集体访谈中所得资料的真实性和客观性有一个比较清楚的认识。出于同样的原因，对于某些敏感的问题的访谈，也不适于采用集体访谈的方法。

## 第五节　实地研究的特点及应用

与调查研究、实验研究和定量文献研究相比，实地研究有一个明显的不同之处，那就是它不仅是资料收集的过程，同时也是理论形成的过程。作为一种具体的研究方式，实地研究的基本特征是研究者作为真实的社会成员和行为者参与研究对象的实际社会生活，通过尽可能全面的、直接的观察和访谈，收集具体、详细的定性资料，依靠研究者的主观感受和体验来理解其所得到的各种事实、感觉以及其他资料，并在归纳、概括的基础上建立起对这些现象的理论解释。

### 一、实地研究方式的主要优点

（1）适合在自然条件下观察和研究人们的态度和行为。实地研究者所寻求的是一种更具有情感性和人文主义的资料，他们与研究对象之间的关系也更是人与人之间的关系。这种方式特别适合那些不便于或者不可能进行简单的问卷调查的社会现象和问题。正如许多研究者所认为的，通常不宜将人们的情感归纳成可以输入计算机的数字，而是要通过人对人的观察做出主观的估价，并以文字方式详细记录。

（2）研究的效度较高。相对于问卷调查中最大的问题——表面化、简单化现象，实地研究的深入观察、设身处地的感受、理解，具有很高的效度——研究者测量的确是他所希望测量的概念或现象。而与调查研究中常见的简单定义相对应的是，实地研究中研究者常常可以列举出生动、详细的实例来说明某一个概念的含义。

（3）方式比较灵活，弹性较大。相对于实验研究和调查研究，实地研究的操作程序不那么严格，只需要较少的准备工作。在研究过程中，可以随时修正研究的目标和设计。对于不同的研究背景或不同的研究对象，实地研究中的具体操作也比较灵活。

（4）适合研究现象发展变化的过程及其特征。由于实地研究不仅要深入实地，而且要在实地生活相当一段时间，因此，对于研究社会现象的发展变化过程来说，也是一种较好的方式。尤其是在对个人或小群体的研究中，这种优点更为明显。

## 二、实地研究方式的主要缺点

（1）概括性较差。由于实地研究所得到的基本上是定性资料，且在很多情况下都是以某个个案为对象的，因而其资料既难以进行定量分析，也无法概括大的总体，其所得结论难以被推广到更大的范围。这是实地研究方式的主要缺陷之一。

（2）信度较低。一方面，实地研究中研究者主要以参与观察和无结构访谈的方式收集资料，所处的是一种被动的地位，对观察场景往往也缺乏控制，因而其所得的资料比较琐碎、凌乱，不易系统化。同时，由于实地研究强调研究者的主观作用，强调对所观察的对象进行移情理解，因此难以检验其信度。另一方面，现实生活中时间、地点、人物的变动或流失的影响，也造成研究者很难对原先研究的对象或现象进行重复观察或研究。

（3）对研究对象的影响。实地研究者并非像照相机或显微镜那样处于所观察的对象之外，实际上，观察者是他正在观察的对象的一部分。一位深入实地研究印第安人的美国人类学家说："我与我妻子不是在研究一群印第安人，而是一群印第安人围绕着两个美国人类学家。"[①] 他的这句话十分巧妙地揭示出了实地研究方式本身所具有的这种与研究对象密不可分的关系。无论是参与观察还是实地访谈，研究者的参与都会对其所研究的对象造成影响。怀特在《街角社会》的后记中写道："多克以前的行为是出于直觉，而现在却要考虑怀特会怎么想。"尽管他充分意识到了这一问题，并在实际参与观察中"设法避免使这个群体受到影响"，比如，尽量不为这个群体做任何决定，避免接受公职或担任领导，力戒对敏感性问题仓促地做出是非判断，只要可能，就设法掺和到背景里面去进行观察和倾听等。但不管研究者如何注意，他的出现和在场客观上必然会对其他人的行动产生某种程度的影响。正如多克对怀特所说的："自从你来到这里以后，我的事全耽误了。现在，每当我做什么事，都得先想想怀特对这件事可能想了解点什么，我怎么解释这件事。可是我以前办事从来都是凭本能。"[②]

（4）所需时间较长。由于参与生活的需要，实地研究方式的周期一般都比较长。通常少则几个月，长则好几年。有的人类学家认为："田野工作最大的收获来自六个月之后，因此要进行有效的研究至少要一年时间。"[③] 这种长时间的要求，对于研究者来说无疑是一个较大的困难。

（5）伦理问题。这一问题主要是针对参与观察中隐藏研究者身份的做法提出的。它所包含的实际问题如下：第一，研究者有没有为了研究而欺骗研究对象的权利？第二，研究者作为社会的成员，应不应该为了研究而

---

① 墨菲. 文化与社会人类学引论. 王卓君，吕道基，译. 北京：商务印书馆，1991：281.

② 怀特. 街角社会：一个意大利贫民区的社会结构. 王育馥，译. 北京：商务印书馆，1994：340.

③ 同①274.

采取欺骗研究对象的做法？

# 【思考与实践】

1. 实地研究中有哪几个主要的阶段？为什么取得信任和建立友善关系特别重要？

2. 实地研究中的访谈与调查研究中的访谈有什么不同？实地研究中这种无结构访谈的主要优点是什么？相比之下，哪种访谈对研究者的要求更高？

3. 参与观察与非参与观察之间的差别是什么？在实地研究中，哪种观察更为常见？

4. 如果要进入一个正式组织（如医院）、一个公共场合（如火车站），以及一个私人场景（如家庭）开展实地研究，请你分别描述三种不同的获准进入的方式。

5. 一个年轻的研究者希望观察大学生的学习生活，以了解当今大学生的学习动力和就业倾向。他可以采取哪些不同的观察方法？每种方法各有什么利弊？

6. 选择一个合适的研究题目，利用暑假开展一个月的实地研究，并将参与观察或自由访谈的经历写成报告，在课堂上讨论。

# 第 **10** 章

# 个案研究

个案研究是定性研究中一种重要的、不可或缺的主要方式。[①] 实际上，个案研究也是定性研究中应用范围最广的一种方式。它不仅可以被应用于人文学科，也可以被应用于社会科学，还可以被应用于评估研究等实践领域。[②] 在社会科学的各个学科中，都有采用个案研究方式的例子。本章将介绍个案研究的概念、类型、程序、特征及其应用。

第一节　个案研究的概念与类型

## 一、个案与个案研究

### 1. 个案

为了更好地理解个案研究，首先需要对个案进行一定的说明。什么是

---

① 风笑天．定性研究概念与类型的探讨，社会科学辑刊，2017（3）.

② 米勒，萨尔金德．研究设计与社会测量导论．风笑天，邹宇春，邓希泉，等译．重庆：重庆大学出版社，2004：134.

个案？个案（case）也称案例，是法学、医学、心理学、社会工作等学科中普遍使用的一个概念。对于个案，有的学者给出的定义是："一个有界限的系统。"① 也有学者进一步解释，个案是"在一个有界限的范围内发生的某种现象"。根据这种定义，"个案可以是个人、角色、小型群体、组织、社区、国家；也可以是决策、政策、过程、小的事件或大的事件，还可以是其他的可能性"②。在实际的社会科学研究中，最为常见的个案往往是特定的个人，或者某一群体（比如家庭）、某一组织（比如学校、企业、医院），又或者某一社区（比如城市、乡镇、街道、村庄）。在政治学中，个案也常常是一个国家。当然，根据研究问题的不同，社会科学研究中的个案也可能是一段经历、一个过程、一项政策、一个事件或社会生活中的任何其他单位。

需要注意的是，在个案的这种定义中，"有界限"是重要的界定。它强调个案是发生在特定时间和地点的现象。它使得我们能够区分这些个案是什么，以及不是什么。另外，许多个案本身又是由不同层次或不同部分组成的。比如，作为一个具体个案的企业中，包括了厂长、经理、主任等不同级别的管理人员、不同职称的技术人员，以及不同资历和经验的普通工人等。因而，要注意区分那种整体性的个案与那种由多个层次或多个部分组成的个案。也正因为如此，有的研究者采用"整体性的"和"嵌入性的"这两个概念来表达作为整体的个案与由不同层次、不同部分组成的个案之间的差异。

在对作为整体的个案的研究中，收集信息时所用的变量与对作为多层次、多部分"嵌入性"的个案进行研究时所用的变量是不同的。比如，将一个企业作为整体性个案来研究时，所用的变量往往只涉及企业的规模、所有制、产业类型、结构、企业文化、核心竞争力等。而当将这个企业作为一个多层级、多部分的个案来研究时，我们就可以进一步从管理人员、

① 克里斯滕森，约翰逊，特纳. 研究方法、设计与分析：第 11 版. 赵迎春，译. 北京：商务印书馆，2018：324.

② Punch K F. Introduction to Social Research：Quantitative and Qualitative Approaches. 3rd ed. London：Sage Publications Ltd.，2014：121.

技术人员和普通工人那里获得有关经营理念、管理模式、价值观念、工作态度、奉献精神等更广泛、更丰富的信息和资料，对个案整体的描述和分析将会更全面。与此相对应的是，个案研究中，研究者往往需要针对不同的构成要素采取多种不同的研究方法来收集描述社会生活的丰富性所需要的各种来源的资料。

2. 个案研究

个案研究（case studies，也称案例研究）就是对一个特定的个案，比如一个人、一户家庭、一个小群体、一个工厂、一所学校、一个社区、一个事件、一种社会产物所进行的深入全面的研究。个案研究的方式对于深入实地研究一个特定的单位，或者是出于比较的目的而研究几个单位来说特别有用。不同研究者从不同的视角出发，对个案研究有着不同的理解。有的将其看作一种研究方法（method），也有的将其看作一种研究方式（approach）或者一种研究策略（strategy），还有的将其看作一种研究设计（design）或者研究风格（style）。[①] 当我们对个案研究了解得越多，实际做的个案研究越多，对这些不同理解的认识也就会越多。

## 二、个案研究的类型

个案研究在不同学科中的发展和运用，带来了对个案研究的不同考虑以及具体应用中不同视角的差异。这种差异也体现在对个案研究的分类上。根据有的学者的总结，个案研究共有九种不同的类型。[②] 除了上述介绍过的"整体性的"个案研究和"嵌入性的"个案研究这种分类外，还有殷提出的探索性个案研究、描述性个案研究、解释性个案研究的分类等。[③] 而应用最为广泛的则是斯达克（Stake）提出的分类。其将个案研究分为以下三种类型：内在的个案研究、工具性的个案研究、集体的个案研究。[④]

---

① 泰特. 案例研究：方法与应用. 徐世勇，杨付，李超平，译. 北京：中国人民大学出版社，2019：16.

② 同①11 - 13.

③ 殷. 案例研究：设计与方法. 周海涛，译. 重庆：重庆大学出版社，2004：5.

④ 本小节未标注的引号中的内容均来自克里斯滕森，约翰逊，特纳. 研究方法、设计与分析：第 11 版. 赵迎春，译. 北京：商务印书馆，2018：325 - 326。特此说明。

所谓"内在的个案研究",就是"对特定的个人、组织或事件进行的深度描述,是为了了解该特定案例,重点不在于归纳概括"。这即是说,内在的个案研究的主要目的是对特定个案有深入的了解,尽管它同时也能提供一些对某种现象的可能原因的理解。换句话说,内在的个案研究所关注的重点在于特定个案的所有特质,其目标主要不是做出超越个案的概括,也不是试图建立有关这一类现象的理论。

所谓"工具性的个案研究",则指的"是为了洞察某个问题,或是为了形成、完善或修改某些理论解释而开展的个案研究。开展这种研究是为了理解一些比特定个案更具一般性的内容。获得对现象或事件的理解,比具体的个案本身更为重要"。简言之,工具性的个案研究的主要目的,就是形成对现象的理论解释。它更看重对一类现象理解的获得,而不仅仅是对特定个案的理解。当然,它也可以帮助研究者找出适用于其他时间和地点的解释。

而所谓"集体的个案研究",也称"比较的个案研究",它涉及"对两个或多个案例进行广泛的研究"。"研究多个个案时,主要目的是比较性地理解现象或事件,而且很多时候,研究目的是工具性的,而不是内在的。"这即是说,集体的个案研究力图通过对不止一个个案的详细研究,比较它们的相似点和差异点,并从中归纳出可以理解一类现象的理论解释。

与个案研究的类型有关的还有单个案研究与多个案研究、个案研究与跨个案研究的区分问题。单个案研究,就是只关注一个个案,只对一个个案进行研究;而多个案研究是指同一研究中包含两个及以上的个案,即对两个及以上(通常不超过 10 个)的少数几个个案进行研究。这两种研究都属于个案研究的基本类型。但跨个案研究,通常指的是对很多个个案(至少大于 30 个)进行的研究。它已经不属于个案研究,而属于定量研究。有学者认为,虽然"案例研究与跨案例研究之间的区别是一个程度问题。案例越少,对它们所做的研究就越深入,这项工作也就越符合'案例研究'的称谓",但"所有的经验研究要么是个案研究(由一个或少数案例构成),要么是跨案例研究(由很多案例构成)"[①]。

---

① 吉尔林. 案例研究:原理与实践. 黄海涛,刘丰,孙芳露,译. 重庆:重庆大学出版社,2017:15.

关于个案研究的类型，还有一点需要稍做说明，那就是当研究的个案是一个社区时，通常又称社区研究（community study）。社区是人们在社会中赖以生存的一种重要形式，同时社区也是构建整个社会的一种重要单位。它与人们的社会生活以及整个社会的发展都有着密不可分的关系。因而，社区研究越来越成为社会科学研究中的一个热点。社区研究的方式也为众多的社会科学研究者所熟悉和采用。在社区研究中，研究者通常会针对一个具体的社区，比如一个村庄、一个街道或者一座城市，采用参与观察、访谈和收集当地现有文献等方法来收集资料。而且，研究者通常要在该社区中生活一段时间（少则几个月，多则几年），参与当地人的社会生活。西方社会学早期研究中，采用社区研究方式的一个典型例子就是林德夫妇在美国印第安纳州曼西所做的"中镇"研究。在我国，著名社会学家费孝通先生所做的"江村研究"，则是采用社区研究方式的另一个典范。

### 三、与个案研究有关的几种定性研究方式

仅从定义上看，似乎个案研究方式与实地研究以及参与观察、民族志并无多大联系。但实际上，许多著名的个案研究（如《街角社会》《塔利的角落》等）都是采用实地研究的方式、参与观察的方式、民族志的方式进行的，或者说，许多著名的实地研究、参与观察研究、民族志研究的研究对象都是一个单独的个案，因而，个案研究方式与这些方式之间具有紧密联系。巴比教授关于实地研究的定义中也涉及实地研究与参与观察和个案研究之间的关系问题。在巴比教授看来，实地研究可以说就是参与观察与个案研究的统称。笔者的理解是，如果从研究的特征和方式，特别是从资料收集方法的角度来看，实地研究更多指的是参与观察；而如果从研究对象的角度来看，实地研究较多地采用了个案研究的方式。因此，也可以说，实地研究就是将参与观察应用在对一个（或有限的几个）个案所进行的研究中。

对于个案研究与实地研究，特别是与参与观察、深度访谈、民族志等方式之间的关系问题，德沃斯教授也指出："个案研究经常被等同于定性方法，尤其是参与观察法和非结构化的深度访谈法。毫无疑问，这种判断

部分是由于一些早期的、具有影响力的个案研究（如《街角社会》《中镇》）采用了参与观察法。与之类似，社会人类学中的大多数民族志个案研究也采用了参与观察法，因而民族志和个案研究有时也被看作一回事。在其他情况下，个案研究也被等同于非结构化的深度访谈……"然而，"假如我们把个案研究与某一种特殊的资料收集方法等同起来，那我们就误解了个案研究设计"①。应该认识到，尽管在具体方式上个案研究与这几种方式有些相似，但个案研究始终是一种独立的研究方式。

## 第二节　个案研究的特征与设计

### 一、个案研究的主要特征

作为一种特定的定性研究方式，个案研究具有一些区别于其他研究方式的突出特征。这些突出特征是：

（1）焦点特别集中，对现象的了解特别深入、特别详细。

个案研究的一个突出特点就是集中于一个（或少数几个）特定的个案，展开深入、详细、全面的研究，以达到最好的认识和理解。正是通过对事物进行深入的洞察，研究者能够获得非常丰富、生动、具体、详细的资料，能够较好地反映出事物或事件发生、发展及变化的过程，而且能为后来较大的总体研究提供理论假设。同时，个案研究特别注重个案的整体性。它通过尽可能全面、详细地收集个案的各方面信息，保证个案的完整性。它也注意到特定个案与社会背景之间的关系，力求在自然情境下深度地了解个案，并通过对这些资料的分析，呈现出一个丰满的、完整的个案。

（2）利用多种不同的资料来源和多种不同的资料收集手段。

关于个案研究中的资料来源，学者殷认为，"在个案研究中有六种证

---

① 德沃斯．社会研究中的研究设计．赫大海，等译．北京：中国人民大学出版社，2009：231.

据来源，每一种都有各自的优势和缺陷。它们是文件、档案记录、访谈、直接观察、参与观察和人工实物。但是，没有理由说个案研究不能包括通过问卷获取的定量数据"①。虽然个案研究中最经常使用的主要是参与观察、深度访谈等定性的资料收集方法，但在实践中，个案研究可以采用多种不同性质的资料，比如个人访谈资料、参与观察资料、现有统计资料、现有官方文献、问卷调查资料等。而为了收集这些不同类型的资料，个案研究也可以采取多种不同的方法，如深度访谈、参与观察、问卷调查、现有统计分析等。它同样可以利用定量的资料来源，也可以使用诸如问卷调查、现存统计资料分析等定量的方法。比如，在对一所中学进行的个案研究中，既可以采用参与观察的方法去了解学生日常的学习、教师平常的教学情况；采用深度访谈的方法收集学校领导关于教育方针、办学模式、教学管理等方面的信息；也可以通过查阅和统计学校教学档案等数据资料，分析学校历年高考成绩、升学比例等方面的变化；还可以采用问卷调查的方法收集关于中学生学校生活、师生关系、职业理想等方面的信息。当然，具体采用什么方法、收集什么资料，都应围绕研究所要回答的问题、特别是围绕研究的焦点来决定。

（3）个案研究主要来建构理论，但它也可以用来检验理论。

虽然个案研究主要用来提出概念、命题和建构理论，但它也可以用于检验理论。不过需要注意的是，个案研究中的"理论检验取向与理论建构取向的不同之处在于：前者是由一组非常明确的命题开始，看其与现实生活情景是否符合；而后者仅以一个问题或一个基本命题为开端，通过对真实个案的观察和测量，进而获得更为明确的理论或一系列命题"②。一般的情况是，个案研究用来检验理论时，往往只是对否定理论起到较大作用，即当个案研究的结果与理论不相符合时，我们就有理由怀疑理论的正确性。而当个案研究的结果与理论相吻合时，也不能说理论得到了"证明"，而只能说理论得到了这个特定个案的"支持"。

① 梅．社会研究：问题、方法与过程：第 3 版．李祖德，译．北京：北京大学出版社，2009：160.
② 德沃斯．社会研究中的研究设计．赫大海，等译．北京：中国人民大学出版社，2009：223.

（4）研究结论难以进行概化和推广。

个案研究所具有的深入、全面的特点是其明显的长处。而其最大的不足，或者说其最困难的一个方面，是如何发掘个案研究所具有的概括意义。或者说，个案研究最主要的不足就是个案研究的结果在推广和概化上存在明显局限和困难。一般来说，研究者除了对所研究的对象进行详细、全面的描述外，更多的是努力从所研究的具体个案中抽出一些有价值的命题，或提出一些具有更深刻理论意义的研究题目，为后续的研究提供一些有启发性的思路和有价值的方向，而通常很难将从个案研究中所得到的结果进行推广。

## 二、个案研究的设计

在进行个案研究的研究设计时，我们应该注意以下几点：

第一，个案研究设计同样必须以回答研究问题为目标，即研究设计的出发点同样还是研究问题。个案研究的方式本身只是研究者为回答研究问题所采取的一种具体途径。正是研究问题决定了在研究场景、事件、参与对象和时间等一系列具体设计内容上的选择。换句话说，每一项具体内容之所以被选择，主要是因为它们可以很好地帮助研究者实现回答研究问题的目的。因此，在进行个案研究的设计时，研究者首先要能够清楚地认识和说明采用个案研究的方式进行研究的必要性，同时还要清楚认识和说明开展这项个案研究的总的目的。只有目的明确了，指导思想才会有方向，研究设计的具体环节才会更加清晰。

第二，要选择和决定研究所依据的个案。恰当的个案选择是研究得以顺利开展和取得预期效果的基础。研究者要事先确定并清楚说明选择个案的原则和标准、所选择的个案的特征和边界是什么、研究所要考察的是一个个案还是多个个案等。同时需要特别说明的是，这种对个案的选择，除了其他方面的因素外，个案特征与研究目标之间的适合性、个案便于研究者接近和接触的便利性或可行性，无疑是两个最重要的标准。在研究设计中要能够充分说明，研究之所以选择甲个案而不是乙个案或者丙个案，是因为甲个案对于实现研究的目标来说最为有利，或者是对于研究者接近个案、深入个案的生活环境、获得个案的各种资料来说最为便利、可行。当然，这两个标准之间可能会出现冲突。不同的个案在这两方面往往也是各有利弊。比如，甲个案可能更适合研究的目标，但十分难于接近和接触；乙个案则正好相反，非常容易接近和接触，但对于回答研究问题来说不太合适。此时，就需要研究者在这两方面进行认真权衡和取舍，努力寻找和选择在两方面都能够达到最优的个案。

第三，个案研究中要尽可能利用多种不同的资料来源，并运用多种不同的资料收集方法去收集来源不同的资料。个案研究的资料可以是来源于深度访谈、参与观察的以文字记录为主要形式的实地资料，也可以是档案资料、行政统计数据、问卷调查或测验结果等，只要能对全面、深入了解、描述和分析个案有积极作用。特别是，作为一种研究方式，个案研究既"可以基于定性材料，也可以基于定量材料，或者同时采用定性材料和定量材料。除此之外，案例研究也并不总是把直接的、详细的观察作为证据的来源"①，即并不一定非要通过民族志或参与观察来收集资料。在研究某些问题时，研究者甚至不需要离开图书馆。也就是说，个案研究的资料收集方法也是依资料来源和性质的不同而不同。资料收集过程既可以像民族志研究、实地研究、参与观察法那样通过深入实地、较长时间的参与和观察来达到，也可以完全不采用那些方法，只通过收集和分析文献档案资料来完成。总之，对多种方法的运用和多种资料来源的利用既是个案研究的一个重要特征，也是个案研究设计中的一项重要内容。

第四，要注意研究者主观因素的影响。在个案研究的设计中，研究者做出各种选择时要十分清楚这种选择带来的或可能带来的各种局限。无论是研究地点的选择，还是对象的选择，个案研究的设计中往往都会有比定量研究更多一些的主观考虑，各种选择上的主观因素也会更多一些。因此，研究者在考虑如何更好地回答研究问题的同时，也要考虑到自己所做出的每一种选择和决定对研究对象、研究资料以及研究结果的各种可能的影响。

---

① 殷.案例研究：设计与方法.周海涛，译.重庆：重庆大学出版社，2004：17.

第五，要以原始证据而非其他二手的或转述的证据为主，并要提供反映这些证据原始特性的足够的细节。对原始资料的收集和展现，是个案研究的一个特色，也是其得出研究结论的基础。强调资料的原始特性以及资料的细节，或许有两个方面的原因，一方面是要通过这些细节来向读者表明证据所具有的客观性特征，即表明证据并非研究者个人的特别是主观的产物；二是便于读者通过对这些原始证据的审查和检验来判断研究结论的有效性和可靠性。

### 三、个案的选择

由于个案的选择是个案研究设计中一个相对重要的环节，因此有必要专门进行一些说明。一般情况下，研究者对个案研究中的个案选择主要采用目的性抽样的方式，即根据自己的判断来进行选择。而个案研究中选择个案的最重要依据，还是研究问题。有学者总结并区分了九种个案选择方法，并认为这些不同的个案选择方法也形成了九种不同的个案研究类型。这里仅对研究者在个案研究的具体实践中采用较多的几种方法略做介绍。

1. 选择典型个案

选择典型个案是研究者在个案研究中使用最多的个案选择方法。这种个案选择方法往往包含着一个潜在的假定，即典型个案对同一类型的个案具有较好的代表性。用定量研究的语言来描述，这种典型个案代表了某一类现象的典型值。其"典型性可以理解为在某一特定维度上的均值、中值或者众值"①。通俗地说，这种典型个案常常意味着某一类现象的平均水平。采用这种方法的一个很好的例子是林德夫妇的"中镇"研究。他们希望挑选一个尽可能代表美国当代生活的中等城市作为个案来展开研究。为此，他们列出了一系列标准，比如气候温和、足够快的发展速度、现代的工业文化、不存在显著的地方特色或严重的地方问题等。在考察和比较了许多城市后，他们最终认为印第安纳州的曼西市比其他美国中等城市更具

---

① 吉尔林. 案例研究：原理与实践. 黄海涛，刘丰，孙芳露，译. 重庆：重庆大学出版社，2017：69.

代表性，或者说，更具典型性。当然，这种选择典型个案的方法在实践中也会有一定的局限。因为一方面对有些典型特征的判定主要依据研究者的主观分析，而另一方面这种根据若干变量上的分布特征来进行选取的方式也会由于不同的个案在不同变量上的不同表现而变得难以取舍，即有的个案可能在甲变量上符合标准但在乙变量上差距太大；而另一个个案则可能在乙变量上符合标准但在甲变量或者丙变量上差距太大。

**2. 选择极端个案**

所谓极端个案，指的是在研究者感兴趣的变量上具有极值的个案。如果把研究者感兴趣的变量看作一个逐渐变化的连续体，那么极端个案就是这个连续体的端点。选择极端个案展开研究，往往是为了更好地凸显研究者所关注的焦点问题。比如，美国人类学者冯文博士在研究中国青少年在独生子女政策下成年的问题时，就选择了八个极端个案。她用"社会经济地位"和"学习成绩水平"建立了一个十字交叉的坐标系，而选取的八名学生分别处于这个坐标系所构成的田字格的四个顶点，其他青少年则全部处于四个方格之中。① 纵横两个坐标的端点之间是一种逐渐变化的状态，即无论是学习成绩水平，还是社会经济地位，都是一个有着不同程度的、逐渐变化的连续变量，而不是一种简单的二分变量。在两个坐标所构成的田字格的四个顶点之内，存在着大量非极端的个案。作者之所以选择处于四个顶点的极端个案，而不是选择"代表性"更大的典型性个案，是因为这种反差更大的极端个案能更好地凸显出社会经济地位、学习成绩水平这两个变量对独生子女青少年的"主体性、体验、渴盼"的影响，且能够在与研究对象相关的社会现象上具有更强的解释力。

**3. 选择反常的个案**

如果说极端个案是相对于在某个变量上的均值而言的话，那么反常个案往往指的是"相对于因果关系的某个一般模型而言"。"分析反常案例的目的通常是寻求新的——尚未被详细阐述的——解释。"② 一般来说，研

① 冯文. 唯一的希望：在中国独生子女政策下成年. 南京：江苏人民出版社，2018：35－37.
② 吉尔林. 案例研究：原理与实践. 黄海涛，刘丰，孙芳露，译. 重庆：重庆大学出版社，2017：79.

究者选择支持自己论点或理论的个案是相对容易的。但同时，这种个案的说服力也是相对差的。如果研究者选择一个看起来与自己的观点或理论明显"相反"的个案，其所得出的结论的说服力就会更强，对理论的检验效果就会更好，有时还能因为意外的发现而产生出事先未曾预料的经验概括和理论命题。此外，研究者通过分析反常个案，可以去寻找这个反常个案会如此不同的原因，并进行解释，这也可能起到对已有理论进行修正或澄清的作用。还有学者认为，"通过寻找相反的和类似的案例，一个狭窄的案例分析被拓展为对一个更大实体的解说。因此在最后的阶段，研究过程发展为对一个更大实体的探讨"①。也就是说，通过将相反的个案与相似的个案进行比较分析，往往可以得出更多的结果，能够解释的现象范围也会更大。

4. 选择拥有丰富信息的个案

在实际研究中，一些研究者也经常采取这样一种个案选择方法，即选择那些在研究现象中拥有丰富信息的个案，特别是对于研究来说是关键信息提供者的个案。② 这种个案选择方法所考虑的主要因素是所选择的个案要拥有丰富的信息。显然，拥有丰富信息的标准对于满足个案研究所需要的深入、全面、详细的特征来说特别重要，而那些关键的信息提供者往往比其他个案更了解和掌握着更多与研究者关注的问题相关的信息。选择他们作为个案，无论是在获得各种相关信息的数量上，还是信息的重要性程度上，都会比选择一般的个案的效果更好，收效也更大。比如，如果要了解三峡移民搬迁、安置的动力机制和实施上的困难，在三峡库区移民大县中选取一个负责移民工作的乡镇长作为研究个案就是一个很好的选择。因为他既作为贯彻落实国家移民政策，接受省、市、县等各级政府移民部门领导工作安排的实施者，又作为当地移民工作的主要负责人，是具体组织、布置、实施移民搬迁、安置工作，联系各村干部和解决广大移民在搬迁、安置中各种矛盾和困难的关键人物，可以为研究者提供丰富的、深入

---

① 希尔弗曼.如何做质性研究.李雪，张劼颖，译.重庆：重庆大学出版社，2009：115.

② 高尔 M D，高尔 J P，博格.教育研究方法：第 6 版.徐文彬，侯定凯，范皑皑，等译.北京：北京大学出版社，2016：327.

的和独有的信息。

5. 选择不同类型的个案

对于多个案研究来说，在个案的选择上，研究者除了要依据回答研究问题的需要，按上述某种标准来考虑外，往往还要考虑到另外一种因素，即个案之间要有利于进行比较。因此，研究者在选择个案时往往会关注不同类型的典型。比如，在针对农村社区的多个案研究中，研究者往往会根据研究问题，选择一个经济发展好的、一个经济发展中等的、一个经济发展差的乡村，或者一个东部的、一个中部的、一个西部的乡村作为对象，以便进行比较研究。有时研究者会因希望尽可能反映研究对象的整体状况而采用分类的选择方法，即先按一种、两种或多种标准将总体现象划分出不同的类型，然后在每一种类型中选择一个个案开展研究。前述冯文博士的研究中，她实际上是根据"社会经济地位""学习成绩水平"和"性别"三种标准将学生进行了分类。如果不是选择极端个案，而是从中选择典型个案的话，就可以更好地反映学生总体中各类学生的一般状况。

最后需要注意的是，无论研究所选择的个案是典型的、极端的、异常的或是其他类型的，研究者都必须对做出这样选择的理由给出清楚的说明和解释，并最好有其道理。同时，还要对个案的情况和可能的局限进行详细的介绍，以便于对其研究感兴趣的其他研究者充分了解、认识研究结论的意义，更合理地使用其研究结果和结论。

## 第三节  个案研究的意义与应用

### 一、个案研究的意义

作为一种特定的研究方式，个案研究为研究者探索社会现象提供了一条特殊的路径。我们可以从两个不同角度来认识个案研究方式所具有的意义。

首先是研究目标的角度。在人们认识和探索社会现象的过程中，选择哪条研究路径、采用哪种研究方式，往往主要依据研究所希望达到的目标。从前述个案研究的三种分类中，我们可以了解到，从事个案研究实际上有着三种不同的目标。一是聚焦于某个特定个案，力图深入、全面、详细地掌握这一个案尽可能多的资料和情况。这类研究的目标不在于普适性，而在于理解这一特定个案的复杂性、整体性以及这一个案所处的背景。斯达克所说的"内在的个案研究"就是这种个案研究的例子。二是力图从对特定个案的详细了解和分析中，归纳出、总结出某种内在的关系、原因或机理，以便为理解这一特定类型的现象提供一般性的理论解释，供后续研究者进行检验和验证。三是通过对多个不同类型个案的深入了解和比较分析，力图反映出某一类现象的一般状况。因此，个案研究方式至少在上述这三个方面能为研究者提供帮助。

其次是"研究对象的数量"与"研究的深度和强度"之间关系的角度。在许多情况下，研究者都会面临这样一种境地，即要在"研究对象的数量"与"研究的深度和强度"这两个目标之间进行选择和权衡。研究者在研究方式的选择上，往往也要根据研究问题和研究目标，在二者中做出某种权衡和取舍，也可以说要在"研究对象的数量"与"研究对象的特征数量"之间进行权衡和取舍。因为研究者的精力、能力是一个恒定的量，如果希望"研究的深度和强度"越大，或者希望了解和认识的"研究对象的特征数量"越多，"研究对象的数量"就只能越少；反之，如果希望"研究对象的数量"越多，那么，"研究的深度和强度"就只能越小，或者说希望了解和认识的"研究对象的特征数量"就只能越小。这样来看，调查研究的方式是取"研究对象的数量"，重"多个研究对象之间的比较"，而放弃"研究的深度和强度"，放弃"研究对象的特征数量"的典型；个案研究则是相反的极端，即是取"研究的深度和强度"或者说取"研究对象的特征数量"，而放弃"研究对象的数量"，放弃"多个研究对象之间的比较"的典型。因此，当我们需要对社会现象达到深度理解、全面了解时，个案研究就为我们提供了有效的途径和方式。

## 二、个案研究的应用

不同的社会科学研究方式具有各不相同的特征，也分别适用于不同的研究场景和探讨不同的研究问题。了解并熟悉个案研究方式的特征，有助于我们在实际社会科学研究中正确地选择和合理地运用它。

个案研究方式所具有的深入、详细、微观、对象集中等特征，使其更适合于探讨特定研究对象的方方面面，也适合于从特定的研究对象中发展出解释一类现象的理论概念和命题。从实际应用中看，在不同的学科中，个案研究方式所关注的对象也有一些不同。比如，在社会学中，个案研究较多地被用来研究特定的群体、社区和组织；在教育学中，学校、班级常常成为研究的个案；而在心理学、社会心理学、社会工作等学科中，个案研究又最经常地被用来研究特定的个人。

当然，在选择和运用个案研究方式时，除要对特征有所了解外，关键还是要看自己所研究的问题是什么，或者说要看研究究竟对什么样的问题感兴趣。因为并不是所有的问题都适合采用个案研究方式，就像并不是所有的问题都适合采用调查研究方式一样。

举例来说，一个研究者打算探讨与育龄人口二孩生育意愿有关的问题，在选择研究方式前，应该问一下自己：你究竟对与二孩生育意愿有关的什么问题感兴趣？如果你是对一个一孩家庭如何决定是否生育第二个孩子的问题感兴趣，对这种家庭内部的生育决策过程、对夫妻决策的内幕感兴趣，那么你就应该采用个案研究方式（比如选择三五个或者八九个不同的家庭进行深入的考察）；但是，如果你是对究竟有哪些因素（比如妻子年龄、妻子职业、夫妻受教育程度、一孩性别、家庭收入等）影响着人们做出生育或不生育第二个孩子的决策感兴趣，那么，你就应该采取调查研究方式，因为调查研究所关注的是这些因素（即妻子年龄、妻子职业、夫妻受教育程度、一孩性别、家庭收入等）与二孩生育决策之间的关系，而不是像个案研究那样关注家庭内部具体发生了什么或者如何发生。

对于个案研究方式的应用问题，学者殷的看法是，与其他形式的社会科学研究一样，个案研究也可以用于探索、描述和解释三种目的。探索性个案研究的"目的在于定义将要研究的问题或假设，或判断预定研究方案的可行性"，它常常被看作进一步的社会科学研究的前奏，特别是进行大规模抽样调查的前奏；描述性个案研究的目的主要是提供"对现象及其情境的完整描述"；而解释性个案研究的目的是"提供因果关系的信息——解释事情是如何发生的"①。他的看法为对个案研究的应用做出了相对系统的说明。此外，他还认为，个案研究"是探索难于从所处情境中分离出来的现象时采用的研究方式"②。他的这种看法强调了情境的重要性、与情境密切相关的研究的困难性，以及个案研究对解决这种困难的适用性。

总之，个案研究不仅可以为人们认识某一特定的社会现象提供深入、丰富、细致的描述，或者为复杂的因果联系提供更多证据。同时，它也可以用来发展新的理论，提出与现有理论不同甚至是相反的假设。比如对一个特定群体或组织进行的深入个案研究，可以通过对这一群体或组织的构成、内部关系、文化规范等方面进行丰富的描述，产生出解释特定群体或组织行为的合理假设。

### 三、个案研究的优缺点

个案研究作为一种特定的研究思路和研究方式，具有其他各种社会科学研究方式所不具备的一些突出优点。第一，个案研究可以帮助研究者详细、全面、深入地描述、了解许多特殊的、不寻常的、目前还未被人们了解和认识的现象，增加人们对这一类现象的认识和理解。第二，由于个案研究具有深入性、详细性的特征，因而它比调查研究等方式的效度相对更高。第三，个案研究通过对各种不同来源的资料的详细描述和分析，可以更好地解释现象之间因果关系的复杂性。第四，个案研究通过揭示某些典型个案的重要特征，不仅可以发展出对某一类个案的更为深入的理解，还可以为经验结果的概念化以及形成相关理论命题提供重要帮助。特别是便于归纳出相关的理论概念、假设和命题。第五，个案研究特别适合于对相关的社会过程以及因果机制的细节进行分析探讨。第六，通过选取特定的个案展开研究和分析，不仅有助于构建新的理论，还可以用来对现有理论

---

① 殷. 案例研究方法的应用：校定新译本. 周海涛，等译. 重庆：重庆大学出版社，2009：12.
② 同①11.

进行验证；第七，个案研究的结果也常常能为对后续大规模定量研究中相关概念的经验测量提供可靠的基础。

当然，个案研究方式在具有上述众多长处和优势的同时，也不可避免地具有一些明显的不足和局限。第一，个案研究的结果通常只能反映所研究的特定个案，很难将研究结论推广到更大的范围。这也是个案研究经常受到责难的原因。关于这一点，我们将在下面做进一步的分析。第二，相比于实验研究、调查研究来说，个案研究往往缺乏严密的、明确的、固定不变的程序，因而更容易受到研究者主观因素的影响，给研究结果带来偏差。第三，个案研究与实地研究一样，在具有较高效度的同时，信度往往相对较低，即对于同样一个现象或问题，选取不同的个案进行研究时，所得到的结果之间往往具有较低的一致性。

## 第四节　个案研究结果的推广问题

个案研究方式在实际应用中，最经常遭到的质疑和批评就是研究结果不能进行推广（也称概化，即 generalization）。也就是说，人们往往认为个案研究的结果不能提供科学归纳的基础，即研究者不能从对一个个案的研究中归纳出普遍的结论。比如，对于一项个案研究的结果，人们往往会质疑："仅从这一个个案所得到的结论能说明什么？"或者"从对单独一个个案的研究中所得到的结果能够被应用到更普遍的情形中吗？"

对于这种质疑，有两点需要说明：一是，并非所有的个案研究都以推广为目的，即对于那些本身就不是想要将结果进行推广的个案研究来说，这个问题是不存在的。当一个研究者只是希望搞清楚某个特定个案内部的种种复杂性，或者只是希望弄清楚某一特定个案发展变化过程的来龙去脉，以及这一过程所涉及的方方面面的因素，以了解和认识其独特性时，他就可以采用个案研究的方式进行研究，而根本不用去考虑能否推广的问题。二是，个案研究的推论与定量研究中通过大规模随机抽样获得数据所进行的推论有很大不同。概括地说，定量研究中的推论是建立在概率统计原理基础上的或然性推论，而个案研究中的推论则主要依据的是事物内在的相似性推论。

　　那么，如何从个案研究中得出可推广的结果或结论呢？学者们提出了几种不同的方法。有的研究者指出，从个案研究中得出的结果或结论，可能会通过两种方式产生出可推广的结果。"一种是通过概念化，另一种是通过形成命题。"所谓概念化，指的是"研究者发展出一个或多个新的概念来解释所研究的某些方面。的确，要发展这种新概念，可能要求那种只有在个案研究中才有可能做到的深入研究"。而所谓形成命题，则指的是"研究者基于所研究的个案，提出一个或多个连接个案内概念或因素的命题——这些命题也可以称作假设"。"在传统的定量研究中，我们常常是始于命题或假设——它们是研究的输入；而在个案研究的过程中，我们结束于它们——它们是研究的输出。"[①] 也就是说，为了将个案研究的结果进行推广，应用到更广泛的情景中，研究者必须要在上述这两件事上进行努力。还有的学者则通过类比实验研究认为，可以通过对多个不同类型的个案的研究来达到推广的目的，他指出："科学发现极少是基于一个实验的，它们通常都是根据在不同条件下进行的一系列实验得来的。案例研究也可以采用类型的方法，设计多案例研究，使其能够相互印证。"[②]

　　再回到个案研究的研究设计上来，依然是我们的研究目的或研究目标决定我们要进行哪一种类型的个案研究。应该明白，任何一个个案，往往既具有其在某些方面的独特性，也具有与其他个案之间在另一些方面的相似性。"问题在于我们究竟是希望聚焦于特定个案的独特之处，还是聚焦于它与其他个案的相似之处。"而"这实际上涉及指引一项个案研究的研究目标和研究问题。当推论是研究的目标时，我们聚焦于个案中潜在的一般性因素。个案研究资料的分析必须被引导到一个足够抽象的层次。概念越抽象，它就越能够推论。发展抽象的概念和命题使分析高于简单描述。

――――――――――

　　① Punch K F. Introduction to Social Research：Quantitative and Qualitative Approaches. London：Sage Publications Ltd. ，1998：154.

　　② 殷. 案例研究：设计与方法. 周海涛，译. 重庆：重庆大学出版社，2007：13.

通过这种方式，一项个案研究就能够贡献出有潜在推论能力的发现"①。作为定性研究方式之一的个案研究同样遵循的是一种建构理论的逻辑。其最终的目标就是要从具体的经验现实中，抽象出、概括出、产生出能够解释和说明某一类现象的概念、命题和理论。这即是说，与调查研究等定量研究通过概率抽样和研究样本，并通过统计分析来推论总体的方式有所不同的是，个案研究是通过从资料中进行抽象、形成概念和发展命题来达到对一类现象的理解和说明的。

关于个案研究的概化问题，还有学者指出："如果所选择的案例是因其特殊性或极端特征而被选中的，这可能就不是一个重要问题。因为它是不寻常的，也许是独一无二的，所以它是有趣的。然而，除非研究者能够证明所研究的案例是典型的，否则从研究结果中概化是有问题的。"② 这段话包含两个观点：一是如果个案是特殊的、极端的，显然是不能概化的。而研究者的目标也不是想去概化，研究者选择其进行研究是有着其他的目标的。或者说，这种特殊的、极端的个案具有其他的意义和作用。二是如果想要从个案研究结果中进行概化，前提之一就是要选择具有典型性的个案。只有具有典型性的个案才有将所得结论概化到与其相似的一类个案中的能力。当然，这里最大的挑战是，研究者如何识别、如何选择、如何证明其所研究的个案就是典型的。不解决这一问题，从个案研究结果中进行推广或概化同样无从谈起。

# 【思考与实践】

1. 与其他社会科学研究方式相比，个案研究方式的突出特征有哪些？

2. 研究者采用个案研究方式最常见的目的是什么？你怎样理解个案研究方式所具有的意义？

---

① Punch K F. Introduction to Social Research：Quantitative and Qualitative Approaches. London：Sage Publications Ltd.，1998：155.

② 泰特．案例研究：方法与应用．徐世勇，杨付，李超平，译．北京：中国人民大学出版社，2019：27.

3. 社会科学研究中选择个案的方法主要有哪几种？不同的个案选择方法的目的或作用有什么不同？

4. 个案研究方式在研究资料的收集方面有什么样的特点？

5. 与其他社会科学研究方式相比，个案研究方式的主要优点和缺点是什么？

6. 选择两篇采用个案研究方式开展研究的论文，讨论一下它们的研究结果及其推广问题。

# 第 **11** 章

# 资料分析

当我们运用前述各种不同的方法收集到相关的资料后，接下来的任务就是对这些资料进行分析。由于定量研究与定性研究所得资料的性质不同，采用的分析方法也不同。所以，我们将对两类资料的整理和分析方法分别进行介绍。

## 第一节　定量资料的整理

定量研究中最常见的资料是调查研究所得的问卷资料。这种问卷资料的整理主要包括四个方面的工作：审核、转换、录入、清理。

### 一、资料审核

资料审核（data auditing）是资料处理的第一步，是指研究者对所收集的原始资料（即问卷）进行审阅，校正错填、误填的答案，剔出乱填、空白和严重缺答的废卷。其目的是使原始资料具有较高的准确性、完整性

社会科学研究方法

和真实性，从而为后续的资料录入与统计分析打下好的基础。

资料的审核工作包含两方面的内容：一是检查问卷资料中的问题；二是重新向被调查者核实信息。在实践中，资料审核工作有两种不同的做法。一种是在收集资料的过程中进行，即边收集边审核。一旦发现填答错误，或漏填误填，或其他一些有疑问的情况，就及时进行询问核实。这样，当资料的收集工作结束时，资料的审核工作也已完成。这种资料审核的方式称为实地审核。另一种做法是先将资料全部收回，然后再集中时间进行审核。这种资料审核方式称为系统审核或集中审核。实地审核的优点是特别及时，且效果较好；其困难是资料收集工作的组织和安排要特别仔细，调查员处理各种情况的能力要比较强。系统审核的好处是便于统一组织安排和管理资料收集工作，审核工作也可以统一在研究者的指导下进行，审核的标准比较一致，检查的质量也相对好一些。但整个工作的周期会相对拉长，少数个案的重新询问和核实工作有时会因时间相隔较长或空间相距太远而无法落实。

## 二、资料转换

在前面介绍问卷设计时，我们曾指出，编码就是给每个问题及答案一个数字，作为它的代码。到了资料处理阶段，我们需要将被调查者对问卷中问题的回答转换成供计算机识别的数字。表 11-1 就是一份问卷中被调查者对前几个问题的回答，以及将他们的答案转换成的数字。

表 11-1　　　　　　　　　　　　　　　　资料转换示例

| 转换成的数字 |
| --- |
| A1 你的性别：　①男√　②女　　1 |
| A2 你的年龄：＿28＿周岁　28 |
| A3 你的文化程度：　3<br>①小学及以下　②初中　③高中及中专√　④大专以上 |
| A4 你的婚姻状况　2<br>①未婚　②已婚√　③离婚　④丧偶　⑤其他 |

## 三、数据录入

当问卷的答案被转化成数字后，接下来的工作就是将这些数字资料录入计算机，以便利用专门的统计分析软件如 SPSS、SAS 等进行分析。

　　数据的录入有两种主要的方式：一种方式是直接在 SPSS 软件中进行录入（有关用 SPSS 软件录入数据的方法，读者可参见各种介绍 SPSS 软件的专门著作）。另一种方式是采用专门的数据库软件如 Excel、FoxPro 等进行录入（这类数据库软件的使用方法也同样有专门的著作介绍），然后再用 SPSS 软件将录好的数据读入即可（Excel、FoxPro 等软件录入后生成的是 XLSX 格式或 DBF 格式的数据，SPSS 可以直接将这种数据转化成 SPSS 的 SAV 格式文件）。两类软件在录入的操作方式上都不太复杂，不同的研究者有不同的喜好。但从两类软件的特点和输入方法上看，专门性的数据库软件往往能较好地保证录入的正确性，相对来说更能减少录入数据时所产生的误差。由于一项调查的问卷数据总量往往是很大的，通常需要多个录入人员共同完成。因此，研究者要精心组织录入工作，从人员挑选、培训、分工、检查等多方面做好安排。

## 四、数据清理

　　在数据资料的录入过程中，无论我们组织安排得多么仔细，录入人员工作多么认真，还是难免会出现一些小的差错。因而在进行统计分析之前，应仔细地进行数据清理工作，不让有错误的数据进入运算过程。数据清理工作是在计算机软件的帮助下进行的，通常有下列几种方法。

### 1. 有效范围清理

　　对于问卷中的任何一个变量来说，它的有效编码值往往都有某种范围，而当数据中的数字超出了这一范围时，便可以肯定这个数字一定是错的。比如，如果在数据文件的"性别"这一变量栏中，出现了数字 5 或者 7、8 等，我们马上可以判定这是错误的数值。因为根据编码手册中的规定，"性别"这一变量的赋值是 1＝男、2＝女、0＝无回答，凡是超出这三者范围的其他数值，肯定都是错误的。要想检查出所有不符合要求的数值，我们只需在计算机上，用 SPSS 软件（或其他软件）执行一条统计各变量频数分布（frequency）的命令。计算机很快就能给出下述形式的结果（见表 11-2）：

表 11－2　　　　　　　　　　　统计各变量频数分布示例

| A5 | | | | Valid | Cum |
|---|---|---|---|---|---|
| Value Label | Value | Frequency | Percent | Percent | Percent |
| | 1 | 316 | 31.4 | 31.5 | 31.5 |
| | 2 | 428 | 42.5 | 42.6 | 74.1 |
| | 3 | 121 | 12.0 | 12.1 | 86.2 |
| | 4 | 128 | 12.7 | 12.7 | 98.9 |
| | 6 | 9 | 0.9 | 0.9 | 99.8 |
| | 7 | 2 | 0.2 | 0.2 | 100.0 |
| | 0 | 3 | 0.3 | Missing | |
| | Total | 1 007 | 100.0 | 100.0 | |
| Valid cases　1 004 | Missing cases | 3 | | | |

这是某项调查中变量 A5 的频数分布。其中，有效编码值为 0、1、2、3、4。0 为缺省值。当我们发现表中变量的取值超出编码手册所规定的赋值范围时（此例中的 6、7），可通过计算机将这些个案查找出来，并同原始问卷进行核对和修改。有效范围清理是一种最基本的清理方法，特别是在对录入错误的查找上有较好的效果。

2. 逻辑一致性清理

逻辑一致性清理是指从另一种角度来查找数据中所存在的问题。它比有效范围清理要稍微复杂一些，基本思路是依据问卷中的问题相互之间所存在的某种内在的逻辑关系，来检查前后数据之间的合理性。比如，问卷中有这样一对相倚问题。其过滤性问题是："你们有孩子吗？"答案为"1. 有；2. 没有"。而后续问题是："请问你们的孩子今年多大了？"那么，对于那些在前一问题中回答"没有"的人（即编码为 2 的人），他们在后一问题中的回答应该是空白（即为缺省值，用 0 来表示）。如果在这些人中，有的人的第二个答案上出现了 2、3 或 9 这样的数字，那么这些个案的数据就一定有问题。其他一些具有前后内在逻辑矛盾的例子如：编码为"男性"的个案数据中，出现了"怀孕次数"的答案数字；编码为"独生子女"的个案中，出现了"哥哥、姐姐的个数与年龄"的答案数字；编码为

"未婚"的个案数据中，出现了"配偶文化程度、年龄、职业"的答案数字；等等。

## 第二节 定量资料分析

经过上述程序，问卷资料变成了原始数据，研究者就可以采用各种统计分析方法对数据进行分析。本节中我们主要对单变量、双变量和多变量统计分析做简要的介绍。有关统计分析方法的更为详细的介绍，读者可参阅专门的社会统计学著作。

### 一、单变量统计分析

单变量统计分析可以分为描述统计和推论统计两个大的方面。描述统计的主要目的在于用最简单的概括形式反映出大量数据资料所容纳的基本信息。它的基本方法包括集中趋势分析、离散趋势分析等。而推论统计的主要目的，则是用从样本中得到的数据资料来推断总体的情况，它的基本方法主要包括区间估计和假设检验等。

#### 1. 集中趋势分析

集中趋势分析（central tendency analysis）指的是用一个典型值或代表值来反映一组数据的一般水平，或者说反映一组数据向某个典型值集中的情况。集中趋势统计量有平均数（也称均值）、众数和中位数三种，其中最常用的是平均数。平均数的定义是总体各单位数值之和除以总体单位数目之商。统计分析中习惯以 $\overline{X}$ 来表示平均数。其计算公式如下：

$$\overline{X} = \frac{\sum x}{n}$$

如果是单值分组资料，那么，计算平均数时首先要将每一个变量值乘以所对应的频数 $f$，然后将各组的数值之和全部相加，并除以单位总数（也即各组频数之和）。其公式如下：

$$\overline{X} = \frac{\sum xf}{\sum f} = \frac{\sum xf}{n}$$

在调查收入、年龄等方面的情况时，常常会得到组距分组形式的资料。这时，若要计算样本的平均数，就需要先计算出各组的组中值，然后再按照上述单值分组资料计算平均数的公式计算。组中值的计算公式如下：

$$组中值 = \frac{上限 + 下限}{2}$$

2. 离散趋势分析

与集中趋势分析相反，离散趋势分析（dispersion tendency analysis）指的是用一个特别的数值来反映一组数据相互之间的离散程度。它与集中趋势一起，分别从两个不同的侧面描述和揭示一组数据的分布情况，共同反映出资料分布的全面特征。同时，它还能够对相应的集中趋势（如平均数、众数、中位数）的代表性做出补充说明。常见的离散趋势统计量有全距、标准差、异众比率、四分位差等。其中，标准差、异众比率、四分位差分别与平均数、众数、中位数相对应，判定和说明平均数、众数、中位数代表性的大小。下面我们主要介绍标准差。

标准差的定义是一组数据与其平均数离差平方的算术平均数的平方根。它是用得最多也是最重要的离散趋势统计量，其计算公式如下：

$$S = \sqrt{\frac{\sum (x_i - \overline{X})^2}{n}}$$

为了理解离散趋势分析的作用，我们先来看看下面的例子。

某校三个系各选五名同学参加智力竞赛，他们的成绩分别如下：

中文系：78、79、80、81、82　$\overline{X} = 80$

数学系：65、72、80、88、95　$\overline{X} = 80$

英语系：35、78、89、98、100　$\overline{X} = 80$

无论是从团体总分来看，还是从平均得分来看，这三个系代表队的成绩都是相同的。因此，如果仅以集中趋势的统计量（平均数）来衡量，那么，三个系代表队的水平一样高，不存在什么差别。但从直观上我们不难发现，三个系代表队中五名队员的成绩相互之间的差距程度（离散程度）

很不一样。当我们将上面的数据代入标准差公式计算后可得到：

$S($中文系$)=1.414($分$)$

$S($数学系$)=10.800($分$)$

$S($英语系$)=23.800($分$)$

从上述结果中可知，中文系队的标准差最小，数学系队其次，而英语系队最大。这一结果很好地反映出各队队员成绩之间的离散程度，同时也反映出 80 分的平均成绩对中文系队的代表性最大，而对英语系队的代表性最小。

3. 区间估计

区间估计（interval estimation）的实质就是在一定的可信度（置信度）下，用样本统计值的某个范围（置信区间）来估计总体的参数值。范围的大小反映的是这种估计的精确性问题，而可信度高低反映的则是这种估计的可靠性或把握性问题。区间估计的结果通常可以采取下述方式来表述："我们有 95％的把握认为，全市职工的月工资收入在 182～218 元之间"或者"全省人口中，女性占 50％～52％的可能性为 99％"。

区间估计中的可靠性或把握性是指用某个区间去估计总体参数时，成功的可能性有多大。它可以这样来解释：如果从总体中重复抽样 100 次，约有 95 次所抽样本的统计值的某个区间中包含总体的参数值，那么就说这个区间估计的可靠性为 95％。对于同一总体和同一抽样规模来说，所给区间的大小与做出这种估计所具有的把握性成正比，即所估计的区间越大，则对这一估计成功的把握性也越大；反之，则把握性越小。实际上，区间的大小所体现的是估计的精确性问题，二者成反比：区间越大，精确程度越低；区间越小，精确程度越高。从精确性出发，要求所估计的区间越小越好；但从把握性出发，又要求所估计的区间越大越好。因此，人们总是需要在这二者之间进行平衡和选择。在社会统计分析中，常用的置信度（估计的把握性程度）分别为 90％、95％和 99％。在计算公式中，置信度常用 $1-\alpha$ 来表示。下面我们分别介绍总体均值和总体百分数的区间估计方法。

（1）总体均值的区间估计。

总体均值的区间估计公式如下：

$$\overline{X} \pm Z_{(1-\alpha)} \frac{S}{\sqrt{n}}$$

其中，$\overline{X}$ 为样本平均数；$S$ 为样本标准差；$(1-\alpha)$ 为置信度，$Z_{(1-\alpha)}$ 是其所对应的临界值；$n$ 为样本规模。常用的三种置信度分别为 90%、95%、99%，它们所对应的临界值分别为 1.65、1.96 和 2.58。

**例 1**  调查某厂职工的工资状况，随机抽取 900 名工人作为样本，调查得到他们的月平均工资为 1 860 元，标准差为 420 元。求 95% 的置信度下，全厂职工的月平均工资的置信区间是多少。

[解] 将调查资料代入总体均值的区间估计公式：

$$1\,860 \pm Z_{(1-0.05)} \frac{420}{\sqrt{900}}$$

95% 的临界值为 1.96，故总体均值的置信区间如下：

$$1\,860 \pm 1.96 \frac{420}{\sqrt{900}}，即 1\,832.56 元 \sim 1\,887.44 元$$

(2) 总体百分数的区间估计。

总体百分数的区间估计公式如下：

$$p \pm Z_{(1-\alpha)} \sqrt{\frac{p(1-p)}{n}}$$

这里，$p$ 为样本中的百分比；其他同上。

**例 2**  从某工厂随机抽取 400 名工人进行调查，结果表明女工的比例为 20%。现在要求在 90% 的置信度下，估计全厂工人中女工比例的置信区间。

[解] 代入公式：

$$20\% \pm 1.65 \sqrt{\frac{20\%(1-20\%)}{400}}，即 16.7\% \sim 23.3\%$$

4. 假设检验

假设检验 (hypothesis test)，就是先对总体的某一参数做出假设，然后用样本的统计量进行验证，以确定假设是否为总体所接受。假设检验所依据的是概率论中的小概率原理，即"小概率事件在一次观察中不可能出现"的原理。但是，如果现实的情况恰恰是在一次观察中小概率事件出现了，那么该如何判断呢？一种观点是认为该事件的概率仍然很小，只不过不巧被碰上了；另一种观点则是怀疑和否定该事件的概率未必很小，即认为该事件本身不是一种小概率事件，而是一种大概率事件。后一种判断更为合理，它所代表的正是假设检验的基本思想。

我们来举例说明假设检验的基本思路。某单位职工上月平均收入为210 元，我们假设这个月平均收入还是 210 元。为了验证这一假设是否可靠，我们抽取了 100 人做调查，结果得出月平均收入为 220 元，标准差为15 元。显然样本的结果与假设的总体结果之间出现了误差。这个误差是我们的假设错误引起的，还是抽样误差引起的呢？如果是抽样误差引起的，那么我们就应该接受原来的假设；而如果是假设错误引起的，显然我们就应该否定原假设。

假设检验的具体方法和步骤如下：

（1）建立虚无假设和研究假设，通常是将原假设作为虚无假设。

（2）根据需要选择适当的显著性水平 $\alpha$（即概率的大小），通常有 $\alpha=0.05$、$\alpha=0.01$ 等。

（3）根据样本数据计算出统计值，并根据显著性水平查出对应的临界值。

（4）将临界值与统计值进行比较，若临界值大于统计值的绝对值，则接受虚无假设；反之，则接受研究假设。

**例 3** 某单位职工上月平均收入为 210 元，本月调查了 100 名职工，平均月收入为 220 元，标准差为 15 元。该单位职工本月平均收入与上月相比是否有变化？

［解］首先建立虚无假设（用 H0 表示）和研究假设（用 H1 表示）：

H0：$\mu=210$  H1：$\mu \neq 210$

选择显著性水平 $\alpha=0.05$，由标准正态分布表查得 $Z(0.05/2)=1.96$ [$Z(0.05/2)$ 表示双尾检验]，然后根据样本数据计算统计值，其公式如下：

$$Z = \frac{\overline{X} - \mu}{S/\sqrt{n}} = \frac{220 - 210}{15/\sqrt{100}} = 6.67$$

由于 $Z=6.67>Z_{(0.05/2)}=1.96$，所以，拒绝虚无假设，接受研究假设，即从总体上说，该单位职工月平均收入与上月相比有变化。

### 二、双变量统计分析

双变量统计分析主要探讨两个变量之间的关系。根据变量层次的不同，这种分析所采取的具体形式也不一样。

1. 交互分类与 $\chi^2$ 检验

交互分类（cross-tabulation）是一种专门用来分析两个定类变量（或一个定类变量和一个定序变量）之间关系的统计分析方法。它是将研究所得的一组数据按照两个不同的变量进行综合的分类，其结果通常以交互分类表（又称列联表）的形式反映出来。其作用可以从下列例子中看出。假设在一次抽样调查中，我们得到表 11-3 的结果。

表 11-3　　　　　　　　人们对某政策的态度统计表（%）

| 赞成 | 反对 | 不表态 | 调查人数 |
|---|---|---|---|
| 45 | 45 | 10 | $n=2\ 000$ |

从这一结果中，我们只能得到"该总体中持赞成态度和持反对态度的人数大致相等"的结论。但是，当我们按性别对此结果进行交互分类统计时，又有表 11-4 的结果。

表 11-4　　　　　　不同性别的人们对某政策的态度统计表（%）

| 态度 | 男 | 女 |
|---|---|---|
| 赞成 | 85 | 5 |
| 反对 | 10 | 80 |
| 不表态 | 5 | 15 |
| （$n$） | （1 000） | （1 000） |

这一结果清楚地向我们表明：不同性别的人们对这一政策的态度有很大的差别，男性基本上倾向于赞成，而女性则主要倾向于反对。这一结果更深入、更科学地反映出了客观现实。类似地，我们还可以做出年龄与态

度、职业与态度、文化程度与态度等多种交互分类表，以分别研究不同年龄的人、不同职业的人、不同文化程度的人对这一政策的态度有何不同。

交互分类表既可以用来对样本的内在结构进行描述，又可以用来进行分组比较，还可以用来探讨变量之间的关系。但是，需要指出的是，上述结论通常只是在所调查的样本范围内成立。而要保证样本中所体现的变量间关系也反映了总体的情况，就必须对它们进行 $\chi^2$ 检验（读作卡方检验）。为了说明 $\chi^2$ 检验的必要性，我们先来看下面的例子。

调查某地区中学生的升学意愿，得到表 11-5 的结果。

表 11-5           两类学生的升学意愿分布（%）

| 升学意愿 | 城市中学生 | 农村中学生 |
|---|---|---|
| 想考大学 | 78.6 | 65.9 |
| 不想考大学 | 21.4 | 34.1 |
| ($n$) | (309) | (44) |

如果仅仅从交互分类表中的百分比来看，我们也许会得到这样的结论：两类中学生之间在是否想考大学这方面存在明显差别，城市中学生想考大学的比例明显高于农村中学生的比例（二者之间的差别达到了 13% 左右）。但是，如果用这一结果来反映总体的情况，那么就会歪曲现实。实际上，表 11-5 所反映的只是样本的情况，样本结果中所表现出的差异能不能代表总体的情况，还得经过统计检验。

通过计算，得出表 11-5 数据的 $\chi^2$ 值为 3.692，小于显著度为 0.05 的临界值 3.841。所以，我们可以得出结论：表 11-5 中所表现出来的两类中学生之间的差异，是抽样的随机误差造成的，它在总体中并不存在。我们也可以说，总体中两类中学生之间在是否想考大学这方面不存在明显差别。

当然，$\chi^2$ 检验也有其弱点。这主要是由于 $\chi^2$ 值的大小不仅与数据的分布有关，同时还与样本的规模有关。当样本足够大时，一些很小的分布差异也可以通过 $\chi^2$ 检验达到显著性水平。从表 11-6 中所列的三个交互分类表中，我们可以明白这一道理。

表 11 - 6                          性别与态度间的关系（%）

| 态度 | | 男（$n=50$） | 女（$n=50$） |
|---|---|---|---|
| (1) | 赞成 | 60 | 40 |
| | 反对 | 40 | 60 |
| | $n=100$ | $\chi^2=4$ | $p<0.05$ |
| **态度** | | **男（$n=50$）** | **女（$n=50$）** |
| (2) | 赞成 | 56 | 44 |
| | 反对 | 44 | 56 |
| | $n=100$ | $\chi^2=1.42$ | $p>0.05$ |
| **态度** | | **男（$n=250$）** | **女（$n=250$）** |
| (3) | 赞成 | 56 | 44 |
| | 反对 | 44 | 56 |
| | $n=500$ | $\chi^2=7.2$ | $p<0.01$ |

　　表 11 - 6（1）与表 11 - 6（2）的样本规模相同，且比较小，因此，只有变量分布的差异较大时［表 11 - 6（1）中相差 20%］，才有可能通过 $\chi^2$ 检验达到显著性水平（$p<0.05$）；而当变量分布差异较小时，则不行。表 11 - 6（3）与表 11 - 6（2）的百分比分布并没有改变，但样本规模扩大了 5 倍，导致 $\chi^2$ 值也扩大了，结果通过了 $\chi^2$ 检验，而且达到了较高的显著性水平（$p<0.01$）。这说明，对于大样本来说，确定变量间存在"有显著性"的关系并无很大意义，更重要的问题倒是，"如果变量之间存在关系，其强度有多大"。

　　2. 不同层次变量的相关测量与检验

　　当 $\chi^2$ 检验表明两变量间存在关系时，是否就意味着这种关系是一种强关系或重要关系呢？这不一定，因为变量关系的强弱和变量间是否存在关系是两个完全不同的问题。也许有人会想用显著性水平的高低来判断或估计变量间关系的强弱。比如，如果一个 $\chi^2$ 检验的显著性水平是 0.001，另一个是 0.05，我们可能会得出第一个 $\chi^2$ 检验中的变量关系较强的结论，但情况并非如此。不同的显著性水平反映的只是确定变量间存在关系的可信程度，即把第一个检验中的变量关系与第二个检验中的变量关系相比较，我们更相信前者的存在。或者说，得出变量间存在关系的结论时，前者犯错误的概率更小，而它并不说明第一个关系比第二个关系更强。要判断两个变量之间的相关强度，必须进行相关系数的计算。而这种相关系数的计算与变量的层次有着密切的关系。

如果两个变量都是定类层次，或一个定类一个定序，可以采用 λ 系数进行测量。它具有消减误差比例的意义。我们知道，社会科学研究的主要目标是解释或预测社会现象的变化，而这种预测中难免会有误差。对于两个有关系的变量 X 与 Y 来说，我们知道变量 X 的值去预测与它相关的变量 Y 的值时所存在的误差（E2），显然比我们不知道 X 的值去预测 Y 的值时所存在的总误差（E1）要小。消减误差比例（proportionate reduction in error，PRE）指的是知道 X 的值时所减少的误差（E1－E2）与总误差的比。PRE 越大，表示以 X 值去预测 Y 值时能够减少的误差所占的比例越大。换句话说，即 X 与 Y 之间越相关，或者说，X 与 Y 的关系越强。比如 PRE＝0.70，表示以 X 预测 Y 时能减少 70％的误差，说明二者之间的相关程度较高；而 PRE＝0.09，则表示只能消减 9％的误差，即 X 与 Y 之间的关系微弱。

如果两个变量都是定序变量，可以用 Gamma 系数来测量它们之间的相关关系。Gamma 系数通常用 G 表示，其取值范围是 $[-1，+1]$，适用于分析对称关系，且既表示相关的方向性，又表示相关的程度。Gamma 系数与 λ 系数一样，也具有消减误差比例的意义。其检验通常采用 Z 检验的方法进行。

当两个变量一个为定类（或定序）变量，另一个为定距（以上）变量时，我们可以用相关比率（correlation ratio）或 eta 系数来测量二者间的相关程度。相关比率又称 eta 平方系数，记为 $E^2$，其数值范围为 $0～1$，也具有消减误差比例的意义。对 $E^2$ 的统计检验采用 F 检验的方法进行。

对于两个定距变量来说，由于其数学特征的不同，我们可以用更精确一些的相关系数来反映它们之间的相关程度。这种更精确的相关系数就是皮尔逊相关系数 r。它具有这样几个特点：第一，r 是一种对称关系的测量；第二，$r$ 的取值范围在 $-1$ 到 1 之间；第三，$r$ 的取值具有方向性；第四，$r$ 本身不具有消减误差比例的意义，但其平方 $r^2$（又称决定系数）具有消减误差比例的意义。在双变量统计中，皮尔逊相关系数 $r$ 的检验既可采用 $F$ 检验的方法，也可采用 $t$ 检验的方法，因为 $F=t^2$。

　　表 11-7 总结了各种层次变量的相关测量与检验方法，同时，需要注意的是，各种相关测量的方法，目的都是理解两个变量在"样本"中相关程度的强弱或大小。对各种相关系数所进行的相应的检验，目的都是根据随机样本的资料推论两个变量在"总体"中是否相关。

表 11-7　　　　　　　　　两变量间关系的测量与检验方法总结表

| 两变量层次 | 相关系数 | 取值范围 | 是否对称 | 有无消减误差比例意义 | 检验方法 | SPSS 中有无该系数 |
|---|---|---|---|---|---|---|
| 定类—定类<br>（定类—定序） | $\lambda$ | $[0, 1]$ | 对称 | 有 | $\chi^2$ 检验 | 有 |
| 定序—定序 | $G$ | $[-1, 1]$ | 对称 | 有 | $Z$ 检验 | 有 |
| 定类—定距<br>（定序—定距） | $E$<br>$E^2$ | $[0, 1]$ | 不对称 | 无<br>有 | $F$ 检验 | 有<br>有 |
| 定距—定距 | $r$<br>$r^2$ | $[-1, 1]$<br>$[0, 1]$ | 对称 | 无<br>有 | $F$ 检验<br>$t$ 检验 | 有<br>有 |

### 三、多变量统计分析

　　各种社会现象之间的关系是错综复杂的，相互联系的两种现象之间的关系常常受到其他一些因素的影响。因此，在社会科学研究中，研究者除了进行双变量统计分析外，还常常需要进行多变量统计分析。多变量统计分析的方法种类较多，比如阐释模式、复相关分析、多元回归分析、路径分析、因子分析、聚类分析、判别分析、对数线性模型等，内容十分复杂，需要在专门的统计课程中学习。本书仅对两种多变量分析方法做一简介。

1. 阐释模式

阐释模式（elaboration model）是一种通过引进并控制第三变量来进一步了解和探讨两变量之间关系性质的统计分析方法。根据具体作用的不同，阐释模式可以分为三种类型：因果分析、阐明分析和条件分析。

因果分析的目标，是检定被看作自变量的 $x$ 与被看作因变量的 $y$ 之间，是否确实存在着因果关系。它通常需引进若干前置变量（第三变量），以判明 $x$ 与 $y$ 之间的因果关系是否为虚假的，即二者的关系是否为前置变量影响的结果。通常，研究者在初步确立了两变量之间的因果关系后，需要对与二者密切相关的若干第三变量进行这种控制分析。当引进并控制住第三变量的影响后，如果原来两个变量间的关系消失，我们便可以肯定地说，这两个变量之间的关系是虚假的，它们之所以"相关"，实际上是第三变量作用的结果。但是，当我们控制住第三变量后，原来两变量之间的关系依然存在时，我们并不能肯定地说，这两个变量之间的关系就是确定的，而只能说，原来两个变量之间的因果关系"可能是"真实的。或者说，我们对这两个变量之间的因果关系有了更大的信心。当引入和控制的第三变量数目越多，且都不影响和改变原来两个变量之间的关系性质时，我们对二者间关系的信心也就越大。下面是这种因果分析的一个例子。[①]

假定我们要研究住户的拥挤程度对夫妻间冲突的影响，调查所得到资料如表 11-8 所示。

表 11-8　　　　　　　　　住户拥挤程度对夫妻冲突的影响（%）

| 夫妻冲突 | 住户拥挤程度 | |
| --- | --- | --- |
| | 高 | 低 |
| 高 | 63.8 | 41.6 |
| 低 | 36.2 | 58.4 |
| (n) | (599) | (401) |

$G=+0.423$　$Z=5.233$　$p<0.05$（一端检定）

我们不能简单地依据表 11-8 的结果就下结论说"住户的拥挤程度是

夫妻冲突的原因"，因为或许还有其他的因素与这两个变量都相关且这两个变量同时受到其他变量的影响。比如，家庭的经济水平就可能是影响这二者的第三因素。因为家庭经济条件差，不仅会导致住房拥挤，还会导致家庭成员间的矛盾增多。为了判明住户拥挤程度与夫妻冲突之间关系的真假，就需要引进和控制家庭经济水平这一变量。我们将家庭经济水平分为高、中、低三组，在每一组中再来看原来两个变量之间的关系，假定此时得到表 11-9 的结果。

**表 11-9    控制家庭经济水平后住户拥挤程度对夫妻冲突的影响（%）**

| 夫妻冲突 | 经济水平高 | | 经济水平中 | | 经济水平低 | |
|---|---|---|---|---|---|---|
| | 拥挤程度 | | 拥挤程度 | | 拥挤程度 | |
| | 高 | 低 | 高 | 低 | 高 | 低 |
| 高 | 61.4 | 62.2 | 81.0 | 80.7 | 10.6 | 9.6 |
| 低 | 38.6 | 37.8 | 19.0 | 19.3 | 89.4 | 90.4 |
| (n) | (220) | (90) | (294) | (85) | (197) | (114) |
| | $G=-0.018$ | | $G=+0.008$ | | $G=+0.052$ | |
| | $Z=0.099$（不显著） | | $Z=0.040$（不显著） | | $Z=0.171$（不显著） | |

从表 11-9 的结果可知，在每个经济水平组内，住户的拥挤程度与夫妻冲突间的关系都非常微弱，且都没有达到 0.05 的显著度，即都没有关系。因此，我们可以下结论说：住户的拥挤程度与夫妻间冲突的因果关系是虚假的，这两个变量的相关实际上是由家庭经济水平的不同导致的。

阐明分析的目标是探讨因果关系的作用方式或作用途径。即当变量 $x$ 与变量 $y$ 相关时，通过引进并控制第三变量，以判明自变量 $x$ 是否"通过"第三变量而对因变量 $y$ 产生影响。如果我们控制了第三变量，原来两个变量之间的关系消失了，那么我们可以说，这个第三变量是 $x$ 与 $y$ 之间因果相连的关键环节，即变量 $x$ 是通过第三变量影响变量 $y$ 的。如果控制第三变量后，原来两个变量之间的关系没有改变，则可以认为 $x$ 并非通过第三变量影响 $y$ 的。

条件分析所关注的是原关系在不同条件下是否会有所不同。如果我们控制了第三变量，发现原来两个变量之间的关系在各种不同的条件下（即第三变量的各种不同取值中）依然存在，且大体相同，则表示变量 $x$ 与变量 $y$ 之间的关系具有某种普遍性。反之，如果控制第三变量后，发现在不同的条件下，二者之间的关系不同，那么，则表示变量 $x$ 与变量 $y$ 之间的关系具有一定的条件性。

从操作上看，因果分析、阐明分析、条件分析这三者的统计分析方法都是相同的，即都是用分表法来控制第三变量，然后用分表的结果与原关系进行比较。而一项具体的分析究竟是属于因果分析，还是属于阐明分析，或是条件分析，关键在于研究者的理论假设和理论分析框架，即在理论分析框架中，第三变量处于什么位置，扮演什么角色。需要注意的是，如果一项研究要同时控制多个第三变量，那么分表就会很多，与此相应的是每一个分表中所能够包含的个案数目就会很少。这时，对两变量间关系的测量就会很不准确。所以，研究者往往只能选择几个相对重要的第三变量，而不能随意地把所有可能的变量都引入。

2. 多元回归分析

为了用多个自变量来估计或预测一个因变量的数值，以及了解这些自变量中的哪一个对因变量的影响最大，我们需要进行多元回归分析（multiple regression analysis）。多元回归方程的表达式如下：

$$y = b_1 x_1 + b_2 x_2 + \cdots + b_k x_k + a$$

方程式中的 $b$ 值称为净回归系数，它表示的是在控制了其他自变量以后，某一自变量对因变量的单独效果。比如，$b_2$ 表示的是在控制了自变量 $x_1$，$x_3$，$x_4$，$\cdots$，$x_k$ 以后，自变量 $x_2$ 对因变量的单独影响力。由于多元回归分析中不同自变量值的衡量单位不同（比如受教育年限、人均收入、家庭人口数等），因而其 $b$ 值的大小不能相互比较。为了解决这一问题，常常需要将这些 $b$ 值化为标准值，相应地，多元回归方程也应转化为标准化回归方程：

$$Y = B_1 X_1 + B_2 X_2 + \cdots + B_k X_k$$

此方程式中的 $B$ 值称为标准化净回归系数，也称 $B$ 系数，它表示各个具体的自变量对因变量影响的大小和方向。通过比较 $B$ 系数，我们就可以了解每一具体的自变量对于因变量的相对效果。并且，在复相关系数

与 $B$ 系数之间、每一自变量的分别决定系数与总的决定系数之间，存在着下列关系：

$$R_{y,1,2,\cdots,k} = \sqrt{B_1(r_{y1}) + B_2(r_{y2}) + \cdots + B_K(r_{yk})}$$

$$R^2_{y,1,2,\cdots,k} = B_1(r_{y1}) + B_2(r_{y2}) + \cdots + B_K(r_{yk})$$

式中 $B_1(r_{y1})$，$B_2(r_{y2})$，$\cdots$，$B_K(r_{yk})$ 称为分别决定系数，它们表示在全部已解释的方差中，有多少分别是由自变量 $x_1$，$x_2$，$\cdots$，$x_k$ 所贡献的。其总和就是总的决定系数。多元回归方程中各种系数的计算都比较复杂，通常是用计算机来进行计算。在 SPSS 等统计分析软件中，都有计算这些系数的工具，我们只需熟悉和掌握这些软件的使用方法。这里，我们以下列例子来简要说明多元回归分析的结果及其意义。

假定我们研究人们的受教育年限（V10）、现有兄弟姐妹数（V48），以及人们的职业声望（V58）对人们理想生育子女数（V02）的影响时，发现复相关系数 $R=0.426$，$R^2=0.1805$，这表明三个自变量可以共同解释 18.1% 的误差。但这三个自变量的相对效果如何呢？用 SPSS 软件计算得到下列结果（见表 11-10）。

表 11-10　　　　　　　　　自变量相对效果示例

Coefficients

| Model | | Unstandardized Coefficients | | Standardized Coefficients | $t$ | Sig. |
|---|---|---|---|---|---|---|
| | | $B$ | Std. Error | Beta | | |
| 1 | (Constant) | 81.700 | .512 | | 159.721 | .000 |
| | V10 | $-7.153E-02$ | .008 | $-.339$ | $-8.950$ | .000 |
| | V48 | $2.433E-02$ | .007 | .128 | 3.354 | .001 |
| | V58 | $-4.531E-02$ | .016 | $-.107$ | $-2.803$ | .005 |
| | a Dependent Variable：V02 | | | | | |

则标准化回归方程如下：

V02＝（−0.339）V10＋（0.128）V48＋（−0.107）V58

比较各个 Beta 值，可以发现，在相互控制以后，人们的受教育年限（V10）对其理想生育子女数（V02）的影响最强，而人们现有的兄弟姐妹数（V48）和人们的职业声望（V58）的影响力相对较弱。同时，我们还可以看出，受教育年限与职业声望对理想生育子女数的影响效果是负向的，即受教育年限越高或职业声望得分越高，所对应的理想生育子女数就越少；而现有兄弟姐妹数的影响是正向的，即现有兄弟姐妹数越多，越希望多生育子女。

## 第三节　定性资料的整理

定性研究者所得到的资料主要是各种观察记录、访谈记录等。这些材料来自研究者在生活中所看到的、听到的、问到的一切。而且，这些资料中的相当一部分还是研究者对各种事件、谈话、场景和人物行为进行事后追记的笔记。与前述格式统一、能转化成数字输入计算机并进行统计分析的定量资料相比，定性资料显得过于杂乱无章；而与定量资料分析中那种规范的、统一的程序，相对固定的方法，以及标准化技术相比，定性资料分析也似乎是无规则可循。它似乎主要根据每个研究者自己的喜好、习惯和经验来进行，而且基本上只依赖于研究者的主观分析。但在实际上，我们仍然可以从这种看起来杂乱的资料中寻找到某些可以依据的线索和脉络，从这种无明显程序的分析过程中总结出某些经验性的做法。

### 一、整理笔记与建立档案

在实地研究和个案研究的过程中，通过较长时间的观察、访问、交往、闲聊和参与，研究者会得到一堆凌乱、无结构、无顺序的现场笔记。分析定性资料的第一步是对这种凌乱的记录资料进行整理。它主要包括分类、建档、编码等具体内容，传统的做法主要为手工操作将材料分门别类地写在卡片上，分别标以不同的代码，然后按不同的类别归类放置。现在，随着计算机技术的飞速发展，定性资料的整理工作大大简化，效率大大提高。除了分类框架的确定、类别和代码的设置等工作仍然必须由研究者来做以外，研究者可以越来越多地利用计算机软件为定性资料整理和分析服务。

通常的方式是先将实地记录或现场笔记全部输入计算机，存在磁盘上，变成可以随时调用、不断复制、任意组织和无数次处理的文件。需要特别提醒的是，将资料输入计算机时应做到完全按照实地记录本上的内容和文字进行，不要做任何的修改，使得输入计算机后所形成的文本与原始记录在内容、文字、时间、前后顺序、各种记号等方面都完全一致，就像是实地记录的照片或复印件一样。这份与实地记录完全相同的"原始"文本一定要保留好，不要做任何处理，将其复制出的多个备份用来进行各种删改、编排、摘录的处理。计算机对定性资料分析的帮助作用除了体现在文字处理功能上外，还体现在许多专门处理定性资料的分析软件上，如Ethnograph、Nvivo 等，它们使得研究者分析定性资料的能力大大加强。

在资料整理的过程中，研究者要着手建立各种资料档案。巴比就曾建议研究者建立下列几种类型的资料档案：一是背景档案，特别是对一些研究社会运动或重大社会事件的定性研究而言，这种背景档案十分重要。二是传记档案。这种传记档案的对象是实地研究中的各种人物。将所有有关某个人物的档案放在一起时，可以帮助研究者更加全面地认识这个人，也可以帮助研究者从中发现不同事物之间的联系。三是参考书目档案，将资料分析过程中，甚至整个研究过程中所查阅、记录下来的各种书目、文献资料都进行系统的整理和归档。四是分析档案，即根据分析的主题将各种资料分别集中，这是资料分析过程中最主要的档案类型。

总的来说，定性资料分析意味着寻求资料中所隐含的模式。当我们识别了某种模式时，这些资料也就在某种社会理论或背景中得到了说明。而资料整理的工作为寻求和识别这种模式奠定了基础，它是研究者从对事件或社会背景的描述走向对其含义更为一般的说明的过程中十分重要的一步。

## 二、定性资料的编码①

定性资料分析中的编码具有与定量资料分析中所不同的含义，其所扮

---

① 本小节内容主要来自于 Neuman W L. Social Research Methods：Qualitative and Quantitative Approaches. 3rd ed. Boston：Allyn & Bacon，1997：421－424。

演的角色不同。在定量资料分析中，编码可以说只是一种简单的工作。但在定性研究中，编码则是资料分析中的一个完整的部分。研究者将原始资料组织成概念类别，创造出主题或概念，然后用这些主题或概念来分析资料。这种编码是在研究问题的指导下进行的，而其结果又会导致提出新的问题。它使得研究者摆脱了原始资料的细节，而在一个更高的层次上来思考这些资料，并引导研究者走向概括和理论。

编码是两种同时发生的活动：资料的机械减少与类别化分析。形象地说，就是将小山一样杂乱地堆在一起的原始资料缩减成便于管理的小堆资料的艰苦工作。它使得研究者能方便迅速地进入所寻找的部分。研究者不停地将资料有序排列，一次又一次地进行对比，这会花费研究者许多时间。只有当他突然间具有了某种眼光或意识到某种模式时，才算是进入了真正的分析。施特劳斯定义了三种定性资料的编码类型[1]，即开放式编码、轴心式编码、选择式编码。

1. 开放式编码

在初次对所收集的定性资料进行分析时，研究者常常采用开放式编码（open coding）。其具体做法是，研究者先设置一些主题，同时，将最初的代码或标签分配到资料中，以便将大量零散的、混杂的资料转变成不同的类别。研究者慢慢地阅读实地记录，寻找评论的项目、关键的事件或主题，接着标上记号。然后，在记录卡片的边缘写一个初步的概念或标签，并用红笔或其他方式做一个明显的标记。在这一过程中，研究者可以不受任何约束地创造新的主题，也可以在后来的分析中改变原来的编码。当然，如果能以一种灵活的方式运用某种理论框架，那将会更有帮助。这种开放式编码可以将资料深处的主题带到表面。但需注意的是，此时的主题处于一种比较低的抽象层次上，大部分来源于研究者最初的研究问题、相关文献中的概念、社会背景中人们所用的词语，以及研究者在沉浸于资料的过程中的突发奇想。

---

[1]　Strauss A L. Qualitative Analysis for Social Scientists. New York：Cambridge University Press，1987：55.

尽管一些研究者建议用一份概念名单来进行编码，但研究者的大部分编码主题是产生于阅读资料和实地记录的过程之中的。无论开始时是否有一份概念名单，研究者在开放式编码结束后都应有一张这样的主题名单。这种主题名单有三种主要的作用：（1）它可以帮助研究者一眼就看到新出现的主题；（2）它可以帮助研究者在今后的开放式编码中发现主题；（3）它可以帮助研究者建立一个包含研究中全部主题的空间，以便在今后进一步的分析中识别、排列、结合、抛弃和进行扩充。在定性资料编码的过程中，从具体资料中寻找抽象概念，以及在特定细节与抽象概念之间不断反复，是一件十分重要的事情。开放式编码要求研究者以一种开放的心态，尽量排除个人的偏见和研究界的定见，将所有的材料按其本身所呈现的属性分类。

2. 轴心式编码

在开放式编码中，研究者专注于资料本身，不断为资料中所呈现出的各种主题分配编码标签。在那里，研究者并不关心主题之间的连接，也不解析主题所代表的概念。与此相反，轴心式编码（axial coding）则是从一组初步的主题或初步的概念开始的。在这种方式中，研究者更为注重的是主题，而不是资料，即研究者会带着基本的或初步的编码主题去看待资料，阅读资料。在这样做的过程中，研究者也会产生出新的观点、思想，或添加新的编码，并在分析过程中不断将各种观点、主题组织起来，同时识别作为轴心的关键概念。

轴心式编码着重于发现和建立类别之间的各种联系，包括因果关系、时间关系、语义关系等。在轴心式编码过程中，研究者思考原因和结果、阶段和过程，并寻找将它们聚合在一起的类别或概念。他或许会提出这样一类问题：可以将现有概念划分为不同的维度或不同的子类别吗？能否将几个密切相关的概念结合成更为抽象的概念？能否将资料中的这些类别按某种时间顺序，或空间位置，或按它们与研究主题的相关程度进行组织？比如，研究者可将"家庭生活"划分为"夫妻关系""家务分工""子女教育""休闲娱乐"等维度，当这些不同的维度在资料中不同的地方重复出现时，研究者可以进行比较，并可以提出诸如"性别角色"这样的新的主题。

　　轴心式编码可以刺激对概念与主题间联系的思考，同时它也提出新的问题。它可以提示放弃某些主题或是更深入地探讨另一些主题。此外，它还加强了证据与概念间的连接，通过将多种不同的例子作为经验证据，主题与资料间的连接得到了加强。

　　3. 选择式编码

　　选择式编码（selective coding）是在浏览资料和进行开放式或轴心式编码工作的基础上，有选择地查找那些能够说明主题的个案，并对资料进行比较和对照。研究者在发展出某些概念，并开始围绕几个核心概念或观点来组织他们的总体分析时，会着手进行这种工作。也就是说，在研究者准备进行这种对资料的最后的阅读和分析时，他已识别出了研究课题中的最主要的主题。比如，一个研究小型公司中职员生活的研究者决定把"两性关系"作为其重要的主题之一。在选择式编码过程中，他仔细阅读各种实地笔记，寻找男职员与女职员在谈论找对象、约会、订婚、婚礼、离婚、夫妻角色等方面问题时所存在的差别。然后他对二者在各种涉及婚姻的主题中所存在的态度差别进行比较，以便得出某种概括的模式。

　　在选择式编码过程中，主要的主题或概念始终指引着研究者的研究。他不断地对在早期编码中所识别的特定主题进行再组织，并探讨和分析多个不同的重要主题。比如，在对小型公司职员生活的研究中，研究者通过考察不同性别、不同年龄的人们对婚姻的看法来理解"两性关系"主题以及"生命周期中不同阶段"主题。他之所以这样做，是因为婚姻可以从这样两种不同的视角来考察。

　　选择式编码也可以说是在主题中找到一个可以统领其他相关主题的核心主题，将所有的研究结果统一在这个核心主题的范围之内。这种选择式编码的方法比较适合建立"扎根理论"。其他分析方法的阶段性不是如此分明，也不强调一定要将所有的材料都纳入一个分析框架。因为事实上，这种做法有可能将一些无法分类但对回答研究问题十分重要的材料排除于结果之外。

　　**三、形成概念**

　　定量研究者往往在收集和分析资料前，就将变量的概念化以及概念的提炼作为变量测量过程的一部分。而定性研究者则是根据资料来形成新的概念，或提炼概念。概念形成是定性资料分析过程中一个完整的部分，并且它在资料收集时就已经开始。因此，概念化是定性资料分析过程中用以组织资料、概括资料含义的一种主要方式。

在整理定性资料的过程中，研究者往往会通过向资料提出评论性的问题来进行概念化或者形成概念。这种问题可以来自社会科学的抽象术语，比如"这是社会分层的一个例子吗？""这是角色冲突的一种表现吗？""这是社会流动的一种形式吗？"或者来自逻辑，比如"这一事件的后果是什么？""这一事件在此时此地发生与在彼时彼地发生的方式有何不同？""这些是相同的或者不同的个案吗？""这些是一般的或特殊的现象吗？"在依据这样一些问题对资料进行编码的过程中，我们就将资料概念化了。

概念的形成为定性资料分析提供了一种很好的基础和框架。研究者通过将资料组织成基于某种主题、概念或特征的类别来对资料进行分析。定性研究者从资料中发展出新的概念，形成概念化的定义，并考察概念间的关系，最终将概念相互连接，交织到他的理论陈述中去。

### 四、撰写分析型备忘录

定性研究的一个重要特征是研究者总得不停地记笔记。可以说，形式写实的笔记或各种观察、访谈记录，是实地研究者的一项基本功。他们从实地中得到的资料都写在笔记中，他们对研究方法、研究策略的看法也都写在笔记中，他们对某些人物和事件的评论等，同样都写在笔记中。他们是最积极的记录员，他们在实地研究中的记录形成了各种不同类型的实地笔记。

分析型备忘录（analytic memo）是实地笔记的一个特殊类型。它是实地研究者对于编码过程的想法和观点的一种备忘录或一种讨论记录。这种备忘录是研究者写给自己看的，或者说是研究者自己与自己进行讨论的一种方式。每一种编码主题或者概念都是形成一个单独的备忘录的基础。这种备忘录中包含着对这一概念或主题的相关讨论。而粗略的理论笔记就形成了这种分析型备忘录的开端。

分析型备忘录锻造了具体资料或者粗略证据与较为抽象的理论思考之间的链条。它包含着一种研究者对资料和编码的主动反应及思考。研究者不断将这些反应和思考添加到备忘录中，并且当他用其他类型的编码来分析资料时，也在使用这些备忘录。这种备忘录还成为研究报告中资料分析的基础。事实上，从高质量的分析型备忘录中修改而成的部分，可以成为最终报告的一个部分。

分析型备忘录的写作方式可以是多种多样的，每个研究者可能都会采用他们自己所习惯的方式。而其工具也是简单的，可以说只需要纸和笔，再加上笔记本、一叠文件夹，以及实地笔记的复印件。比如，有的研究者可能就是将实地记录复印两份，然后根据内容裁剪成不同的部分，为其添加某些评论和思考，就制成了各种不同的分析型备忘录。

## 第四节　定性资料分析

### 一、定性资料分析的基本过程

定性资料分析的过程是一个对资料进行分类、描述、综合、归纳的过程。定性资料分析的基本逻辑是归纳法，即从具体的、个别的、经验的事例中逐步概括、抽象出概念和理论，其主要工作任务可以概括为对信息的组织、归类和对信息内涵的提取。在定性资料分析过程中，研究者所采取的典型方法就是对观察、访谈所得到的资料进行重新研读，并按照基本的社会科学范畴对它们进行分类。尽管定性资料分析的过程可以说贯穿于整个研究的始终，但主要还是在资料收集结束后。这种分析大致可以分为初步浏览、阅读编码、分析抽象三个不同的阶段，每一个阶段的具体内容及做法如下。

首先把所有观察记录和访谈笔记等资料粗略地浏览一遍，其目的是对全部资料的整体有所了解和熟悉，同时可以重新回想起许多实地调查时的情景和感受。这种浏览实际上起到了某种提供背景和分析基础的作用。它使得研究者在对原始资料进行各种处理时更加心中有数。

在初步浏览的基础上，研究者重新开始逐段逐行地仔细阅读每一段实地记录，分析每一段笔记的内容，并且在阅读中进行资料的各种编码工作。通常，研究者会边阅读边根据具体内容做记号，以标签的形式表明各种具体事例、行为、观点的核心内容或实质，并将其归入所属的各种不同主题或概念备忘录中，形成整理后的、具有更为清晰的内容框架的资料。前述的资料整理工作就属于这一阶段。

最后再次回过头来，根据不同的标准或从不同的角度，仔细审阅和思考资料中所做的各种记号，思考和比较各种不同的主题及分析型备忘录，看看哪些东西反复出现，看看哪些资料中存在突出差异，并从中归纳或抽象出解释和说明现象和社会生活过程的主要变量、关系和模式。在定性资料的分析阶段，一个十分关键的环节是，我们必须能够从大量的经验材料中识别那些构成更大的社会结构的社会互动和社会关系。我们不能把在实地观察中所得到的这些互动和关系仅仅看作具体的、特别的行为，同时也要把它们看作更为抽象、更为一般的概念在具体社会生活中的例子。我们必须理解这些行为和关系是如何相互联系并形成社会结构的一种特定类型的。当然，这也是定性资料分析中最为困难的一项工作。

## 二、定性资料分析方法

定性资料分析与研究者的主观作用有很大关系。众多研究者的实践为我们提供了一些可以借鉴和参考的操作方法。比如，有的研究者提出，定性资料分析的途径主要有两条：一是寻找资料中的相似性；二是寻找资料中的相异性。有的研究者提出了寻找资料中的模式的六种方法，实际上是建议我们关注定性资料中的六个不同方面，即频率、程度、结构、过程、原因、后果。[①] 还有的研究者将定性资料分析方法划分为类别分析和叙述分析两种。类别分析是将具有相同属性的材料归入同一类别，从而从事物

---

① Lofland J，Lofland L H. Analyzing Social Settings. 3rd ed. Belmont：Wadsworth，1995：127 - 145.

的要素、结构、功能、原因等各个层面对材料的属性进行分类。类别可以组成树枝形主从结构或网状连接性结构。叙述法是将材料放置于自然情景之中，生动逼真地对事件和人物进行描述和分析。叙述结构可以采纳前因后果排列、时间流动序列、时空回溯、圆周反复等方式。叙述形式包括轮廓勾勒、片段呈现、个案分析等。叙述型和类别型分析通常可以结合起来使用：前者可以为后者补充血肉，后者可以帮助前者分清层次和结构。[①]常见的定性资料分析方法主要有以下几种，即连续接近法、举例说明法、比较分析法。[②]

1. 连续接近法

连续接近法（successive approximation）指的是这样一种方法，它用不断反复和循环的步骤，使得研究者从开始时一个比较含糊的观念以及杂乱、具体的资料细节，到达一个具有概括性的综合分析的结果。具体地说，即研究者从所研究的问题和一种概念与假设的框架出发，通过阅读和探查资料，寻找各种证据，并分析从概念与资料中所发现的证据之间的适合性，以及概念对资料中的特性的揭示程度。研究者也通过对经验证据进行抽象来创造新的概念，或者修正原来的概念以使它们更好地与证据相适合。然后，研究者又从资料中收集另外的证据，来对第一阶段中所出现的尚未解决的问题进行探讨。研究者会不断地重复这一过程，在每一阶段，证据与理论之间也不断地进行着相互塑造。这种过程就被称作"连续接近"，因为经过多次的反复和循环，修改后的概念和模型几乎"接近"了所有的证据，并且这种经过连续、一遍又一遍修改的概念和模型也更加准确。

2. 举例说明法

举例说明法（illustrative method）即用经验证据来说明某种理论。这是定性资料分析中最为普遍的一种方法。根据这一方法，研究者可以将理

①　陈向明. 社会科学中的定性研究方法. 中国社会科学，1996（6）.

②　Neuman W L. Social Research Methods：Qualitative and Quantitative Approaches. 3rd ed. Boston：Allyn & Bacon，1997：427-429. 贝利. 现代社会研究方法. 许真，译. 上海：上海人民出版社，1986：356.

论应用于某种事件或背景中，或者根据先前存在的理论来组织资料。这种先前存在的理论提供了一只"空盒子"，研究者在资料中将那些可以作为证据的内容集中起来，去填满这只空盒子。当然，这种用来填满盒子的经验证据既可以是支持理论的，也可以是否定理论的。

举例说明法在具体操作上可以分为两种不同的方式：一种方式主要表明理论模型是如何说明或解释了特定个案或特定现象的。研究者所列举的主要是一个个案或一种现象的证据。另一种方式则是对一种理论模型的"平行说明"，即研究者平行列举多个不同的个案，比如多个不同的单位或多个不同的时间周期等，来说明这种理论模型可以应用于多个不同的个案，可以解释或说明多个个案中的情况。或者反过来，研究者采用来自多个平行个案的材料来共同说明某种理论。比如，一个研究农村劳动力流动现象的研究者先发展出一种有关该现象形成原因或条件的分析模型，然后分别从甲地农村、乙地农村、丙地农村等不同个案中搜集证据，来共同说明这一模型。

3. 比较分析法

定性资料分析中的比较分析法与前述的举例说明法有所不同，即研究者并不是从一个总的理论模型的"空盒子"开始用资料中的证据填满盒子，而是从先前已有的理论或从归纳中发展出相关的规律或关系模型的思想开始，将注意力集中在少数规律上，用其他替换的解释与之进行比较。在此基础上，研究者进一步考察那些不限于某一特定背景（如某一特定时间、特定地点、特定群体等）的规律性。当然，要说明的是，研究者并不是要寻求那种具有普遍意义的法则，而仅仅是那种在某种社会状况中所表现出的规律性。根据具体的比较方式的不同，定性资料分析中的比较分析法可以分为两种类型：一致性比较法和差异性比较法。

（1）一致性比较法（method of agreement）是指将注意力集中于各个不同个案所具有的共同特性上，并通过运用一种排除的过程来进行比较和分析。其基本思路是，研究者先找出不同个案所具有的某种共同的结果特性，然后再比较各种可能的作为原因的特性。如果某种被看作原因的特性不为所有具有共同结果的个案所共有，那么，研究者就将这种特性从可能的原因中排除掉，而所剩下的那种为所有个案所共有的特性则为可能的原因。比如，如果研究者考察四个不同的群体，它们都具有某种共同的结果（假设为特性 A）。同时，研究者发现这四个群体的资料中具有多种可能的作为原因的特性（假设为 B、C、D、E、F、G）。研究者对它们进行比较，发现除了特性 C 以外，其他几种特性都不为四个群体所同时具有。因而根据一致性比较法，特性 B、D、E、F、G 都从可能的原因中被排除掉了，只有特性 C 才是结果 A 的原因。详见表 11 - 11。

**表 11 - 11** 　　　　　　　　　　　一致性比较法的假设例子

| 群体 1 | 群体 2 | 群体 3 | 群体 4 |
| --- | --- | --- | --- |
| A | A | A | A |
| B |  | B | B |
| C | C | C | C |
| D | D | D |  |
|  | E |  | E |
| F |  | F |  |
|  | G |  | G |

（2）差异性比较法（method of difference）。差异性比较法的原理比一致性比较法要复杂一些，理解起来也更困难。但它却比一致性比较法更为有力，可以说是对一致性比较法的"双倍应用"。差异性比较法的基本思想如下：研究者先找出那些在许多方面都十分相同，只在少数方面不同的个案；然后找出那种使这些个案具有相同的原因和结果的特性，同时找出另一组在这种结果上与此不同的个案，即找出那些不出现第一组个案中的结果的另一组个案；最后，研究者就可以比较这两组个案，查找那些在不出现结果特性的个案中也没有出现的原因特性，这种没有出现的特性就是结果的原因。我们通过下列例子来解释差异性比较法的含义。

假设研究者先考察两个在许多特性上都相同的群体，设为群体 1 和群体 2（见表 11 - 12）。通过比较发现，二者在五个特性（即特性 A、B、C、F、O）上都相同。假设 A 为某种共同的结果，如果仅用一致性比较法，我们很难从中发现真正的原因特性。因为在群体 1 和群体 2 中同时出现的

（或同时存在的）可能成为原因的特性太多了，特性 B、C、F、O 都有可能。这时，研究者再找出两个群体，设为群体 5 和群体 6。这两个群体中也有许多共同特性和一些不同的特性，并且，最为重要的是，这两个群体中不具有群体 1 和群体 2 中所具有的结果特性，即不具有特性 A（这是理解差异性比较法的关键）。研究者再将这两个群体与原来的两个群体进行比较（差异性比较），看看在这些不具备结果 A 的群体所具有的各种特性中，缺乏原来那组群体中哪些共同的特性。这就是说，看群体 5 中、群体 6 中或者群体 5 和群体 6 中都缺少的，群体 1 和群体 2 所共同具有的特性。在此例中，群体 1 和群体 2 共同具有的可能成为原因的特性有四个，即 B、C、F、O；群体 5 和群体 6 中都有特性 F；群体 5 中有特性 O，群体 6 中有特性 C。群体 5 和群体 6 中唯一所缺乏的是特性 B。所以，特性 C、F、O 都不是原因，因为如果它们中任何一个是原因的话，那么要么群体 5 中，要么群体 6 中，要么这两个群体中就都会出现结果特性 A 了。因此，真正的原因特性只有 B。简而言之，凡没有特性 B 的群体中都不会出现结果 A；而只要出现了特性 B，就一定会出现结果 A。

表 11－12　　　　　　　　　　　差异性比较法的假设例子

| 群体 1 | 群体 2 | 群体 5 | 群体 6 |
|--------|--------|--------|--------|
| A | A | X | X |
| B | B | D | P |
| C | C | E | C |
| F | F | F | F |
| H | G | N | M |
| O | O | O | K |

从上例中我们可以看出，差异性比较法不仅从正面的个案（即那些具有共同的原因和结果特性的个案）中获得信息，还从反面的个案（即那些缺乏结果特性的个案）中增加信息，因而这种比较方法的结论更加准确。

无论我们采取什么样的分析方法，都应记住一点：定性研究的分析过程是一个开放式结构，如果初步建立的分析框架、类别，甚至所研究的问题不符合收集到的原始材料，研究者可以随时进行修改。为研究结果做结论时应该注意材料之间的异同，避免为了使结论看上去完整精确而牺牲材料的丰富性和复杂性。定性研究在理论建树方面强调"扎根理论"，即在原始材料的基础上发展理论。如果前人建立的有关理论可以用来深化对研究结果的理解，那么，我们可以借助前人的理论；如果这些理论和本研究的结论不符，研究者则应该尊重自己的发现，真实地再现研究对象看问题的方式和观点。建立理论时，研究者也可以借助个人的经验和直觉，不过，因此而下的结论必须建立在原始材料的基础之上，不能凭空杜撰。[①]

# 【思考与实践】

1. 找一份实际社会科学研究所用的问卷，为其编写一份编码簿。

2. 利用老师提供的数据开展数据清理工作。

3. 统计检验的目的是什么？为什么社会科学研究常常需要进行多变量分析？

4. 从社会科学期刊中选择三篇研究报告，分析并评价这些研究中所采用的分析方法。

5. 定性资料的编码与定量资料的编码有什么不同？定性资料编码有哪几种方式？

6. 定性资料分析的常用方法有哪几种？简要说明每一种方法的主要操作技术。

---

① 陈向明．社会科学中的定性研究方法．中国社会科学，1996（6）.

# 第 **12** 章

# 撰写研究报告

当我们完成了资料的收集和分析工作后，最后的任务就是要把我们的研究结果以某种恰当的形式传达给其他人，同其他人进行交流。这就是撰写研究报告的工作。研究报告（research report）是反映社会科学研究成果的一种书面报告，以文字、图表等形式将研究的过程、方法和结果表现出来。其目的是告诉有关读者，研究者是如何对所研究的问题进行研究的，取得了哪些结果，这些结果对于认识和解决这一问题有哪些理论意义和实际意义等。对于一项具体的社会科学研究来说，研究报告是其成果的集中体现。研究报告质量的好坏，将直接影响到社会科学研究成果的交流和这一成果对社会的作用。

## 第一节　研究报告的撰写步骤

### 一、确立主题

研究报告的主题就是研究报告所要表达的中心问题，它是整个报告的灵魂。明确而适当的主题的确立，是整个报告撰写过程顺利开展的前提。在一般情况下，研究报告的主题就是该项研究的主题，二者往往是一致的。比如，进行一项以青年结婚消费问题为主题的社会科学研究，其研究报告的主题就是青年结婚消费的状况、特点、问题，以及相应的理论解释等。在这种情况下，要确立报告的主题并不困难。

但在有些时候，可能会出现某些因素，使得研究报告的主题不能与研究的主题统一起来。例如，当一项研究包含的内容很多，涉及的范围和领域很广，在一份报告中难以容纳全部内容时，就需要从中选择部分内容形成报告，并确立相应的报告主题。显然，这时的报告主题比起研究的主题来说，范围就缩小了。还有的时候，由于某些因素的影响，研究所得的资料与研究最初的目标之间存在一定的差距，无法说明事先预定的研究主题，此时也要根据实际的资料和结果重新确立研究报告的主题。

## 二、拟定提纲

主题明确后，不可马上动笔写报告，而应先构思好报告的整体框架，并将这种框架转变为具体的撰写提纲。如果说主题是研究报告的灵魂，那么提纲就是研究报告的骨架。通常，研究报告结构中的导言、方法等部分内容比较固定，变化不大，因而，拟定提纲这一步骤可以说主要是针对研究报告的结果部分和讨论部分而言的。

撰写提纲的主要作用是理清思路，明确报告内容，安排好报告的总体结构，为实际撰写打下基础。拟定撰写提纲的方法是对研究的结果进行分解，并将分解后的每一部分进一步具体化。比如，拿前面所举的青年结婚消费问题研究的例子来说，可先将"青年结婚消费问题"这一主题分解成"青年结婚消费的现状""青年结婚消费的特点""青年结婚消费的趋势""青年结婚消费中存在的主要问题""对青年结婚消费行为的理论解释""正确引导青年结婚消费的建议"等几个大的部分，然后将每一部分的内容具体化。比如，将第一部分内容具体化为"结婚消费的数量""结婚消费的内容和形式""结婚费用的来源""当事人的职业、文化程度"等背景因素与消费形式间的关系等。

### 三、选择材料

一项研究所得资料与研究报告所用的材料并不是一回事。研究资料往往都与研究主题有关，但不一定都与研究报告的主题紧密相连。或者说，并非所有的研究资料都能成为撰写研究报告时所用的材料。因此，在写研究报告前，必须对所用的材料进行选择。这种选择首先应以撰写提纲的范围和要求为依据，即应按照报告的"骨架"来选择填充的"血肉"，这样才能保证所选取的材料与报告的主题密切相关。其次还要坚持精练、典型、全面的原则，做到既不漏掉一些重要的材料，又使所用的材料具有最大的代表性和最强的说服力。

报告所用的材料通常包括两种形式，一种是从研究中得到的各种数据、表格、事例等客观材料，另一种是在这些客观材料的基础上通过分析、综合、概括所形成的观点、认识、建议等主观材料。二者相互联系、相互依赖，共同构成填充报告"骨架"的"血肉"。

### 四、撰写报告

当前三步工作完成后，我们就已有了一个结构分明、材料齐备的报告雏形，剩下所要做的就是用适当的文字把它们流畅地组织在一起。具体的撰写方法通常是从头到尾一气呵成，不要经常在一些小的环节上停下来推敲修改，以免耽误过多时间。这样做的好处是便于整个报告紧紧围绕所确立的主题来展开，使得报告在整体思想、体系结构、内容形式、行文风格等方面都前后一致，浑然一体。写完研究报告全文后，再反复地从头阅读、审查和推敲每一个部分，认真地修改好每一个细小的环节，使得报告不断丰富和完善。

## 第二节　定性研究报告与定量研究报告的撰写差别

### 一、研究报告的一般结构不同

定量研究报告主要以对数据资料的统计分析结果及其讨论为主要内

容。数量化、表格化、逻辑性强是其表达结果的主要特征。报告的格式十分规范且相对固定，报告的各个部分相互之间界限十分分明，并且所有的研究报告几乎千篇一律。与此相反，定性研究报告主要以对文字材料的描述和定性分析为主要特征，在报告的结构上，既无严格的规范，也没有十分固定的格式；在内容上，描述和分析、资料与解释之间的界限也不十分明显，无论是研究报告应分为几个部分，还是每一部分的基本内容应该是什么，都没有明确的规定和规律。不同的研究、不同的研究者在研究报告的结构设置方面也往往互不相同，报告中所体现的主观色彩也较重。

### 二、研究报告的表达方式不同

定量研究报告在表达方式上与自然科学的研究报告相对接近。除基本的叙述和相关的讨论外，研究报告中往往以各种统计数字和统计表格为主要的证据结果，其对研究结果的表述语言非常强调客观性和确切性，少有感情色彩。因而其报告中一般用第三人称或无人称代词来表述结果，例如，"统计结果表明""数据显示""笔者分析""研究者注意到""笔者发现"等。而定性研究报告在写作风格和表达方式上与定量研究报告有着很大的差别。这种差别不仅表现在定性研究报告中很少使用数字和统计表格上（偶有使用多半也是作为背景介绍或基本情况描述中一个小的部分），也表现在报告中多以第一人称的方式（"我"或"我们"）来进行表述，比如，"我看到""我了解到""我对他进行了两次访谈""我觉得""我感到吃惊"等。这种第一人称的表达方式突出了定性研究报告"讲故事"的叙说特点，可以让读者有一种身临其境的感觉。研究者还可以通过恰当的写作和叙述，将自己在实地所体验到的情感、所意识到的意义、所理解到的一切传达给读者，并让读者从研究者的描写和叙说中最终相信和认同其观点和结论。当然，这种第一人称的叙述方式也不可避免地强化了研究的主观色彩。

### 三、研究报告的写作程序不同

定量研究一般情况下都是先有数据分析的结果，研究者再动手写研究报告。换句话说，在时间顺序上，定量研究是先有资料分析的结果，再开始写研究报告。数据统计分析的结果没出来，研究报告的写作工作就不能开始。但是，定性研究的情况却与此有一个明显的差别，那就是，定性资料的分析与定性研究报告的写作之间不存在明显的先后顺序，更常见的情况是，研究资料的分析与研究报告的写作总是交织在一起、融合在一起，二者总是同时进行的。对这种情形的一种形象的描述就是，研究者常常是"一边进行资料分析，一边得出研究结果，一边写作研究报告"。当资料分析结束了，结果得出了，报告也就写完了。所以，"在某种意义上，我们甚至可以说，定性研究的结果是在写论文的过程中'写'出来的。不到论文写完，是得不到最终结果的"[①]。

### 四、研究报告的撰写规则和规范不同

有学者认为，"定性研究的优点在于呈现发现时不必拘泥于单一的、样式化的模式"[②]。但应该意识到，这种"不必拘泥于单一的、样式化的模式"的特点，实际上也就意味着定性研究的结果表达没有固定的、统一的模式。因而，相对于定量研究报告的写作来说，定性研究报告的写作往往更加困难。这种困难并不是因为其规则和规范太多，恰恰相反，是因为规则和规范太少。正是因为没有什么规则和规范，初学者学习起来往往"无章可循""无法可依"，要掌握合适的表达方式自然更加困难一些。

## 第三节 定量研究报告的写作

定量研究报告具有相对固定的格式，通常由导言（或问题与背景）、文献回顾、理论假设、研究方法（或研究设计）、结果与分析、总结与讨

---

① 风笑天. 社会研究：设计与写作. 北京：中国人民大学出版社，2014：154.
② 波格丹，比克伦. 教育研究方法：定性研究的视角：第 4 版. 钟周，李越，赵琳，等译. 北京：中国人民大学出版社，2008：197.

论等部分组成。

## 一、导言的写作

导言也称引言或绪论，它是研究报告的第一部分。导言通常包括三方面的内容。

首先是研究的问题及其背景。研究报告应以对所提问题的描述开始，因为正是这一问题启动了我们所进行的研究。在这一部分，要清楚地陈述你所研究的问题是什么，以及你为什么选择这一问题。同时，不管你所研究的是一个有关人类行为的简单经验问题，还是一个有关当前社会现实的问题，你都必须将这一问题放到一个较大的背景中，以便读者了解为什么这个问题十分重要，它为什么值得研究。在撰写导言时有一点应该注意，无论你的研究多么理论化，或者多么深奥，你都应该做到让一个有知识的专业人员能抓住问题的性质，能理解为什么他或者其他人应该关注这一问题。为此，应该尽可能用常用的语言撰写，而少用专业术语。要用必要的时间和空间，一步一步地把一般性的读者引入到对特定问题的正式的或理论化的陈述中。

其次是相关文献的回顾。陈述了研究的问题及其背景后，接下来的工作就是对这一领域中已发表的研究结果和结论进行总结和评论。这就是被称为"文献回顾"的工作。在本书第 3 章中，我们介绍了与研究选题有关的文献回顾工作。通过文献回顾，研究者对这一领域已有的研究结果和结论有了比较清楚的了解。相关文献的查找和阅读工作也是早已完成了的。因此，到撰写研究报告时，研究者所需要考虑的只是如何在研究报告中对这些文献进行系统的评论。

文献回顾的部分既可以单独列出，也可以并入导言，作为其中的一个部分。由于篇幅的限制，作者必须对所评论的主要文献进行选择，同时简要地做出评论，并将它们联系在一起，以向读者提供有关研究问题的另一种背景。文献回顾部分应该充满着恰当的、相关的且简明精确的材料。我们之所以在研究报告中报告并评述这些材料，是因为它们对我们的研究有影响。在评论已有文献的工作中，不必逐一评论与所研究的问题有关的每一项研究。因为要做到这一点，既无必要，也不现实。关键是要对与我们的研究密切相关的那些研究做出评论。

要精心地组织和安排对文献回顾的撰写，不能只是简单地将有关文章的摘要重述一遍，更不能将别人的文章逐字逐句地写进文献回顾中。正确的方法是先仔细地阅读每一篇有关的文章，寻找那些与自己的研究紧密相关的部分，然后依据这些材料做出评论。对每一篇被评论的文献，都需要对其总的情况做一简单介绍，比如其总的问题、所用的样本类型等。然而，更重要的是要介绍那些真正对你的研究有用的关键点。特别值得一提的是，对于其他研究中所用的与你自己的研究相同的概念或变量要进行仔细的检查比较，而不要想当然地认为只要名称相同，其内涵就一定相同，因而自然是可比的。一定要搞清楚各个不同的研究对同一名称的概念是如何操作定义的，又是如何测量的。因为常常存在着这样的情况：在不同的研究者所做的研究中，同一名称的概念实际上却意味着两种不同的内容。

最后是介绍自己的研究问题。在导言部分的最后，应该简要地介绍一下自己的研究。这种介绍的主要目的不是去讨论研究内容的细节，而是介绍研究的基本框架，特别是要指出你所研究的中心问题是什么，你所关注的主要自变量和因变量是什么等。在有些情况下还可以描述你的研究模型，定义你的主要理论概念等。这一部分的另一个目的就是为转到方法部分提供一个非常自然的和平滑的过渡。

## 二、理论假设部分的写作

对于以描述为主要目标的定量研究来说，并不需要理论假设的指引。因而在这种研究报告的写作中，也不需要列出专门的理论假设部分。但是，对于以验证理论为主要目标的解释性研究来说，则需要在研究报告中列出专门的理论假设部分，对研究所要验证的假设及其理论来源进行详细说明。这一部分通常是在对相关文献进行回顾的基础上，通过梳理出与研究问题紧密相连的理论命题及其竞争命题，并通过对这些理论命题中的抽象概念进行操作化处理，同时结合现实社会中的相关现象，形成相对具体明确且可以通过收集经验层次的资料来验证的研究假设。这一工作是研究者在实际研究的过程中已经具体操作和完成了的，在研究报告中只是将这一理论命题及其研究假设的提出过程和理由向读者展示出来，同时也为下一部分的研究设计奠定基础。

### 三、研究方法部分的写作

对研究方法和实施方式的描述则是研究报告中更为关键的部分。读者不光要看你的研究结果，也要了解研究是如何做的。只有知道了研究所采用的方法，了解了各种具体操作步骤，读者才能评价你的研究是否具有科学性，是否有价值。因此，方法部分的主要任务就是明确具体地告诉读者你是如何做这项研究的，下面将讨论方法部分可能涉及的各方面情况。需要说明的是，由于每一项具体的研究所采用的方法并不是完全相同的，所以它们各自在研究报告中被介绍的内容自然也就不是完全一样的。

1. 有关研究方式、研究设计的介绍

针对导言部分所提出的问题，本项研究是采取哪一种方式进行探讨的？研究的基本设计是什么？这是研究报告的方法部分首先应该说明的问题。研究采取的是实验研究的方式，还是调查研究或定量文献研究的方式？由于不同的研究方式常常由不同的资料收集方法、资料分析方法及特定的程序和技术组成，同时它们还包含着不同的方法论问题，因此，采用不同方式的社会科学研究在报告中所需介绍的内容和重点往往是不一样的。比如，如果采取的是实验研究方式，就需要介绍其实验设计的类型，详细说明什么是实验刺激，如何组成实验组和控制组等。如果采取的是调查研究方式，那么需要介绍的则是调查的总体、样本、采用的调查方式（自填式问卷调查或是调查员登门访谈）、调查工具、调查员培训及资料的回收方式等方面的情况。如果采用的是内容分析、二次分析或现存统计资料分析等定量文献研究方式，则要对文献的形式、文献的选取、文献的质量以及文献资料的处理和分析方法进行详细说明。总之，无论研究者采取哪种研究方式，他都应该在研究报告的方法部分首先对此做一简单说明，以帮助读者了解和检查其在方法使用中的一些具体细节。

2. 有关研究对象的介绍

除了定量文献研究外，其他几种社会科学研究方式都必须同人打交道。因此，在研究报告中，常常要对作为研究对象的人及其活动进行说明，尤其是在实验研究或调查研究的研究报告中，更要专门介绍研究对象的选取及其样本的构成情况。拿实验研究来说，就要介绍实验对象是些什么人，他们是如何被挑选出来的，他们又是怎样被分到实验组或控制组中的，这两组的人员在某些主要特征上有没有明显的差异等。而对于调查研究来说，则需要对调查样本做全面的介绍。比如，抽样总体是什么，样本是如何从总体中抽取的（即具体抽样方式和过程），样本的规模多大，回答率或回收率如何等。

有些研究者只是在报告中写上"在××市进行了抽样调查"，或"在××市抽取了500名工人进行调查"，这样的说明是远远不够的。因为读者并不明白你究竟调查了些什么人，也不明白你究竟是怎么抽样的。不讲清楚这些内容，读者就无法判断你的调查结果有多大价值，也无法判断你的结论在多大程度上反映了现实的情况。只有当读者了解了你的样本的来源和特征后，他们才能估计将你的研究结果推而广之时受到的局限有多大。

3. 有关资料收集方法的介绍

在本书前面一些章节中，我们介绍了各种各样的资料收集方法。但一般来说，那只是一种理论上的叙述。实际研究中由于客观条件的限制，这些方法的具体应用常常是各不相同的。因此，在一份研究报告的方法部分，还要详细说明研究资料的收集方法、收集过程和所用的工具，即如实地把研究者是如何进行实验操作、实地观察或问卷调查的过程告诉读者。对调查来说，需要介绍的内容也许更多一些。比如，抽样是如何进行的，调查是采用自填式问卷，还是派调查员登门访问。如果是采用自填式问卷，那么问卷是如何发到被调查者手中的，又是如何回收的；问卷的回收率是多少，有效回收率又是多少，那些未回收的问卷主要是什么原因所致；如果是派访问员登门访谈，那么访问员是什么人，他们具有何种程度的访问调查经历，如何对他们进行培训；等等。对于定量文献研究来说，则要详细介绍文献的形式、取得的方法、抽样的方式、内容摘录或编码的方式等。同时还要对所用的工具进行说明，无论是实验所用的仪器、材料，还是测验所用的量表，调查所用的问卷，都要对读者进行一定程度的描述。对于问卷来说，需要将其长度、形式、制作过程等做些介绍，比如，问卷包含多少个问题，主要是封闭式问题还是开放式问题，是否进行过试调查，在何地对哪些对象进行的试调查，试调查的结果如何等。

4. 有关资料分析方法的介绍

由于研究方式的不同、样本规模的不同、资料收集方法的不同等，每一项具体的研究所采取的分析方法也不完全一样。有的进行的是定量分析，有的则是定性分析；有的只进行了初步的、一般化的描述分析，有的则进行了较深入的、复杂的相关分析、因果分析等。所以，在方法部分，还要对研究者实际采用的分析方法做些说明。同时，对于资料的处理、整理及分析过程，也需要做些说明。

### 四、结果与分析部分的写作

结果与分析部分的表达实质上是向读者展示研究的证据及其对这些证据的说明。在表达上，总的原则是先给出"森林"然后再是"树木"，即先给出总体的、一般性的陈述，然后才是个别的、具体细节的陈述。不管是在对整个研究的结果的陈述中，还是在对各个部分结果的陈述中，都应该采取这一原则。在对整个研究结果的陈述中，应该先给出中心的结果，然后移到外围的结果；在对各个部分结果的陈述中，也是应该先陈述基本的结果，然后在必要的地方和细节上进行详尽的阐述或描述。具体的做法是从已研究的最中心的结果开始，按照下列步骤来进行：

先向读者提示你在报告的导言部分所提出的概念性问题，即对所研究问题的概念性陈述。这一做法的目的是将读者从导言部分开始的但中途被方法部分打断的有关研究问题的思路再次连接起来，即按照"问题—结果"的线索继续下去。接着告诉读者你的答案，即你的结果或发现。然后向读者介绍你的这种结果是如何得到的，有哪些证据支持你的这种结论，即用数字、图形、表格、材料来向读者说明。从这时开始，向读者展示你的详细的、具体的证据和结果，并对这些数字、图形、表格进行必要的说明和解释。同时，在说明和解释的文字中，必须引导读者找出图表中的主要结果。不能期望读者自己去搜寻具体的证据和结果。

### 五、总结与讨论部分的写作

在总结与讨论部分，先要用十分精练的文字对结果与分析部分的内容进行总结。即列出研究所得到的主要结果、结论和发现。然后结合研究的结果、结论和发现，提出一些与研究相关但研究中又没有进行探讨的问题。

讨论一般是从告诉读者你从研究中掌握了什么开始。一开始就以明确的叙述说明研究假设是否得到证实，或者明确地回答导言部分所提出的研究问题。但是要注意，不要简单地再次解释和重复结果部分已经总结了的观点。每一句新的陈述都应该为读者理解这一问题带来一些新的东西。在讨论部分，我们应该讨论这样一些问题：从研究的结果中，能够得出什么样的推论呢？对于研究的结果来说，它的理论内涵和实践内涵又是什么？

在讨论部分，我们还可以把自己的研究结果同文献评论中列举的那些研究结果进行比较，看看是否又一次验证了它们的结论。特别是要愿意接受反面的或未预料到的结果，不要用歪曲的意图解释它们，而要如实地陈述和讨论它们。在解释性研究中，一个没有证实的假设也是一个重要的结果，它同样对深入探讨所研究的课题具有价值——因为它在众多的道路选择中尝试走过了一条错路，它用失败的结果告诉我们：按原假设的思路来解释所探讨的问题，此路不通！讨论部分还包括对于研究仍未能回答的那些问题的讨论，对于在研究中新出现的问题的讨论，以及对有助于解决这些问题的研究的建议等。在实际发表的研究报告中，相当一部分是以对进一步研究的建议作为结尾的。

此外，在讨论的最后部分，常常需要对研究的质量及局限性进行说明。因为在社会科学研究中，任何一项研究都不可能十全十美，总会在某些方面存在这样或那样的问题。一个研究者的科学态度既体现在研究工作中扎扎实实、一丝不苟的精神上，也体现在对研究质量实事求是的评价上。研究的过程只有研究者本人最清楚，哪些方面存在着误差，哪些方面存在着缺陷，哪些方面存在着限制，都应毫无保留地向读者报告。这种说明既可以避免其他研究者将该研究的结论不适当地推广或运用到不恰当的地方，同时也可以启发其他研究者在该研究的基础上做进一步研究，以弥补其不足。

### 六、摘要的写作及注释方式

**1. 摘要**

摘要是对研究报告的核心内容的简要介绍，通常在 200 个字左右，处于研究报告的最开头，并且单独作为一个部分与原报告隔开。摘要的这些特点，使得专业刊物的广大读者能够通过它很快地对这一研究的主要内容、方法、结果和结论有一个总的了解，从而便于他们决定是否继续阅读整个报告的细节。

摘要非常不容易写好，因为它的篇幅十分有限，其中的每一个字、每一句话都要十分明确和恰当。正是由于不可能把各方面的情况都写进摘要里，所以我们必须仔细考虑，做出选择，确定主要突出哪些内容，而略去哪些内容。下面是摘要的一个例子。

> 本文运用五次大规模调查所得的资料，以同龄非独生子女作为参照对象，以青少年问卷与家长问卷相互对比，从性格特征、生活技能、社会交往、社会规范、生活目标、成人角色、自我认识等方面，描述和分析了中国城市第一代独生子女青少年的社会化过程及其结果。研究表明，从总体上看，城市独生子女青少年的社会化发展是正常的，他们与同龄非独生子女之间在社会化各个方面的相同点远多于相异点。文章针对研究发现，提出了"消磨–趋同""变异关键年龄""社会交往补偿"等理论解释。[①]

**2. 引用与注释**

研究报告中有时会引用别人的论述、结果、资料或数据，以支持、佐

---

① 风笑天．独生子女青少年的社会化过程及其结果．中国社会科学，2000（6）．

证或说明自己的某种观点或结论。报告中凡是引用别人的资料，一定要注明来源，而不能将别人的工作和成果不加注明地在自己的报告中使用。引用的具体方式主要有两种：一是引用别人的原话、原文时，要用引号引起来，再用注释注明；二是只援引别人的观点、结论而非别人的原话、原文时，则不用引号，只需在其后用注释注明即可。注释的作用是指出所引用资料的来源，供读者参考查证，表示作者遵守学术道德，不把别人的成果掠为己有，既可以帮助读者解释报告中的疑难，又不使报告中断和过于冗长。

注释的形式主要有夹注、脚注和尾注三种。夹注即直接在所引资料之后，用括号将其来源或有关说明括起来，对引文进行注释或提示。比如："使用某一特定的数学模型要以已达到的某一量度层次为前提。"（布莱洛克，1960）。夹注往往与研究报告最后的"参考文献"相对应，即在参考文献中，一定要列出一条相应的文献，比如：布莱洛克. 社会统计学. McGraw-Hill Book Company，1960。

脚注即在所引的资料处只注明一个注释的数字序号，比如在该资料最后文字的右上角用①、②、③等来标明，然后在该页的最下端，用小一号的字体分别说明引文的出处、时间等情况，或做出解释。

尾注则是将所有脚注都移到文章的结尾处一并排出，并冠以"注释"的标题，而不是分别排在各页之下。目前，学术刊物上所发表的研究报告中三种注释形式都存在，不同刊物的要求往往不大一致。

## 第四节　定性研究报告的写作

在某种意义上，无论是定量研究还是定性研究，其研究报告或研究论文的写作都是在向读者"讲故事"。定量研究讲故事的"套路"往往非常固定，"手法"也基本相同。数字和图表是其最主要的表达材料和工具，因而往往显得有些"千篇一律"，不容易吸引人。而定性研究者讲故事的

"套路"和"手法"相对灵活多变，文字材料和语言描述是其最主要的表达工具，因而其研究报告往往读起来比定量研究报告要生动形象，引人入胜，写起来也更加困难。对于研究者来说，无论你的"故事"是什么，无论你将如何讲你的"故事"，我们总是可以把这个"故事"分为"开头、中间、结尾"三个大的部分。那么，开头怎么写，写些什么？中间、结尾又怎么写，写些什么？这就是本节将讨论的内容。

　　笼统地说，对于研究报告中的这三大部分应该写些什么，定量研究与定性研究还是基本相同的，即开头部分主要告诉读者你打算探讨什么问题，这个问题为什么值得探讨，以及你是如何进行探讨的；中间部分则分别描述你的观察结果，论证和阐明你的研究发现或解释；而结尾部分则主要总结你的研究结论，提出与你的研究结论相关的若干问题，以及对进一步研究的建议等。但是，对于每个部分的内容怎么写的问题，二者之间的差别就相当大。

### 一、导言部分的写作

　　虽然说定性研究报告更像讲故事，但一定要记住，它并非只是纯粹的故事。作为一项学术研究的成果表达，这种讲述还必须体现其学术性。定性研究报告的导言部分通常会包含这样一些内容：研究的问题与背景，研究问题的来源，对研究的地点、时间和范围、研究对象及其数量、研究所使用的方法、研究者与研究对象的关系以及其他一些相关信息的介绍等。在开始部分，也可以通过一个具体的事例将读者带入你的故事中。

　　莫科特认为："导言的要义在于回答这样一个问题：这篇文章是关于什么的？"她建议作者通过给出以下四个方面的解释来回答这一问题。[①]

　　（1）为什么你会选择这个研究问题，而不是其他的问题，即说明你选择这个问题的原因或理由。这种原因或理由常常来自对现有文献的阅读和分析。比如，这个主题在现有文献中被忽视，或者虽然在现有文献中被多次讨论，但讨论不充分、不彻底、有遗漏。又如这是一种新的社会现象，

---

① 希尔弗曼. 如何做质性研究. 李雪，张劼颖，译. 重庆：重庆大学出版社，2009：250.

现有文献中很少探讨等。例如，折晓叶在研究超级村庄时，就是这样做的。作者在论文开头回顾了三位重要学者关于中国农村村庄的功能和农民生活的研究结论。在肯定他们的研究"令人耳目一新"，"提供了一些研究中国村庄的基本的出发点"的基础上，作者指出："以上两种研究各自概括的都只是中国农民在不同时期不同地区生活的一部分事实，而目前在乡村工业化过程中涌现出的相当数量的超级村庄，则为我们提出了新的研究课题。"在此背景下，作者提出了自己的研究问题，即要"对超级村庄中出现的经济边界开放与社会边界封闭同时存在、二者既相互冲突又共生共荣的现象进行讨论，进而探讨中国基层社会经济发展与社会结构变迁之间的内在关系"[①]。

（2）你为什么会对这个主题感兴趣，即说明这一主题对于研究者本人所具有的特定意义或经历，也即导致研究者探讨这一问题的个人化因素。还可以简述导致研究者关注或探讨这一问题的背景，即他对此主题产生兴趣的来龙去脉。比如，一位对农村婆媳关系进行研究的研究者在其研究报告的导言中这样介绍了她对所研究主题产生兴趣并展开研究的原因：

> 1993 年到 1997 年期间，我每年夏天（除了 1995 年）到无锡的一个叫姑亭庙的村庄做关于妇女与乡镇企业发展的调查，并于 1998 年在调查的基础上完成了我的博士论文。在调查的早期，婆媳关系这个问题并未进入我的视线，我也没有一个合适的视角去研究它。可是到了所在的村庄，几乎所有我访谈过的中年妇女都众口一词地说："看现在的这些媳妇们！过去是婆婆凶，现在刚好倒过来！"用妇联主任的话来说："婆媳关系是从一个极端到另一个极端。"最不幸的是那些 70 岁左右的妇女，我把她们称为"最后一代传统婆婆"。她们年轻的时候是受气的小媳妇，等到熬成了婆婆又丧失了权威，两头不得益。
>
> 改革开放以来农村的变化深化了这个问题：为什么乡镇工业的发

---

① 折晓叶．村庄边界的多元化：经济边界开放与社会边界封闭的冲突与共生．中国社会科学，1996（3）．

展提高了媳妇的地位，降低了婆婆的地位呢？这种改变了的婆媳关系的实质是什么呢？这种变化如何与性别问题、与妇女解放相关？意识到这个问题的重要性后，我在对该村妇女的深入访谈中把婆媳关系当作了一个主要方面。[①]

（3）你使用的研究方法，或者受到的学术训练。与定量研究报告通常都会有一个专门的研究方法部分有所不同的是，许多定性研究报告常常是在导言部分的结尾对研究方法进行介绍的，并且相对来说，这方面内容在篇幅上往往比定量研究报告要小。同时，在定性研究报告中对于研究方法的说明，要强调其与研究问题的性质的关系，即对采用定性研究方法有利于探讨和回答研究问题进行说明。对研究者自身学术训练的说明则有助于增强读者对研究者及其研究的信任。对于定性研究中最常见的采用实地研究方式进行的研究来说，研究者通常需要对实地研究的地点选择、采用的资料收集方法、访谈或参与观察的对象及其数量、实地研究的时间及其主要经过等进行介绍。

（4）你的研究问题。这是导言部分最为核心的内容。其篇幅虽然比较小，但意义十分重大。就像讲故事一样，有了背景的叙述和介绍，有了前面的铺垫，最终自然而然就是要告诉读者你想研究、探讨或回答一个（或几个）什么样的问题了。比如，上面第二点中那位研究农村婆媳关系的学者就是在介绍了自己对这一问题产生兴趣的来龙去脉后很自然地提出了自己的研究问题的。又如，一位研究城市家庭代际育儿合作现象的学者在介绍了研究的背景后告诉读者：

> 本文重点关注以下问题：在当代中国城市家庭育儿的代际合作中，家庭成员间形成了什么样的分工合作？与儿童抚育相关的具体事务的决策、处置和话语权如何在代际分配和分享？代际是否形成了新的权力格局？这种新的权力格局又如何在育儿过程中被挑战和维系？通过深入探讨家庭育儿中的代际合作和权力关系，本文希望深化对于代际互助中的权力关系的研究并阐释家庭权力与亲密关系之间的

① 笑冬. 最后一代传统婆婆？. 社会学研究，2002（3）.

交织互动。[①]

## 二、方法部分的写作

正如上面所介绍的，定性研究报告的方法介绍部分，在很多情况下常常会融入导言部分，自然地在导言部分的结尾处出现，成为整个故事叙说中顺理成章、自然衔接的一个环节，而不是单独作为一节与导言部分严格区分开来。

例如，上面所列举的代际育儿合作研究的例子中，研究者就是在写明了研究问题后，接着就向读者介绍了自己的研究方法的："本文的分析主要基于对儿童家长和参与育儿的老人的深度访谈和参与观察资料。笔者重点收集了 13 个北京城市家庭案例。""笔者访谈了 13 个家庭中的所有母亲，两位父亲；与母亲的访谈时间一般为 3～6 个小时，分 1～3 次进行。此外对两位父亲各进行了一次 2 小时左右的访谈，以了解他们在儿童抚养、教育方面的经验和看法。""研究团队还访谈了 8 位正在参与孙辈照料的老人。""在访谈之外，笔者还到 7 户受访家庭的家中拜访，并参与了 3 户家庭的周末郊游，有机会观察家庭成员之间的互动。"[②]

定性研究报告之所以这样来处理方法部分，一方面是因为对定性研究方法的介绍不像对定量研究方法的介绍那样，通常会涉及样本抽取、变量测量、统计分析方法使用等几个固定的、技术性较强的内容，而更多的只是有关田野研究的地点、深入访谈或观察的对象的具体描述。另一方面则是因为在定性研究特别是个案研究或社区研究中，研究者往往会单独用一节来对所研究的个案或社区的基本情况进行详细的描述或介绍。

当然，也有少数定性研究报告与此不同。它们也像定量研究报告那样，将方法部分单独作为一节进行介绍。无论是否将方法部分单独作为一节，最重要的是要以回答读者可能针对你的研究所提出的质询或疑问来进行方法的介绍和写作。比如，你为什么要使用这种方法，你的总体性策略

---

① 肖索未."严母慈祖"：儿童抚育中的代际合作与权力关系．社会学研究，2014 (6).
② 同①.

是什么，为什么采取这种策略，你的这个研究是怎么做的，采用了哪些方法或技术，为什么是这些方法和技术，研究过程中你实际是如何操作的，在对象、资料等方面有什么特别事项需要说明等，以便读者对研究的基本情况有所了解。对于前面介绍的实地研究来说，在研究报告中除了上述考虑外，往往还需要对如何选择实地（即田野）、如何进入实地、如何获得同意、观察的方式、访谈的对象选取、访谈的进行、资料的记录和整理等细节进行介绍。正如有的学者所建议的那样，方法一节要向读者展示你的研究发生的"真实过程"，其目的和好处是可以让你的读者由"局外人"变成"局内人"。[1]

### 三、主体部分的写作

#### 1. 叙事逻辑与内容安排

定性研究报告的写作强调故事性、描述的流畅性，报告者就是"讲故事的人"。当然讲故事只是定性研究者表达研究结果的一种特定方式，其目的同样是揭示现实社会世界的某些奥秘。因此，它同样需要一种逻辑——述说的逻辑——即归纳的逻辑。有了这种逻辑，研究报告才能很好地通过一个故事，向人们揭示出社会世界中的一些不为人知的侧面，也才能帮助人们更好地认识他们所生活的社会世界，特别是认识这个社会世界所具有的多维性、特殊性和丰富性。

对于定性研究报告的主体部分来说，由于其内容往往比较多，如何对结构进行安排是研究者要考虑的首要问题。实际发表的定性研究报告中，有按议题来组织和表达的；有按研究进程、事件发生过程来展开的；也有按对象的不同类型来进行描述的。究竟应该采用哪种方式，可能会依据研究的主题、内容、目标等方面的不同而不同。但有一点是相同的，那就是一切都应该以便于讲清楚研究者心中的"故事"为标准，以合理、合适的逻辑框架为表达的基本线索。

对于主体部分的写作，十分重要的一点是要通过对故事的讲述、对资

---

① 希尔弗曼. 如何做质性研究. 李雪，张劼颖，译. 重庆：重庆大学出版社，2009：256-264.

料的描述，来阐明和证实研究者对研究问题所做出的判断。特别是要通过引用研究对象、访谈对象的原话，通过摘录你在实地的观察记录和田野笔记，来向读者描述你在实地所感知到的一切，并以此来引导读者身临其境，直接感知研究对象的言谈举止，所思所想。同时也以此来说服读者，让他们接受研究者所做出的判断和得出的解释。

如何做到这一点呢？即在实际写作中该如何操作呢？一种常见的方式是，通过选择和列举所收集资料中的具有典型性的材料（包括个案事例、访谈记录、观察记录等），并配以作者自己对这些材料的分析性解释或说明，来向读者展示自己的研究结果和结论。对于利用典型事例，或者引用访谈记录、观察记录等并进行分析性说明，一位学者进行了比较直观的描述：

> 当我准备出版我的研究成果时……我最终所要展示的是典型性的东西。为了说明和证明这些典型性的东西及典型的规则，我就要从我的观察记录和访谈中引述相应的段落，因为我是从这些典型的规则中来"理解"我所研究的社会行为的，也是通过它们来"解释"社会行为的。我所引述的段落，自然都是在我看来谈到了相应的日常世界的典型性的东西的那些段落。[①]

当然，这种常见的做法也会受到人们的质疑：既然作者在报告中所表述的、展现的都是其从资料中所选择的最典型的材料，那么，那些没有被选择和表达的、在研究者看来不具典型性的材料所包含的信息、所反映的现实又是什么呢？即这种选择资料的方式有可能造成研究者从资料的"黑箱"中仅挑选出符合其期望和要求的东西，而舍弃那些虽然同样来自实地、来自访谈或观察但却不符合作者期望、观点、目的和要求的东西。因为读者并不知道作者是如何处置这些不能形象地说明典型性，甚至有可能是与报告中的结果或结论相偏离、相冲突、相矛盾的材料和事例的。

2. 行文中表达材料与观点的两种方式

与定量研究报告中通过列举统计分析的表格和数据结果，并进行解释的做法有所不同的是，定性研究报告通常没有数字，没有表格，只有具体

---

① 弗里克. 质性研究导引. 孙进，译. 重庆：重庆大学出版社，2011：309.

的事例和大量的访谈所得的文字材料。在具体的表达方式上，通常有以下两种主要的形式：

一种形式可以称为"夹叙夹议式"，即研究者在行文过程中，将对研究对象原话的引用，与研究者对此所做的分析、议论、解释结合在一起、融合在一起，形成一段流利的文字叙述和分析说明。这种写法既展现了研究对象原始的言语、行为、观点和想法，又表明了作者对这种言语、行为、观点和想法的分析、判断、理解和解释。比如：

当我问村里的一些妇女，为什么分家后她们的丈夫没有像他们的父亲那样占据管家的位置，而是拱手让给了媳妇呢？她们说："这村里百分之九十的男人赌博。我们要不抓牢钱，钱就都没有了。"还有的妇女说："管家有什么好？又操心又费力，男人才不想操那份心呢。"但为什么他们的父辈愿意当管家、操这份心呢？

实际的情况是，分家避免了婆媳之间的公开矛盾。但是，如果儿子在核心家庭里当了管家，他就很可能把自己夹在父母和媳妇之间。特别是当兄弟间对赡养老人的责任发生了歧见的情况下，当管家的自然逃脱不了责任。儿子们不愿意直接面对别人的谴责。做儿子的被说成不孝，是个很大的耻辱。相比较来讲，媳妇没有儿子那么在乎公婆的抱怨，第一公婆不是她的父母，第二只有她当了管家、控制了家庭资源，才能最好地保护她的"母体家庭"。况且，即使媳妇不当管家，也逃脱不了干系。一旦父母和儿子在赡养老人问题上发生了争吵，不管是不是事实，村里的人总是要说："看，媳妇把着钱不放，儿子有什么办法？"在这种情况下，儿子常常保持沉默，好像真的没有控制自己工资的权力。我认为，这实际上是年轻人对付两代人之间关系的一种家庭策略。而这种策略所导致的实际结果还是把媳妇和婆婆推到台前，男人退到台后。①

另一种形式可称为"总述总议式"，即研究者在开头只提供一个简单的导语，然后完整地引用一个或多个研究对象的原话，把研究对象的叙述

---

① 笑冬．最后一代传统婆婆？．社会学研究，2002（3）.

完整地写出来；或者将实地中所收集到的一个完整的例子作为一个独立的部分进行描述，然后研究者再对这些叙述或者这个例子进行分析、判断、理解和解释。比如，有学者在研究夫妻关系定势形塑中的权力技术时，就是先将实地中收集的个案资料包括被访夫妇的原话完整地描述出来，然后分别从"通过'场景界定'进行有选择的关注和有系统的忽视""通过建立范畴类型确立行为规范""通过质疑对方资格能力确立优先资格"对这些个案中所体现的权力策略的三个方面进行分析。① 这种先集中描述后集中分析的方式在个案研究报告的写作中也十分常见。

当然，也有研究者先将研究的分析、判断、理解和解释写出来，即先写出研究者分析后所得到的结论或观点，然后再列举实例或者引用研究对象的原话来进行说明。比如，一位研究老年父母为子女买房所体现的代际关系的学者在论文中就是这样表达的：

> 根据这些父母为子女购房的原因和做法，以及对未来理想的两代关系的具体描述，笔者将独生子女父母这种对家庭亲密关系的期待定义为"协商式亲密关系"，它有以下三个主要特点。（1）家庭两代人共同决策解决实际问题。这种亲密关系首先强调以家庭两代人为单位，共同决策和互相协商解决具体问题。在访问过程中作者发现，父母们非常强调"与爸爸妈妈有商有量（商量）""大家互相给意见和参考""统一意见""共同寻找最佳方案"。如果成年子女独自做决定和行动，父母们普遍表示不高兴，甚至难以接受。一位爸爸……（2）代际间金钱等物质的持续交换。……一位拥有六套住房的妈妈说……（3）情感交流。……一位妈妈这样解释为什么不喜欢独生儿子在外面租房……②

## 四、结尾部分的写作

与定量研究报告中通常由"总结与讨论"这一固定形式来结尾有所不

① 郑丹丹，杨善华. 夫妻关系"定势"与权力策略. 社会学研究，2003（4）.
② 钟晓慧，何式凝. 协商式亲密关系：独生子女父母对家庭关系和孝道的期待. 开放时代，2014（1）.

同的是，定性研究报告结尾部分的内容通常并不固定。有的研究报告只有一个十分简短的"总结"，有的则不仅会包含"总结"或"结论"，还会包含"引申讨论""研究反思（自省）"以及"进一步研究的建议"等内容。虽没有固定格式，但一般来说，在可能的情况下，还是应该把"总结""讨论""对研究的反思"等内容写进报告的结尾部分。特别是在定性研究报告的最后，同样应该有一段话来向读者表明自己研究的局限性。"你应该提醒你的读者你呈现的只是一个难题的一小块儿，一个更大的世界中的一部分，一个方面的特写镜头。"①

## 【思考与实践】

1. 从社会学、教育学、人类学的专业期刊中，选择三篇定性研究报告，逐一分析每一篇报告的总体结构、表述方式，并进行讨论。

2. 定性研究报告与定量研究报告的写作主要有哪几个方面的不同？从社会学或教育学、政治学、传播学、管理学的专业期刊中，选择探讨同一主题或对象的两篇（一篇定量的、一篇定性的）研究报告，从报告的结构、撰写方式等方面进行比较。

3. 从社会科学期刊上选择三篇研究报告，逐一概括其构成部分及结构，并进行比较。

4. 从社会科学期刊上选择一篇与你感兴趣的或你所熟悉的领域相关的研究报告，从该报告的导言部分读到结果部分，不要读其"结论与讨论"部分。自己根据所读部分的内容写一个"结论与讨论"部分，并与原报告中的该部分进行比较。

---

① 波格丹，比克伦. 教育研究方法：定性研究的视角：第 4 版. 钟周，李越，赵琳，等译. 北京：中国人民大学出版社，2008：196.

附录一

# 随机数表

| | | | | |
|---|---|---|---|---|
| 10 09 73 25 33 | 76 52 01 35 86 | 34 67 35 48 76 | 80 95 90 91 17 | 39 29 27 49 45 |
| 37 54 20 48 05 | 64 89 47 42 96 | 24 80 52 40 37 | 20 63 61 04 02 | 00 82 29 16 65 |
| 08 42 26 89 53 | 19 64 50 93 03 | 23 20 90 25 60 | 15 95 33 47 64 | 35 08 03 36 06 |
| 99 01 90 25 29 | 09 37 67 07 15 | 38 31 13 11 65 | 88 67 67 43 97 | 04 43 62 76 59 |
| 12 80 79 99 70 | 80 15 73 61 47 | 64 03 23 66 53 | 98 95 11 68 77 | 12 17 17 68 33 |
| 66 06 57 47 17 | 34 07 27 68 50 | 36 69 73 61 70 | 65 81 33 98 85 | 11 19 92 91 70 |
| 31 06 01 08 05 | 45 57 18 24 06 | 35 30 34 26 14 | 86 79 99 74 39 | 23 40 30 97 32 |
| 85 26 97 76 02 | 02 05 16 56 92 | 68 66 57 48 18 | 73 05 38 52 47 | 18 62 38 85 79 |
| 63 57 33 21 35 | 05 32 54 70 48 | 90 55 35 75 48 | 28 46 82 87 09 | 83 49 12 56 24 |
| 73 79 64 57 53 | 03 52 96 47 78 | 35 80 83 42 82 | 60 93 52 03 44 | 35 27 38 84 35 |
| 98 52 01 77 67 | 14 90 56 86 07 | 22 10 94 05 58 | 60 97 09 34 33 | 50 50 07 39 98 |
| 11 80 50 54 31 | 39 80 82 77 32 | 50 72 56 32 48 | 29 40 52 42 01 | 52 77 56 78 51 |
| 83 45 29 96 34 | 06 28 89 80 83 | 13 74 67 00 78 | 18 47 54 06 10 | 68 71 17 78 17 |
| 88 68 54 02 00 | 86 50 75 34 01 | 36 76 66 79 51 | 90 36 47 64 93 | 29 60 91 10 62 |
| 99 59 46 73 48 | 37 51 76 49 69 | 91 82 60 89 28 | 93 78 56 13 68 | 23 47 83 41 13 |
| 65 48 11 76 74 | 17 46 85 09 50 | 58 04 77 69 74 | 73 03 95 71 86 | 40 21 81 65 44 |
| 80 12 43 56 35 | 17 72 70 80 15 | 45 31 32 23 74 | 21 11 57 82 53 | 14 38 55 37 63 |
| 74 35 09 98 17 | 77 40 27 72 14 | 43 23 60 02 10 | 45 52 16 42 37 | 96 28 60 26 55 |
| 69 91 62 68 03 | 66 25 22 91 48 | 36 93 68 72 03 | 76 62 11 39 90 | 94 40 05 64 18 |
| 09 89 32 05 05 | 14 22 56 85 14 | 46 42 75 67 88 | 96 29 77 88 22 | 54 38 21 45 98 |

续表

| | | | | |
|---|---|---|---|---|
| 91 49 91 45 23 | 68 47 92 76 86 | 46 16 23 35 54 | 94 75 08 99 23 | 37 03 92 00 48 |
| 80 33 69 45 98 | 26 94 03 63 58 | 70 29 73 41 35 | 53 14 03 33 40 | 42 05 08 23 41 |
| 44 10 48 19 49 | 85 15 74 79 54 | 32 97 92 65 75 | 57 60 04 08 81 | 22 22 20 64 13 |
| 12 55 07 37 42 | 11 10 00 20 40 | 12 86 07 46 97 | 96 64 48 94 39 | 28 70 72 58 15 |
| 63 60 64 93 29 | 16 50 53 44 84 | 40 21 95 25 63 | 43 65 17 70 82 | 07 20 73 17 90 |
| 07 63 87 79 29 | 03 06 11 80 72 | 96 20 74 41 56 | 23 32 19 95 38 | 04 71 36 69 94 |
| 60 52 88 34 41 | 07 95 41 98 14 | 59 17 52 06 95 | 05 53 35 21 39 | 61 21 20 64 55 |
| 83 59 63 56 55 | 06 95 89 29 83 | 05 12 80 97 19 | 77 43 35 37 83 | 92 30 15 04 98 |
| 10 85 06 27 46 | 99 59 91 05 07 | 13 49 90 63 19 | 53 07 57 18 39 | 06 41 01 93 62 |
| 39 82 09 89 52 | 43 62 26 31 47 | 64 42 18 08 14 | 43 80 00 93 51 | 31 02 47 31 67 |
| 59 58 00 64 78 | 75 56 97 88 00 | 88 83 55 44 86 | 23 76 80 61 56 | 04 11 10 84 08 |
| 38 50 80 73 41 | 23 79 34 87 63 | 90 82 29 70 22 | 17 71 90 42 07 | 95 95 44 99 53 |
| 30 69 27 06 68 | 94 68 81 61 27 | 56 19 68 00 91 | 82 06 76 34 00 | 05 46 26 92 00 |
| 65 44 39 56 59 | 18 28 82 74 37 | 49 63 22 40 41 | 08 33 76 56 76 | 96 29 99 08 36 |
| 27 26 75 02 64 | 13 19 27 22 94 | 07 47 74 45 06 | 17 98 54 89 11 | 97 34 13 03 58 |
| 91 30 70 69 91 | 19 07 22 42 10 | 36 69 95 37 28 | 28 82 53 57 93 | 28 97 66 62 52 |
| 68 43 49 46 88 | 84 47 31 36 22 | 62 12 69 84 08 | 12 84 38 25 90 | 09 81 59 31 46 |
| 48 90 81 58 77 | 54 74 52 45 91 | 35 70 00 47 54 | 83 82 45 26 92 | 54 13 05 51 60 |
| 06 91 34 51 97 | 42 67 27 86 01 | 11 88 30 95 28 | 63 01 19 89 01 | 14 97 44 03 44 |
| 10 45 51 60 19 | 14 21 03 37 12 | 91 34 23 78 21 | 88 32 58 08 51 | 43 66 77 08 83 |
| 12 88 39 73 43 | 65 02 76 11 84 | 04 28 50 13 92 | 17 97 41 50 77 | 90 71 22 67 69 |
| 21 77 83 09 76 | 38 80 73 69 61 | 31 64 94 20 96 | 63 28 10 20 23 | 08 81 64 74 49 |
| 19 52 35 95 15 | 65 12 25 96 59 | 86 28 36 82 58 | 69 57 21 37 98 | 16 43 59 15 29 |
| 67 24 55 26 70 | 35 58 31 65 63 | 79 24 68 66 86 | 76 46 33 42 22 | 26 65 59 08 02 |
| 60 58 44 73 77 | 07 50 03 79 92 | 45 13 42 65 29 | 26 76 08 36 37 | 41 32 64 43 44 |
| 53 85 34 13 77 | 36 06 69 48 50 | 58 83 87 38 59 | 49 36 47 33 31 | 96 24 04 36 42 |
| 24 63 73 87 36 | 74 38 48 93 42 | 52 62 30 79 92 | 12 36 91 86 01 | 03 74 28 38 73 |
| 83 08 01 24 51 | 38 99 22 28 15 | 07 75 95 17 77 | 97 37 72 75 85 | 51 97 23 78 67 |
| 16 44 42 43 34 | 36 15 19 90 73 | 27 49 37 09 39 | 85 13 03 25 52 | 54 84 65 47 59 |
| 60 79 01 81 57 | 57 17 86 57 62 | 11 16 17 85 76 | 45 81 95 29 79 | 65 13 00 48 60 |
| 03 99 11 04 61 | 93 71 61 68 94 | 66 08 32 46 53 | 84 60 95 82 32 | 88 61 81 91 61 |
| 38 55 59 55 54 | 32 88 65 97 80 | 08 35 56 08 60 | 29 73 54 77 62 | 71 29 92 38 53 |
| 17 54 67 37 04 | 92 05 24 62 15 | 55 12 12 92 81 | 59 07 60 79 36 | 27 95 45 89 09 |
| 32 64 35 28 61 | 95 81 90 68 31 | 00 91 19 89 36 | 76 35 59 37 79 | 80 86 30 05 14 |
| 69 57 26 87 77 | 39 51 03 59 05 | 14 06 04 06 19 | 29 54 96 96 16 | 33 56 46 07 80 |
| 24 12 26 65 91 | 27 69 90 64 94 | 14 84 54 66 72 | 61 95 87 71 00 | 90 89 97 57 54 |
| 61 19 63 02 31 | 92 96 26 17 73 | 41 83 95 53 82 | 17 26 77 09 43 | 78 03 87 02 67 |
| 30 53 22 17 04 | 10 27 41 22 02 | 39 68 52 30 91 | 10 06 16 88 29 | 55 98 66 64 85 |
| 03 78 89 75 99 | 75 86 72 07 17 | 74 41 65 31 66 | 35 20 83 33 74 | 87 53 90 88 23 |
| 48 22 86 33 79 | 85 78 34 76 19 | 53 15 26 74 33 | 35 66 35 29 72 | 16 81 86 03 11 |
| 60 36 59 46 53 | 35 07 53 39 49 | 42 61 42 92 97 | 01 91 82 83 16 | 98 95 37 32 31 |
| 83 79 94 24 02 | 56 62 33 44 42 | 34 99 44 13 74 | 70 07 11 47 36 | 09 95 81 80 65 |
| 32 96 00 74 05 | 36 40 98 32 32 | 99 38 54 16 00 | 11 13 30 75 86 | 15 91 70 62 53 |
| 19 32 25 38 45 | 57 62 05 26 06 | 66 49 76 86 46 | 78 13 86 65 59 | 19 64 09 94 13 |
| 11 22 09 47 47 | 07 39 93 74 08 | 48 50 92 39 29 | 27 48 24 54 76 | 85 24 43 51 59 |

续表

| | | | | |
|---|---|---|---|---|
| 31 75 15 72 60 | 68 98 00 53 39 | 15 47 04 83 55 | 88 65 12 25 96 | 03 15 21 92 21 |
| 88 49 29 93 82 | 14 45 40 45 04 | 20 09 49 89 77 | 74 84 39 34 13 | 22 10 97 85 08 |
| 30 93 44 77 44 | 07 48 18 38 28 | 73 78 80 65 33 | 28 59 72 04 05 | 94 20 52 03 80 |
| 22 88 84 88 93 | 27 49 99 87 48 | 60 53 04 51 28 | 74 02 28 46 17 | 82 03 71 02 68 |
| 78 21 21 69 93 | 35 90 29 13 86 | 44 37 21 54 86 | 65 74 11 40 14 | 87 48 13 72 20 |
| 41 84 98 45 47 | 46 85 05 23 26 | 34 67 75 83 00 | 74 91 06 43 45 | 19 32 58 15 49 |
| 46 35 23 30 49 | 69 24 89 34 60 | 45 30 50 75 21 | 61 31 83 18 55 | 14 41 34 09 51 |
| 11 08 79 62 94 | 14 01 33 17 92 | 59 74 76 72 77 | 76 50 33 45 13 | 39 66 37 75 44 |
| 52 70 10 83 37 | 56 30 38 73 15 | 16 52 06 96 76 | 11 65 49 98 93 | 02 18 16 81 61 |
| 57 27 53 68 98 | 81 30 44 85 85 | 68 65 22 73 76 | 92 85 25 58 66 | 88 44 80 35 84 |
| 20 85 77 31 56 | 70 28 42 43 26 | 79 37 59 52 20 | 01 15 96 32 67 | 10 62 24 83 91 |
| 15 63 38 49 24 | 90 41 59 36 14 | 33 52 12 66 65 | 55 82 34 76 41 | 86 22 53 17 04 |
| 92 69 44 82 97 | 39 90 40 21 15 | 59 58 94 90 67 | 66 82 14 15 75 | 49 76 70 40 37 |
| 77 61 31 90 19 | 88 15 20 00 80 | 20 55 49 14 09 | 96 27 74 82 57 | 50 81 69 76 16 |
| 38 68 83 24 86 | 45 13 46 35 45 | 59 40 47 20 59 | 43 94 75 16 80 | 43 85 25 96 93 |
| 25 16 30 18 89 | 70 01 41 50 21 | 41 29 06 73 12 | 71 85 71 59 57 | 68 97 11 14 03 |
| 65 25 10 76 29 | 37 23 93 32 95 | 05 87 00 11 19 | 92 78 42 63 40 | 18 47 76 56 22 |
| 36 81 54 36 25 | 18 63 73 75 09 | 82 44 49 90 05 | 04 92 17 37 01 | 14 70 79 39 97 |
| 64 39 71 16 92 | 05 32 78 21 62 | 20 24 78 17 59 | 45 19 72 53 32 | 83 74 52 25 67 |
| 04 51 52 56 24 | 95 09 66 79 46 | 48 46 08 55 58 | 15 19 11 87 82 | 16 93 03 33 61 |
| 83 76 16 08 73 | 43 25 38 41 45 | 60 83 32 59 83 | 01 29 14 13 49 | 20 36 80 71 26 |
| 14 38 70 63 45 | 80 85 40 92 79 | 43 52 90 63 18 | 38 38 47 47 61 | 41 19 63 74 80 |
| 51 32 19 22 46 | 80 08 87 70 74 | 88 72 25 67 36 | 66 16 44 94 31 | 66 91 93 16 78 |
| 72 47 20 00 08 | 80 89 01 80 02 | 94 81 33 19 00 | 54 15 58 34 36 | 35 35 25 41 31 |
| 05 46 65 53 06 | 93 12 81 84 64 | 74 45 79 05 61 | 72 84 81 18 34 | 79 98 26 84 16 |
| 39 52 87 24 84 | 82 47 42 55 93 | 48 54 53 52 47 | 18 61 91 36 74 | 18 61 11 92 41 |
| 81 61 61 87 11 | 53 34 24 42 76 | 75 12 21 17 24 | 74 62 77 37 07 | 58 31 91 59 97 |
| 07 58 61 61 20 | 82 64 12 28 20 | 92 90 41 31 41 | 32 39 21 97 63 | 61 19 96 79 40 |
| 90 76 70 42 35 | 13 57 41 72 00 | 69 90 26 37 42 | 78 26 42 25 01 | 18 62 79 08 72 |
| 40 18 82 81 93 | 29 59 38 86 27 | 94 97 21 15 98 | 62 09 53 67 87 | 00 44 15 89 97 |
| 34 41 48 21 57 | 86 88 75 50 87 | 19 15 20 00 23 | 12 30 28 07 83 | 32 62 46 86 91 |
| 63 43 97 53 63 | 44 98 91 68 22 | 36 02 40 09 67 | 76 37 84 16 05 | 65 96 17 34 88 |
| 67 04 90 90 70 | 93 39 94 55 47 | 94 45 87 42 84 | 05 04 14 98 07 | 20 28 83 40 60 |
| 79 49 50 41 46 | 52 16 29 02 86 | 54 15 83 42 43 | 46 97 83 54 82 | 59 36 29 59 38 |
| 91 70 43 05 52 | 04 73 72 10 31 | 75 05 19 30 29 | 47 66 56 43 82 | 99 78 29 34 78 |

资料来源：RAND Corporation. A Million Random Digits. Glencoe：The Free Press，1955.

# 附录二

# 调查问卷示例

问卷编号：_____城市编号：_____

## 青年发展状况调查问卷

亲爱的青年朋友：

　　你好！

　　为了了解新世纪青年的工作和生活情况，探索青年成长和发展的有效途径，我们在全国 12 个城市开展了这项调查。本调查不用填写单位和姓名，大约只会耽误你 15 分钟的时间。请根据自己的实际情况填写。你的回答将代表众多与你一样的青年朋友，相信你会认真完成。

　　送给你一件小小的礼物，以感谢你的支持与合作！

全国 12 城市"青年发展状况"调查组

2004 年 3 月 30 日

总负责人：南京大学社会学系　风笑天教授

联系电话：025 - 83595711　E-mail：xtfeng54@163.com

　　说明：请在每题的答案中选择一个打√，或者直接在_____中填写。

## 一、基本情况

1. 你的性别：（1）男　　（2）女

2. 你是哪一年出生的？_____年

3. 你的文化程度：

（1）初中毕业　（2）高中或中专毕业　（3）大专在读　（4）大专毕业

（5）本科在读　（6）本科毕业　　　　（7）研究生在读或毕业

4. 你是哪一年从学校毕业的？_____年

5. 你现在的职业：

（1）交通运输人员　（2）医护人员　　（3）银行人员

（4）商业人员　　　（5）中学教师　　（6）小学教师

（7）企业人员　　　（8）行政机关人员　（9）服务业人员

（10）公检法人员　（11）媒体工作人员　（12）公司人员

（13）建筑业人员　（14）邮电行业人员　（15）市政部门人员

6. 你的婚姻状况：（1）未婚　　　（2）已婚

7. 你有兄弟姐妹吗？

（1）没有，我是独生子女

（2）有，我有_____个哥哥，_____个姐姐，_____个弟弟，_____个妹妹

8. 你18岁以前主要生活在哪里？

（1）本市市区　　　　　（2）本市郊县城镇　　（3）本市郊县农村

（4）本省其他城市市区　（5）本省其他城镇　　（6）本省其他农村

（7）外省城市市区　　　（8）外省县、镇　　　（9）外省农村

9. 你的父母现在与你住在一起吗？

（1）不住在一起　　（2）住在一起（跳到第14题接着回答）

10. 你父母现在居住在哪里？

（1）本市郊县城镇　（2）本市郊县农村　（3）本省其他城市市区

（4）本省其他城镇　（5）本省其他农村　（6）外省城市市区

（7）外省县、镇　　（8）外省农村　　　（9）其他（请写明）_____

11. 他们现在和谁住在一起？（请在合适的格子中打√）

| 和我的已婚的兄弟住在一起 | 和我的未婚的兄弟住在一起 | 和我的已婚的姐妹住在一起 | 和我的未婚的姐妹住在一起 | 二老单独居住 | 其他情况 |
|---|---|---|---|---|---|
| | | | | | |

12. 如果是二老单独居住，请问他们是从哪一年开始单独居住的？
_____年

13. 你大约多长时间会去父母家一次？

（1）每周一两次　　（2）每月两三次　　（3）每月一次

（4）两三个月一次　　（5）半年一次　　（6）一年或更长时间一次

14. 你父母的年龄：父亲_____岁　　母亲_____岁

15. 你父母的文化程度（将答案号码填到横线上）：

父亲_____　　母亲_____

（1）小学及以下　（2）初中　（3）高中或中专　（4）大专　（5）本科以上

16. 你父母的职业（将答案号码填到横线中，若父母退休或下岗，填退休或下岗前的职业）：

父亲_____　　母亲_____

（1）服务业人员　　　（2）军人及公检法人员　　（3）个体经营者

（4）卫生部门人员　　（5）交通运输业人员　　　（6）商业人员

（7）企业人员　　　　（8）行政机关人员　　　　（9）教育业人员

（10）建筑业人员　　（11）金融业人员　　　　（12）农林牧渔业人员

（13）科学文化艺术人员　　（14）邮电通信业人员

（15）其他职业人员

## 二、工作情况

1. 请问你是哪一年参加工作的？_____年

2. 这是你的第一份工作吗？

（1）是的　　（2）不是的，这是我的第_____份工作

3. 你的第一份工作是通过什么方式得到的？

(1) 父母和家人帮助联系的　(2) 亲戚帮助联系的

(3) 学校毕业直接分配的　(4) 单位招工自己应聘的

(5) 同学朋友帮助联系的　(6) 其他方式（请写明）_____

4. 你之所以选择这份工作，主要是因为（请将答案号码填到横线上）：

第一原因_____　　第二原因_____

(1) 该工作比较轻松　　(2) 工作单位离家近

(3) 该工作发展前途大　(4) 该工作的社会地位高

(5) 该工作的收入高　　(6) 该工作比较稳定

(7) 符合自己的兴趣爱好　(8) 能发挥自己的特长

(9) 与所学的专业对口　(10) 该工作的环境好

(11) 没有其他工作可找　(12) 其他（请写明）_____

5. 在你找到第一份工作的整个过程中，谁对你的帮助最大？

(1) 老师和学校　(2) 兄弟姐妹　(3) 兄弟姐妹的熟人朋友

(4) 父母　(5) 家里亲戚　(6) 父母的熟人朋友

(7) 邻居　(8) 自己的同学朋友

(9) 没人帮助，完全是自己应聘的

6. 你认为找一个好的工作主要依靠什么？

(1) 有一定的工作经验　(2) 有关系、熟人、路子

(3) 靠机遇、运气　　　(4) 个人能力强、素质好

(5) 有文凭、学历高　　(6) 懂外语、会计算机

(7) 所学的专业热门　　(8) 其他（请写明）_____

7. 你目前在单位的身份：

(1) 正式工　　　　　(2) 合同工

(3) 临时工　　　　　(4) 其他（请写明）_____

8. 你每月的收入（包括各种奖金、补贴）在下列哪个范围内？

(1) 300 元以下　　　(2) 301 元～500 元

(3) 501 元～700 元　(4) 701 元～900 元

(5) 901 元～1 100 元　(6) 1 101 元～1 300 元

(7) 1 301 元～1 500 元　(8) 1 501 元～1 700 元

（9）1 701元～1 900元　　　　（10）1 901元～2 100元

（11）2 101元～2 300元　　　　（12）2 300元以上

9. 你对目前的工作是否熟悉？

（1）很不熟悉　　（2）不太熟悉　　　（3）一般

（4）比较熟悉　　（5）非常熟悉

10. 你在工作中感到压力大吗？

（1）非常大　　　（2）比较大　　　　（3）一般

（4）不太大　　　（5）不大（跳到第12题）

11. 这种压力主要来自哪一个方面？

（1）身体吃不消　（2）工作责任大　　（3）不会处理和同事的关系

（4）业务不熟悉　（5）专业知识不够　（6）不会处理和领导的关系

（7）工作要求高　（8）领导要求严　　（9）其他方面（请写明）＿＿＿

12. 你是否已经适应目前的工作？

（1）完全没有适应　　（2）小部分适应　　　（3）一半适应

（4）大部分适应　　　（5）已经完全适应

13. 和周围的同事相比，你觉得自己的工作能力怎么样？

（1）非常弱　　　　（2）比较弱　　　　　（3）一般

（4）比较强　　　　（5）非常强

14. 参加工作以来，你遇到的最大困难在哪方面？

（1）解决住房问题　　（2）掌握生产技能，适应本职工作

（3）谈恋爱找对象　　（4）处理各种复杂的人际关系

（5）增加经济收入　　（6）一边上班一边参加成人教育的学习

（7）其他方面（请写明）＿＿＿＿＿

15. 你遇到这方面困难时，主要找谁帮忙？

（1）单位同事　　　（2）原来同学　　　（3）好朋友

（4）父母　　　　　（5）兄弟姐妹　　　（6）单位领导

（7）配偶或对象　　（8）其他人（请写明）＿＿＿＿＿

16. 总的来说，你现在是否能够胜任目前的工作？

（1）完全不能胜任　（2）小部分能胜任　（3）一半能胜任

（4）大部分能胜任　　（5）完全能胜任

17. 如果给你们单位工作最优秀的同志打 10 分，你觉得自己的工作可以打几分？_____分

18. 你对自己目前所从事的工作是否满意？

（1）很不满意　　　（2）不太满意　　　（3）一般

（4）比较满意　　　（5）非常满意

19. 你是否安心目前的工作？

（1）很不安心　　　（2）不太安心　　　（3）一般

（4）比较安心　　　（5）非常安心

20. 参加工作以来，你最大的收获是哪一个方面？

（1）提高了解决问题的能力　　（2）结识了新的朋友

（3）增强了责任感　　　　　　（4）学会了处理人际关系

（5）掌握了生产技能　　　　　（6）思想上更加成熟

（7）学习了更多的实用知识　　（8）其他方面（请写明）_____

21. 与原来在学校的时候相比，你觉得参加工作后在下列几个方面，变化最大的是什么？变化最小的又是什么？（请将答案号码填到横线上）

变化最大的方面_____　变化最小的方面_____

（1）责任感　　（2）吃苦精神　　（3）成人意识　　（4）生活目标

（5）办事能力　（6）性格特点　　（7）思想观念　　（8）行为方式

22. 在下列认识看法上，你参加工作后有了何种程度的变化？（每行选择一格打√）

| | 1 没有变化 | 2 较小变化 | 3 较大变化 | 4 很大变化 |
|---|---|---|---|---|
| 1 对人生的看法 | | | | |
| 2 对社会的认识 | | | | |
| 3 对人际关系的认识 | | | | |
| 4 对工作的认识 | | | | |
| 5 对家庭的认识 | | | | |
| 6 对自我的认识 | | | | |
| 7 对感情的认识 | | | | |
| 8 对学习知识的认识 | | | | |
| 9 对友谊的看法 | | | | |

### 三、业余学习与闲暇生活

1. 你参加过成人教育的学习（包括业余培训）吗？

（1）没有参加　　　　（2）参加过（跳到第 3 题）

2. 今后你是否会参加成人教育学习？（跳到第 8 题）

（1）肯定不会　　　（2）可能不会　　　（3）说不好

（4）可能会　　　　（5）肯定会

3. 你参加成人教育学习的主要方式：

（1）自学考试　　　（2）函授教育　　　（3）夜大学

（4）广播电视大学　（5）短期培训班　（6）其他（请注明）_____

4. 你参加成人教育学习的最主要动机是什么？

（1）更好地胜任工作　　　　　（2）获得更高的学历和文凭

（3）获得更多的知识和技能　　（4）让家长高兴、满意

（5）身边的同事、朋友都在学习　（6）便于将来找到更合适的工作

（7）获得工作中的升迁机会　　（8）其他（请写明）_____

5. 你学习的费用主要由谁来支付？

（1）自己　（2）父母　　　　（3）自己支付，父母给予帮助

（4）单位　（5）自己和单位共同支付　（6）其他（请写明）_____

6. 你在学习中遇到的最大困难：

（1）经济紧张　　（2）工作忙，没有时间　　（3）基础差，学习吃力

（4）家务事多，安不下心　（5）其他（请写明）_____

7. 你希望通过成人教育获得哪一级文凭？

（1）大专　　　　　（2）本科　　　　　（3）硕士及以上

8. 父母对你的教育期望是什么：

（1）没有什么期望　（2）高中或中专　　（3）大专

（4）本科　　　　　（5）硕士及以上　　（6）出国深造

9. 日常生活中你经常看电视吗？

（1）每天都看　　　（2）经常看　　　　（3）有时看

（4）很少看　　　　（5）基本不看

10. 你经常看报纸杂志吗？

(1) 经常看　　　　　(2) 有时看　　　　　(3) 很少看

(4) 从不看（跳到第 12 题）

11. 你看的报纸杂志主要是订阅的，还是临时在街上买的？

(1) 单位订的　　　　(2) 家里订的　　　　(3) 临时在街上买

(4) 有订的，有临时买的

12. 你经常上网吗？

(1) 几乎每天都上　　(2) 经常上　　　　　(3) 有时上

(4) 很少上　　　　　(5) 偶尔上　　　　　(6) 从没上过

13. 你平时上网最经常做什么？（选两项）

(1) 玩游戏　　(2) 浏览娱乐、体育信息　(3) 查找职业、财经信息

(4) 聊天　　(5) 浏览时事新闻　　　　(6) 了解教育、科技知识

(7) 收发邮件　(8) 获得生活常识　　　(9) 其他（请写明）_____

14. 你家里有电脑吗？(1) 有　　(2) 没有

15. 一般情况下，你一个月各个方面总的花费大约在下列哪个范围内？

(1) 500 元以下　　　　(2) 500 元～599 元　　　(3) 600 元～699 元

(4) 700 元～799 元　　(5) 800 元～899 元　　　(6) 900 元～999 元

(7) 1 000 元～1 099 元　(8) 1 100 元～1 199 元

(9) 1 200 元～1 299 元　(10) 1 300 元～1 399 元

(11) 1 400 元～1 499 元　(12) 1 500 元～1 599 元

(13) 1 600 元～1 699 元　(14) 1 700 元～1 799 元

(15) 1 800 元以上

16. 在日常生活中你与下列情况是否相似？（每行选择一格打√）

|  | 很不相似 | 不太相似 | 比较相似 | 非常相似 |
|---|---|---|---|---|
| 1 饮食起居没有规律 |  |  |  |  |
| 2 家里衣物杂乱很少收拾 |  |  |  |  |
| 3 很少自己动手做饭吃 |  |  |  |  |
| 4 用钱消费方面没有计划性 |  |  |  |  |
| 5 生活方面的事情经常依赖父母 |  |  |  |  |

## 四、婚姻恋爱

已婚者请从第 8 题开始填答。

1. 你现在有男（女）朋友了吗？

（1）没有→你以前谈过朋友吗？

谈过_____次　　没谈过（跳到第 4 题）

（2）有了→你与你现在的朋友谈了多长时间？

不到半年　半年到一年

一年到两年两年以上

2. 你第一次谈朋友大约是在哪一年？　_____年

3. 你和你的第一个男（女）朋友是如何认识的？

（1）同事或朋友介绍的　（2）父母或家人介绍的　（3）工作关系认识的

（4）在一个单位里工作　（5）偶然的机会相识　　（6）原来的同学

（7）住在一起的邻居　　（8）其他方式认识的（请写明）_____

4. 你觉得找对象是否困难？

（1）十分困难　　　　　（2）比较困难

（3）不太困难　　　　　（4）不困难（跳到第 6 题）

5. 困难的主要原因：

（1）周围年龄相当的异性比较少　　　（2）自己不善于与异性交往

（3）年龄相当的人虽不少，但合适的不多　（4）其他原因（请写明）_____

6. 你希望多大年龄结婚？　_____岁

7. 你希望将来结婚成家后如何居住？

（1）与男方父母住在一起　（2）单独居住

（3）与女方父母住在一起　（4）单独居住，但至少与一方父母在同一城市

未婚者请跳过 8～12 题，直接从第 13 题填答。

8. 请问你是哪一年结婚的？　_____年

9. 你和你爱人是如何认识的？

（1）同事或朋友介绍的　（2）父母或家人介绍的　（3）工作关系认识的

（4）在一个单位里工作 （5）偶然的机会相识 （6）原来的同学

（7）住在一起的邻居 （8）其他方式认识的（请写明）_____

10. 你爱人是哪年出生的？_____年

11. 你爱人是独生子女吗？（1）是的 （2）不是的

12. 你们目前是如何居住的？

（1）自己的小家单独居住 （2）小家与男方父母同住

（3）小家与女方父母同住 （4）其他（请写明）_____

13. 人们选择对象时会考虑下列各种因素，你认为最重要的是哪两条？（选两项）

（1）两人感情 （2）经济收入 （3）身体健康 （4）性格脾气

（5）家庭背景 （6）思想品德 （7）相貌身材 （8）职业单位

（9）能力才干 （10）年龄合适 （11）气质修养 （12）文化程度

（13）生活习惯 （14）城乡户口 （15）其他（请写明）_____

14. 你认为男女青年多大年龄谈恋爱比较合适？ 男____岁 女____岁

15. 你认为男女青年多大年龄结婚比较合适？ 男____岁 女____岁

16. 你觉得找对象时男女双方的年龄差距最好多大？

（1）男比女大_____岁 （2）女比男大_____岁

（3）男女年龄相同 （4）无所谓

17. 如果完全按个人意愿，你希望生几个孩子？_____个

孩子的性别如何？（1）性别随便 （2）_____个男孩_____个女孩

## 五、家庭关系

1. 你与父亲的关系怎样？

（1）很不好 （2）不太好 （3）一般 （4）比较好 （5）非常好

2. 你与母亲的关系怎样？

（1）很不好 （2）不太好 （3）一般 （4）比较好 （5）非常好

3. 平常生活中你与父亲交谈的情况如何？

（1）经常交谈 （2）有时交谈 （3）偶尔交谈

（4）从不交谈（跳至第5题）

4. 你与父亲谈得最多的方面是什么？

(1) 自己的前途、未来发展　(2) 个人心情　(3) 自己的婚姻问题

(4) 工作方面的事　　　　(5) 家里的事　(6) 单位的事

(7) 社会新闻、时事消息　(8) 文艺体育　(9) 其他_____

5. 平常生活中你与母亲交谈的情况如何？

(1) 经常交谈　　　(2) 有时交谈　　　(3) 偶尔交谈

(4) 从不交谈（跳到第 7 题）

6. 你与母亲谈得最多的方面是什么？

(1) 自己的前途、未来发展　(2) 个人心情　(3) 自己的婚姻问题

(4) 工作方面的事　　　　(5) 家里的事　(6) 单位的事

(7) 社会新闻、时事消息　(8) 文艺体育　(9) 其他_____

7. 平时你父母最关注你的哪个方面？（将答案号码填到横线上）

父亲_____　　母亲_____

(1) 工作情况　　　(2) 结交朋友、待人处事　(3) 婚姻恋爱

(4) 身体健康和安全　(5) 将来的前途和发展　(6) 其他方面_____

8. 你是否觉得父母对你管得太多？(1) 是的　　(2) 不是的

9. 你与父母相互理解的情况如何？（每行选择一格打√）

|  | 1 很不理解 | 2 不太理解 | 3 一般 | 4 比较理解 | 5 非常理解 |
|---|---|---|---|---|---|
| 1 父亲是否理解你 |  |  |  |  |  |
| 2 母亲是否理解你 |  |  |  |  |  |
| 3 你是否理解父亲 |  |  |  |  |  |
| 4 你是否理解母亲 |  |  |  |  |  |

10. 日常生活中，你遇到烦恼或心情不好时，通常会与父亲交谈吗？

(1) 基本不会　　　(2) 少数情况下会　　　(3) 一半的情况下会

(4) 多数情况下会　(5) 每次都会

11. 通常会与母亲交谈吗？

(1) 基本不会　　　(2) 少数情况下会　　　(3) 一半的情况下会

(4) 多数情况下会　(5) 每次都会

12. 最近两个月中，你与父亲之间发生过争吵吗？

（1）没有发生过　　　　　（2）发生过一两次

（3）发生过三四次　　　　（4）发生过五次以上

13. 与母亲之间发生过争吵吗？

（1）没有发生过　　　　　（2）发生过一两次

（3）发生过三四次　　　　（4）发生过五次以上

14. 你在家里通常做哪些家务？（做几项就选几项）

（1）打扫卫生　　（2）买菜　　（3）择菜、洗菜　　　（4）洗衣服

（5）抹桌扫地　　（6）洗碗　　（7）换煤气、买煤　　（8）做饭

（9）收拾房间　　（10）倒垃圾

15. 你想过父母年老时如何照顾的问题吗？

（1）想过　　　（2）没有想过（跳到第 17 题）

16. 你是否担心将来父母的养老问题？

（1）非常担心　　（2）比较担心

（3）不太担心　　（4）完全不担心

17. 如果将来你的父母年纪大了，需要人照顾他们的日常生活，而你又有工作和自己的小家，你是否会考虑将父母送到老年公寓（养老院）？

（1）肯定不会　　（2）可能不会　　　（3）说不好

（4）可能会　　　（5）肯定会

## 六、人际交往

1. 平常休闲时间你是否经常与同事或朋友一起从事下列活动？（每行选择一格打√）

|  | 几乎每天 | 经常 | 有时 | 偶尔 | 从不 |
|---|---|---|---|---|---|
| 1 一起聊天 |  |  |  |  |  |
| 2 一起逛街 |  |  |  |  |  |
| 3 一起吃饭 |  |  |  |  |  |
| 4 一起娱乐 |  |  |  |  |  |

2. 你最要好的朋友有几个？ _____个，其中男性_____个，女性_____个。

3. 你的这几个好朋友主要是下列哪一类人？

（1）原来的同学　　（2）单位的同事　　（3）有共同爱好的人

（4）街坊邻居　　　（5）网友　　　　　（6）其他人（请写明）_____

4. 与你接触最多的好朋友多长时间联系一次？

（1）几乎每天　　　（2）每隔三四天　　（3）每隔一周

（4）每隔十天半月　（5）每隔一两个月　（6）每隔三个月或更长

5. 平时你与你的好朋友谈得最多的内容是什么？

（1）个人心情　　　（2）自己的前途、未来发展　（3）家里的事

（4）工作方面的事　（5）自己的婚姻问题　　　　（6）单位的事

（7）文艺体育　　　（8）社会新闻、时事消息　　（9）其他_____

6. 你觉得好朋友对你最重要的帮助是在哪一个方面？

（1）精神方面　　　（2）经济方面　　　（3）心情方面

（4）工作方面　　　（5）生活方面　　　（6）人际关系方面

（7）学习方面　　　（8）其他方面（请写明）_____

7. 你与下列人员的关系如何？（每行选择一格打√）

|  | 非常好 | 比较好 | 一般 | 不太好 | 很不好 |
|---|---|---|---|---|---|
| 1 你的直接领导（顶头上司） |  |  |  |  |  |
| 2 你单位中的大多数同事 |  |  |  |  |  |

8. 平时生活里你遇到不愉快的事，常常是闷在心里，还是向旁人诉说？

（1）对别人说　　　（2）闷在心里（跳到第11题）

9. 你的心里话通常最愿意对谁说？

（1）父亲　　　　　（2）母亲　　　　　（3）兄弟姐妹

（4）（外）祖父母　（5）单位同事　　　（6）好朋友

（7）配偶或对象　　（8）其他人（请写明）_____

社会科学研究方法

10. 你生活中是否出现过下列情形？（每行选择一格打√）

| | 1 从没发生 | 2 很少发生 | 3 有时发生 | 4 经常发生 |
|---|---|---|---|---|
| | | | | |
| 1 感到周围的人不理解我 | | | | |
| 2 很难与周围的人相处好 | | | | |
| 3 有时感到有些孤独 | | | | |
| 4 很容易与别人发生矛盾 | | | | |

11. 以下各项是否符合你的情况？（每行选择一格打√）

| | 1 很不符合 | 2 不太符合 | 3 比较符合 | 4 非常符合 |
|---|---|---|---|---|
| 1 在单位里，同事们都愿意和我合作 | | | | |
| 2 我与周围同事之间关系十分融洽 | | | | |
| 3 只要我需要，周围的同事都会助我一臂之力 | | | | |
| 4 遇到不懂的问题，我经常向单位的同事请教 | | | | |
| 5 单位的同事遇到困难时经常找我帮忙 | | | | |
| 6 生活中如果有需要，顶头上司会找我帮忙 | | | | |
| 7 顶头上司和我经常谈论工作以外的话题 | | | | |
| 8 工作之余我和顶头上司经常在一起活动聊天 | | | | |
| 9 如果有晋升机会，顶头上司会极力举荐我 | | | | |
| 10 我和顶头上司之间经常开玩笑 | | | | |

12. 遇到下列情况，你首先会去找谁？（每行选择一格打√）

| | 朋友 | 同事 | 配偶或对象 | 父母 | 兄弟姐妹 | 其他人 |
|---|---|---|---|---|---|---|
| 1 需要对生活的重大事件进行咨询（如买房等） | | | | | | |
| 2 需要想办法增加家庭经济收入 | | | | | | |
| 3 需要借一笔钱 | | | | | | |
| 4 心情不好，想找人谈谈 | | | | | | |
| 5 家庭闹矛盾或纠纷，想找人诉说 | | | | | | |

## 七、自我评价

1. 你觉得自己在领导眼里的印象怎么样？

（1）很差　　（2）比较差　　（3）一般　　（4）比较好　　（5）很好

2. 你觉得自己在同事眼里的印象怎么样？

（1）很差　　（2）比较差　　（3）一般　　（4）比较好　　（5）很好

3. 在各种人对你的评价中，你比较注重谁的评价？

（1）父母和家人的　　　　　（2）单位领导的

（3）自己的对象或配偶的　　（4）单位同事的

（5）自己的好朋友的　　　　（6）其他人的（请写明）_____

4. 在下述方面，你比较多地听取谁的意见？（每行选择一格打√）

| | 父亲 | 母亲 | 兄弟姐妹 | 配偶或对象 | 同事 | 朋友 | 其他人 | 自己 |
|---|---|---|---|---|---|---|---|---|
| 1 选择朋友、与人交往 | | | | | | | | |
| 2 选择对象、建立家庭 | | | | | | | | |
| 3 兴趣爱好、生活方式 | | | | | | | | |
| 4 工作事业、前途发展 | | | | | | | | |

5. 怎样才叫"成人"？人们的看法各不相同。你认为成人的最主要标志是什么？

（1）与父母分开住　　（2）有了责任感　　（3）经济上独立

（4）有了孩子　　　　（5）满了 18 岁　　（6）参加了工作

（7）结了婚　　　　　（8）其他_____

6. 总体上看，你觉得自己的言行像个成年人了吗？

（1）完全不像　　　（2）较少像　　　（3）一半像

（4）较多像　　　　（5）完全像

7. 你觉得自己是否已经具备了成年人的素质？

（1）完全不具备　　（2）小半具备　　（3）一半具备

（4）大半具备　　　（5）完全具备

8. 你觉得自己在下列特点方面如何？（每行选择一格打√）

| | 1 很弱 | 2 比较弱 | 3 一般 | 4 比较强 | 5 很强 |
|---|---|---|---|---|---|
| 1 独立性 | | | | | |
| 2 上进心 | | | | | |
| 3 责任心 | | | | | |
| 4 工作能力 | | | | | |
| 5 交往能力 | | | | | |

9. 你对自己下列各方面满意吗？（每行选择一格打√）

| | 1 很满意 | 2 比较满意 | 3 一般 | 4 不太满意 | 5 很不满意 |
|---|---|---|---|---|---|
| 1 工作状况 | | | | | |
| 2 人际关系 | | | | | |
| 3 性格习惯 | | | | | |
| 4 恋爱婚姻 | | | | | |

10. 以下各项是否符合你个人的情况？（每行选择一格打√）

| | 1 完全不符 | 2 不太符合 | 3 比较符合 | 4 非常符合 |
|---|---|---|---|---|
| 1 喜欢处于指挥者的地位 | | | | |
| 2 有时嫉妒别人 | | | | |
| 3 很多事总是自己说了算 | | | | |
| 4 和同事的关系很不好 | | | | |
| 5 有时不太愿意帮助别人 | | | | |
| 6 不容易听进别人的意见 | | | | |
| 7 有时不太注意为别人着想 | | | | |

11. 在下列各种特征中，你觉得哪些比较符合自己的情况？（在符合的答案上打√，此题可以多选）

(1) 勤劳　　　　(2) 不合群　　　　(3) 不自私

(4) 自理能力差　(5) 有协作精神　　(6) 责任心强

(7) 有主见　　　(8) 孤僻　　　　　(9) 会体贴人

(10) 任性　　　 (11) 不娇气　　　 (12) 不善于与人合作

　　我们的调查结束了，你辛苦了！再次向你表示感谢！你有什么建议和要求，欢迎写在下面：

　　两年后我们还准备进行第二次调查。希望到时候能再次访问你。请留下你的电话号码或者电子邮件地址：

　　电话号码：_____

　　E-mail：_____@_____

# 参考文献

［1］ Abrahamson M. Social Research Methods. Englewood Cliffs：Prentice-Hall，Inc. ，1983.

［2］ Babbie E. Observing Ourselves：Essays in Social Research. Belmont：Wadsworth Publishing Company，1986.

［3］ Babbie E. Survey Research Methods. 2nd ed. Belmont：Wadsworth Publishing Company，1990.

［4］ Babbie E. The Practice of Social Research. 4th ed. Belmont：Wadsworth Publishing Company，1986.

［5］ Black J A，Champion D J. Method and Issues in Social Research. Hoboken：John Wiley & Sons，Inc. ，1976.

［6］ Blumer H. Sociological Analysis and the "Variable". American Sociological Review，1956，21（6）.

［7］ Bryman A. Social Research Methods. 2nd ed. Oxford：Oxford University Press，2004.

［8］ Chambliss D F，Schutt R K. Making Sense of the Social World：Methods of Investigation. Thousand Oaks：Pine Forge Press，2003.

［9］ de Vaus D A. Surveys in Social Research. London：Allen & Unwin，1986.

［10］Dooley D. Social Research Methods. London：Prentice-Hall, Inc. ，1984.

［11］Dorsten L E，Hotchkiss L. Research Methods and Society. Phoenix：Pearson Education Inc. ，2005.

［12］Ellen R F. Ethnographic Research：A Guide to General Conduct. Orlando：Academic Press，1984.

［13］Fowler F J，Jr. Survey Research Methods. 2nd ed. Thousand Oaks：SAGE Publications Inc. ，1993.

［14］Gold R L. Roles in Sociological Field Observations. Social Forces，1958，36（3）.

［15］Groves R M，Kahn R L. Surveys by Telephone：A National Comparison with Personal Interviews. New York：Academic Press，1979.

［16］Guy R F，Edgley C E，Arafat I，Allen D E. Social Research Methods. Boston：Allyn and Bacon，Inc. ，1987.

［17］Jary D，Jary J. The HarperCollins Dictionary of Sociology. New York：Harper Perennial，1991.

［18］Junker B H. Field Work. Chicago：The University of Chicago Press，1960.

［19］Junker B H. Some Suggestions for the Design of Field Work Learning Experiences//Hughes E C，et al. Cases on Field Work. Chicago：The University of Chicago Press，1952：Part Ⅲ-A.

［20］Kerlinger F N. Foundations of Behavioral Research. 3rd ed. New York：Holt，Rinehart and Winston，Inc. ，1986.

［21］Kidder L H，Judd C M. Research Methods in Social Relations. 5th ed. New York：Holt，Rinehart and Winston，Ltd. ，1986.

［22］Lee P S. Social Research Methods. London：Butterworth & Co. Ltd. ，1981.

［23］Lofland J，Lofland L H. Analyzing Social Settings. 3rd ed. Belmont：

Wadsworth，1995.

［24］Lofland J. Styles of Reporting Qualitative Field Research. The American Sociologist，1974，9（3）.

［25］Manheim J B，Rich R C. Empirical Political Analysis. Longman Publishing Group，1991.

［26］Mann P H. Methods of Social Investigation. Basic Blackwell Inc.，1985.

［27］Marsh C. Problems with Surveys：Method or Epistemology?. Sociology，1979，13（2）.

［28］Marsh C. The Survey Method：The Contribution of Surveys to Socio-Logical Explanation. Allen & Unwin，1982.

［29］Matthew D，Sutton C D. Social Research：The Basics. Sage Publications，2004.

［30］Moser C A，Kalton G. Survey Methods in Social Investigation. 2nd ed. London：Heinemann Educational Books Ltd.，1983.

［31］Nachmias C F，Nachmias D. Research Methods in the Social Sciences. 6th ed. New York：Worth Publishers，2000.

［32］Neuman W L. Social Research Methods：Qualitative and Quantitative Approaches. 2nd ed. Boston：Allyn & Bacon，1994.

［33］Punch K F. Introduction to Social Research：Quantitative and Qualitative Approaches. 3rd ed. London：SAGE Publications Ltd.，2014.

［34］Robson C. Real World Research. 2nd ed. Blackwell Publishing，2002.

［35］Sedlack R G，Stanley J. Social Research：Theory and Methods. Allyn and Bacon Press，Inc.，1992.

［36］Sheilf M，et al. Intergroup Conflict and Cooperation：The Robbers Cave Experiment. University of Oklahoma Book Exchange，1961.

［37］Stack C B. All Are Our Kin. New York：Harper & Row，1974.

［38］Strauss. Qualitative Analysis for Social Scientists. New York：Cambridge University Press，1987.

［39］The Encyclopedia of Sociology. DPG Reference Publishing，Inc.，1981.

［40］Wallance W L. The Logic of Science in Sociology. New Jersey：Aldine Transaction，1971.

［41］贝利．现代社会科学研究方法．许真，译．上海：上海人民出版社，1986.

［42］墨菲．文化与社会人类学引论．王卓君，吕逍基，译．北京：商务印书馆，1991.

［43］基什．抽样调查．倪加勋，译．北京：中国统计出版社，1997.

［44］默顿．论理论社会学．何凡兴，李卫红，王丽娟，译．北京：华夏出版社，1990.

［45］米尔斯，帕森斯，等．社会学与社会组织．何维凌，黄晓京，译．杭州：浙江人民出版社，1986.

［46］林楠．社会研究方法．本书翻译组，译．北京：农村读物出版社，1987.

［47］巴比．社会研究方法．邱泽奇，译．北京：华夏出版社，2000.

［48］纽曼．社会研究方法：第5版．郝大海，译．北京：中国人民大学出版社，2007.

［49］怀特．街角社会：一个意大利贫民区的社会结构，黄育馥，译．北京：商务印书馆，1994.

［50］齐斯克．政治学研究方法举隅．沈明明，贺和风，杨明，译．北京：中国社会科学出版社，1985.

［51］英克尔斯，史密斯．从传统人到现代人：六个发展中国家中的个人变化．北京：中国人民大学出版社，1992.

［52］埃什尔曼．家庭导论．潘允康，张文宏，马志军，等译．北京：中国社会科学出版社，1991.

［53］布莱洛克．社会统计学．傅正元，沈崇麟，黎鸣，等译．北京：中国社会科学出版社，1988.

［54］亨特．社会研究方法新论：人类行为的科学研究．郑建宏，易国

庆，王明华，译．武汉：华中理工大学出版社，1989.

[55] 格莱斯．质性研究方法导论：第 4 版．王中会，李芳英，译．北京：中国人民大学出版社，2013.

[56] 波格丹，比克伦．教育研究方法：定性研究的视角：第 4 版．钟周，李越，赵琳，等译．北京：中国人民大学出版社，2008.

[57] 米勒，萨尔金德．研究设计与社会测量导论．风笑天，邹宇春，邓希泉，等译．重庆：重庆大学出版社，2004.

[58] 克里斯滕森约翰逊，特纳．研究方法、设计与分析：第 11 版．赵迎春，译．北京：商务印书馆，2018.

[59] 泰特．案例研究：方法与应用．徐世勇，杨付，李超平，译．北京：中国人民大学出版社，2019.

[60] 殷．案例研究：设计与方法．周海涛，译．重庆：重庆大学出版社，2004.

[61] 殷．案例研究方法的应用．重庆：重庆大学出版社，2009.

[62] 吉尔林．案例研究：原理与实践．黄海涛，刘丰，孙芳露，译．重庆：重庆大学出版社，2017.

[63] 德沃斯．社会研究中的研究设计．赫大海，等译．北京：中国人民大学出版社，2009.

[64] 梅．社会研究：问题、方法与过程：第 3 版．李祖德，译．北京：北京大学出版社，2009.

[65] 希尔弗曼．如何做质性研究．李雪，张劼颖，译．重庆：重庆大学出版社，2009.

[66] 布东．社会学方法．黄建华，译．上海：上海人民出版社，1987.

[67] 韦伯．社会科学方法论．朱红文，等译．北京：中国人民大学出版社，1992.

[68] 阿特斯兰德．经验性社会研究方法．李路路，林克雷，译．北京：中央文献出版社，1995.

[69] 弗里克．质性研究导引．孙进，译．重庆：重庆大学出版

社，2011.

[70] 罗斯．当代社会学研究解析．林彬，时宪民，译．银川：宁夏人民出版社，1988.

[71] 哈拉兰博斯．社会学基础：观点、方法、学说．孟还，费涓洪，卢汉龙，译．上海：上海社会科学院出版社，1986.

[72] 迪尔凯姆．社会学方法的准则．狄玉明，译．北京：商务印书馆，1995.

[73] 杜尔凯姆．自杀论．钟旭辉，马磊，林庆新，译．杭州：浙江人民出版社，1988.

[74] 佐藤彰，铃木荣，船津好明．民意调查．周金城，张蓓菡，译．北京：中国对外经济贸易出版社，1989.

[75] 彼得罗夫斯基，施巴林斯基．集体的社会心理学．卢盛忠，龚浩然，张世臣，译．北京：人民教育出版社，1984.

[76] 杨国枢，文崇一，吴聪贤，等．社会及行为科学研究法：上卷．台北：东华书局，1985.

[77] 高淑贵．家庭社会学．台北：黎明文化事业公司，1998.

[78] 陈伯璋．教育研究方法的新取向：质的研究方法．台北：南宏图书有限公司，1990.

[79] 李沛良．社会研究的统计分析．武汉：湖北人民出版社，1987.

[80] 周敏．唐人街：深具社会经济潜质的华人社区．鲍霭斌，译．北京：商务印书馆，1995.

[81] 时蓉华．社会心理学．上海：上海人民出版社，1986.

[82] 李银河．中国人的性爱与婚姻．郑州：河南人民出版社，1991.

[83] 李银河．当代中国人的择偶标准．中国社会科学，1989（4）.

[84] 折晓叶．村庄的再造：一个"超级村庄"的社会变迁．北京：中国社会科学出版社，1997.

[85] 陶春芳，蒋永萍．中国妇女社会地位概观．北京：中国妇女出版社，1993.

[86] 刘英，薛素珍．中国婚姻家庭研究．北京：社会科学文献出版

社，1987.

[87] 陈向明．社会科学中的定性研究方法．中国社会科学，1996 (6).

[88] 郭志刚，郝虹生，杜亚军，等．社会调查研究的量化方法．北京：中国人民大学出版社，1989.

[89] 柯惠新，黄京华，沈浩．调查研究中的统计分析法．北京：北京广播学院出版社，1992.

[90] 风笑天．社会调查中的问卷设计．3 版．北京：中国人民大学出版社，2014.

[91] 风笑天．独生子女：他们的家庭、教育和未来．北京：社会科学文献出版社，1992.

[92] 风笑天．现代社会调查方法．武汉：华中理工大学出版社，1996.

[93] 风笑天．社会研究：设计与写作．北京：中国人民大学出版社，2014.

[94] 风笑天．社会研究：科学与艺术．北京：北京大学出版社，2015.

[95] 风笑天．社会调查方法还是社会科学方法？．社会学研究，1997 (2).

[96] 风笑天．浅谈当前抽样调查中的若干失误．天津社会科学，1987 (3).

[97] 风笑天．当前问卷设计中常见错误浅析：上、中、下．社会学与社会调查，1989 (4) (6)，1990 (1).

[98] 风笑天．变迁中的女性形象：对《中国妇女》杂志的内容分析．社会，1992 (7).

[99] 风笑天．这样的调查能不能反映客观现实？：对一次大型社会调查的质疑．社会，1987 (5).

[100] 风笑天．社会学方法二十年：应用与研究．社会学研究，2000 (1).

［101］风笑天．什么是社会调查．青年研究，1993（2）.

［102］风笑天．方法论背景中的问卷调查法．社会学研究，1994（3）.

［103］风笑天．独生子女青少年的社会化过程及其结果．中国社会科学，2000（6）.

［104］风笑天．结果呈现与方法运用：141项调查研究的解析．社会学研究，2003（2）.

［105］风笑天．英克尔斯"现代人研究"的方法论启示．中国社会科学，2004（1）.

［106］风笑天．论社会调查方法面临的挑战//中国社会科学院社会学研究所．中国社会学年鉴：1995.7—1998．北京：社会科学文献出版社，2000.

［107］风笑天．定性研究概念与类型的探讨．社会科学辑刊，2017（3）.

**图书在版编目（CIP）数据**

社会科学研究方法/风笑天著 . -- 北京：中国人
民大学出版社，2024.1
　（社会科学研究方法系列丛书）
　ISBN 978-7-300-32351-0

　Ⅰ.①社⋯　Ⅱ.①风⋯　Ⅲ.①社会科学-研究方法
Ⅳ.①C3

　中国国家版本馆 CIP 数据核字（2023）第 219824 号

社会科学研究方法系列丛书
## 社会科学研究方法
风笑天　著
Shehui Kexue Yanjiu Fangfa

| | | | | | |
|---|---|---|---|---|---|
| **出版发行** | 中国人民大学出版社 | | | | |
| **社　址** | 北京中关村大街 31 号 | | **邮政编码** | 100080 | |
| **电　话** | 010 - 62511242（总编室） | | 010 - 62511770（质管部） | | |
| | 010 - 82501766（邮购部） | | 010 - 62514148（门市部） | | |
| | 010 - 62515195（发行公司） | | 010 - 62515275（盗版举报） | | |
| **网　址** | http://www.crup.com.cn | | | | |
| **经　销** | 新华书店 | | | | |
| **印　刷** | 天津中印联印务有限公司 | | | | |
| **开　本** | 720 mm×1000 mm　1/16 | | **版　次** | 2024 年 1 月第 1 版 | |
| **印　张** | 20 插页 1 | | **印　次** | 2025 年 7 月第 3 次印刷 | |
| **字　数** | 291 000 | | **定　价** | 79.00 元 | |